21世纪经济管理新形态教材·工商管理系列

创业管理
——战略成长视角

王 辉 ◎ 编著

清华大学出版社
北京

内 容 简 介

本书主要从战略成长视角介绍了创业管理的基本理论和方法。

本书是上海高校市级精品课程建设成果，同时也是上海对外经贸大学课程思政教育教学改革建设成果。本书包含大量的创业案例与相关阅读资料，用于课堂讨论和课后阅读与训练。

本书可作为经济与管理类专业的本科生教材，也可作为 MBA（工商管理硕士）等专业研究生教材，还可供创业培训机构、创新与创业型企业和政府相关决策部门使用。

本书封面贴有清华大学出版社防伪标签，无标签者不得销售。
版权所有，侵权必究。举报：010-62782989，beiqinquan@tup.tsinghua.edu.cn。

图书在版编目（CIP）数据

创业管理：战略成长视角/王辉编著. —北京：清华大学出版社，2022.2（2025.2重印）
21世纪经济管理新形态教材. 工商管理系列
ISBN 978-7-302-59901-2

Ⅰ. ①创… Ⅱ. ①王… Ⅲ. ①创业－企业管理－高等学校－教材 Ⅳ. ①F272.2

中国版本图书馆CIP数据核字(2022)第 007784 号

责任编辑：刘志彬
封面设计：汉风唐韵
责任校对：王荣静
责任印制：刘海龙

出版发行：清华大学出版社
网　　址：https://www.tup.com.cn，https://www.wqxuetang.com
地　　址：北京清华大学学研大厦A座　　邮　　编：100084
社 总 机：010-83470000　　邮　　购：010-62786544
投稿与读者服务：010-62776969，c-service@tup.tsinghua.edu.cn
质 量 反 馈：010-62772015，zhiliang@tup.tsinghua.edu.cn
课 件 下 载：https://www.tup.com.cn，010-83470332

印 装 者：北京建宏印刷有限公司
经　　销：全国新华书店
开　　本：185mm×260mm　　印　张：17.5　　字　数：350千字
版　　次：2022年2月第1版　　印　次：2025年2月第2次印刷
定　　价：52.00元

产品编号：091243-01

前 言

世界变化的速度总是超乎我们的预料！在计划经济中非常鲜见的创业行为，在改革开放后就像星星之火一样开始燎原。今天，"创客"已成为我们社会中的一个流行词，各种"创客空间"如雨后春笋般涌现。创业如今深受政府管理者的重视，"大众创业、万众创新"是中央政府发出的鼓励创新创业的最强音，各地方政府纷纷出台一系列支持创业的配套政策。十多年前，创业在学校只能算是一种边缘行为，别说得到鼓励和支持，没有人反对就已是幸运。曾有些遭遇创业挫折的学生向我诉苦，由于学校和家庭施加的压力，感觉自己身心几乎到了崩溃的边缘，无法在创业路上坚持下去，并不断用不解的语气问："为什么社会对创业的失败与风险会如此不接受？"今天，创业在校园不再被视为一种另类行为，相反开始成为大学生实践的一种新风尚。大学生创新创业实践行为也获得了前所未有的支持和鼓励，一些高校在创业政策、创业指导和创业资金等方面给予全方位的支持，帮助有创新和创业想法的学生大胆尝试。创业教育在高等教育中获得了越来越多的重视，从2010年开始，教育部颁布一系列重要的管理措施来推进高校的创新创业教育，并且要求高校必须为本科生开设相关的创新创业基础课程。现在走进一些高校，你会发现涌现出来的各种创新创业大赛和实践活动已成为校园的亮丽风景线。

那么，处在创新创业最活跃的时代，我们应如何去应对未来的变化与挑战？首先，要真诚地审视自己是否具备创业的梦想与能力，理解决定创业在本质上是选择了一种人生成长模式。选择创业需要你从环境中寻找和挖掘机会，不断地完善和提升自己，努力去克服创业路上的各种困难和障碍，通过创业来创造社会价值和实现自我价值。其次，需要全身心地去探索和洞悉创业过程中的规律。创业就像探险，在这条路上可以不断地去创造新的东西，尝试新的事物，发现新的自己。那些对创业事业非常执着和痴迷的人，往往是能够全身心地探索创业规律的人，也是最有可能取得成功的人。最后，还需要创业者用理性和激情去拥抱不断变化的未来。理性要求我们从过去的创业发展历程中总结经验和找到规律，历史的经验不仅会告诉我们前辈们是如何抓住机会获得成功的，而且能带给我们接受新挑战的信心与勇气。同时，还需要以激情和开放的心态去接受不断出现的新事物。有时不是变化的环境淘汰了我们，而是我们自身不愿意接受新环境。创业心态就是要积极地去理解和融入未来的变化潮流，将自己也化作变化环境的一部分。

本书分为三篇，共十章。第一篇包含三章，主要探讨创业趋势，通过回顾和总结创业经济与产业发展历程，去学习前辈的创业智慧与经验，去传承和发扬他们的创新与创业精神，同时带领大家一起去探讨和展望创业经济与产业的发展趋势，以激发大家憧憬、思考和改变未来的热情与行动。第二篇包含四章，主要分析创业企业的成长规律，帮助创业者更科学有效地发掘创业机会，深刻洞悉创业成长动力，对商业模式不断进行创新，科学制定成长战略与路径，并通过有效的管理变革来促进创业企业的持续成长。第三篇包含三章，主要探讨了创业资源的整合与优化，从本质上看，创业是对人力资源、金融资源与社会资本等各种资源进行整合优化，更有效率地为社会和市场创造新的价值，从而实现自身价值的成长过程。

总体上，本书从宏观视角到微观视角，从理论知识到实务能力，让学生深入了解创业精神、创业理论、创业方法和技能的渐进过程。

需要说明的是，在使用本书时，不一定要完全按章节顺序。使用者可以根据自己的需求与偏好来调整安排，灵活运用本书的内容。本书在编写过程中参阅了大量国内外学者和专家的相关著作与文献资料，在此谨对这些学者和专家的工作与贡献表示由衷的感谢。由于编者水平有限，书中如有疏漏和不妥之处，恳请同行专家、学者及读者批评指正。

王 辉

2021 年 9 月 18 日

目 录

创业趋势篇

第一章　创业精神与创业经济 ·· 3
 本章学习目标 ·· 3
 第一节　创业与创业精神 ··· 5
 第二节　全球创业经济兴起 ·· 9
 第三节　理解创业经济现象 ··· 19
 本章小结 ··· 28
 思考与练习 ··· 28
 案例分析题 ··· 29

第二章　产业变革与创业发展趋势 ·································· 33
 本章学习目标 ·· 33
 第一节　三次工业革命带来的创业浪潮 ························ 35
 第二节　互联网技术下的创业机遇 ······························ 39
 第三节　新科技革命下的创业趋势 ······························ 49
 本章小结 ··· 58
 思考与练习 ··· 58
 案例分析题 ··· 58

第三章　行业变革趋势与创业成长 ·································· 63
 本章学习目标 ·· 63
 第一节　把握创业行业的周期特征 ······························ 65
 第二节　洞悉创业行业的演变规律 ······························ 71
 第三节　驱动创业企业持续成长 ·································· 75
 本章小结 ··· 79
 思考与练习 ··· 80
 案例分析题 ··· 80

创业成长篇

第四章　创业机会与创新成长 87
　　本章学习目标 87
　　第一节　创业梦想与愿景 89
　　第二节　创业机会的评价与选择 91
　　第三节　创新的类型、过程与思维方法 102
　　本章小结 106
　　思考与练习 107
　　案例分析题 107

第五章　商业模式创新 110
　　本章学习目标 110
　　第一节　商业模式概念内涵 112
　　第二节　商业模式的要素与模型 115
　　第三节　典型商业模式与创新 120
　　本章小结 126
　　思考与练习 127
　　案例分析题 127

第六章　创业成长战略思维 130
　　本章学习目标 130
　　第一节　企业成长战略思维 132
　　第二节　创业竞争战略思维 137
　　第三节　创业战略的创新思维 141
　　本章小结 146
　　思考与练习 146
　　案例分析题 146

第七章　创业成长周期与管理 151
　　本章学习目标 151
　　第一节　企业生命周期理论 154
　　第二节　创业企业成长解释 163
　　第三节　创业企业的成长管理 167

本章小结	173
思考与练习	173
案例分析题	173

创业资源篇

第八章　创业人力资本 ... 181

本章学习目标	181
第一节　创业能力修炼	183
第二节　创业团队修炼	192
第三节　创业激励机制	197
本章小结	202
思考与练习	202
案例分析题	202

第九章　创业金融资本 ... 204

本章学习目标	204
第一节　天使投资	207
第二节　风险投资	216
第三节　股权众筹	224
第四节　IPO 融资	227
本章小结	237
思考与练习	238
案例分析题	238

第十章　创业社会资本 ... 242

本章学习目标	242
第一节　社会资本相关理论	245
第二节　创业网络相关研究	248
第三节　关系网络与创业影响	257
本章小结	263
思考与练习	264
案例分析题	264

参考文献 ... 267

创业趋势篇

第一章

创业精神与创业经济

【名言集锦】

惟留恋也，故保守；惟希望也，故进取。惟保守也，故永旧；惟进取也，故日新。

——梁启超《少年中国说》

自古风云多变幻，不以成败论英雄。

——《庄子·盗跖》

【本章学习目标】

1. 掌握创业与创业精神的基本内涵；
2. 了解美国创业经济兴起的背景；
3. 理解中国创业经济发展的几次浪潮；
4. 熟悉中国几次创业浪潮中的代表性人物；
5. 掌握创业环境的主要因素及其影响；
6. 了解中国创业环境的发展状况。

中关村：创新与创业经济的探路者

中关村素有"中国硅谷"的称号，从里面走出了许多中国知名的高科技企业，如联想、百度、京东、小米、中芯国际、奇虎360、美团、商汤科技、旷视科技、寒武纪等。上市企业约400家，市值超10万亿元。历经30多年创新发展，从"中关村电子一条街"到"新技术产业开发试验区"，从第一个国家级高新区到全国第一个自主创新示范区，中关村紧跟技术革命浪潮，走出了一条勇于探索和敢为人先的创新与创业之路。

中关村的创建与成长

1978年3月，在北京召开的全国科学大会上，国家领导人邓小平指出，科学技术是第一生产力,知识分子是工人阶级的一部分。这使得中关村地区广大科技人员感受到"春天"的来临,重新燃起科技报国的激情。1980年10月23日,曾三次到美国硅谷考察的中国科学院物理研究所研究员陈春先与6名科技人员一起,在北京市科学技术协会的支持下,成立北京等离子体学会先进技术发展服务部。这一举动拉开了科技人员面向市场自主创业的序幕。也是从那时起,一大批科技人员走出科研院所和高等院校,下海创业创办民营高科技企业。

中关村地区不断涌现的民营高科技企业得到政府部门的重视和大力支持。为此,政府出台了一系列相关文件给予政策上的支持。40多年来,国务院等相关政府部门先后8次作出重大决策部署,支持和促进中关村示范区的建设和发展。

中关村位于海淀区,该区域拥有北京大学、清华大学等知名高等院校41所,以及中国科学院、中国工程院等国家和市级科研院所206家,拥有国家重点实验室67个、国家工程研究中心27个、国家工程技术研究中心28个。为提升原始创新能力,海淀区与北京市自然基金委联合成立了原始创新联合基金,促进企业参与基础研究。2019年,海淀区还加入国家区域创新发展基金,通过自然基金的方式,协助解决企业和产业相关前沿技术问题。

丰富的科研和人才资源为中关村的发展奠定了良好的基础。中关村科学城通过成立原始创新联合基金,打造技术验证中心、高价值专利培育运营中心等,积极促进高校院所科技成果转化落地。中关村科学城还通过支持北京量子科学研究院、全球健康药物研发中心、北京智源人工智能研究院等多个新型研发机构,促进区域在重要领域的基础研究布局。

中关村的影响力

中关村创新创业生态不断优化,其天使投资、创业投资案例和金额均占全国1/3以上。从研发创新的总投入来看,2019年中关村科技园研发费用投入达到736.25亿元,拥有的专利数量达到8.5万个,国家科学技术奖70余项,占全国1/3,技术合同成交额近4 000亿元,占全国1/5,在全国科技园区中遥遥领先。

中关村的创新与创业影响力已走出北京,辐射到全国。中关村与我国26个省区市建立了战略合作关系。中关村企业在京外累计设立分支机构近1.2万家,技术合同近八成辐射到京外。

中关村坚持"引进来"与"走出去"相结合,引进跨国公司区域总部和研发中心约300家,吸引落地了美国微软创投加速器、Plug & Play、以色列Trendline等一批世界知名创业服务机构。同时,中关村企业走进海外设立分支机构近千家,境外上市公司近百家,不久前公布的中国出海品牌50强报告中,中关村企业占1/4。根据最新数据,欧盟"2019全球研发投入2500强企业"中有69家、福布斯"2020全球上市公司2000强"中有20余家中关村企业。中关村已成为链接全球创新网络的重要节点。

中关村的成功经验

中关村摸索出的创新创业发展模式及经验在全国带来了良好的示范效应，学界和业界都开始总结和学习中关村的模式与经验。早在2000年，北京大学学者王缉慈就总结"中关村是以科研院所和大学为母体、科技企业繁衍为特征的新技术区域，在中国发展高新技术产业和体制改革等方面建立了光辉的历史功绩"。经济学家吴敬琏2003年对中关村的"园区定位、政府工作、系统优势、产权激励、融资渠道、吸引人才"等方面提出了经验总结和改进建议。方兴东和杜磊结合全球高科技发展演进的周期与规律，即沿着"集成电路—个人电脑—互联网—移动互联网—智能物联网"的全球科技发展规律，总结中关村的发展也先后经历了从20世纪70年代的集成电路阶段、80年代的个人电脑阶段、90年代的互联网阶段直到今天21世纪的智能物联网阶段。在这40多年中，中关村在以下几个方面获得了突破：①实现了高新产业的全球崛起；②形成了完整的创新创业生态链；③完成了中关村模式的有效扩散；④确立了市场主导的新共识；⑤具备了良好的全球资源链接能力；⑥持续引领了整体社会的思想变革。

案例启示

中关村从一条名不见经传的普通街道一跃成为排名仅次于美国硅谷的世界一流科技园区，其崛起过程就如同中国经济改革开放的一个精华缩影；同样，中关村不同阶段的发展实际上也展现出近几十年来全球科技和产业发展的一个变革缩影。中关村的成长历程折射出中国经济发展正进入一个创新与创业的伟大时代，而这个时代的精英就是我们的创业者和企业家。

第一节 创业与创业精神

一、创业的基本概念

（一）国内外对创业概念的界定

根据《辞海》的解释，"创业"本义是"创立基业"。《现代汉语成语辞典》对"业"有如下解释：学业、业务、工作、专业、就业、转业、事业、财产、家业等。可见"业"的内涵极为丰富。由此可见，创业在中国的文化中是内涵极为广泛的词语。

创业学作为一门学科，发源于国外，特别是创业经济发达的美国，其中，英文的"创业"一词又有其独特的含义。在英文中"创业"有两种表述方式，第一个词是venture。venture一词的最初意义是"冒险"，但在企业创业领域，它的实际意义并不是单纯的"冒险"，而是被赋予了"冒险创建企业"，即"创业"这一新的特定内涵。venture用于表示动词"创业"，主要是在20世纪创业活动蓬勃兴起以后，其主要揭示"创建企业"的动态过程，表现了创业的增长态势。第二个词是entrepreneurship。

随着科技进步和企业兴衰更替的加速，创业活动正发挥着越来越重要的作用，entrepreneurship 开始逐步被赋予"创业家活动"这一新的内涵。entrepreneurship 的字面意义是"企业家精神"或"企业家活动"，在我们国内的早期研究文献中，多翻译为"企业家精神"。由于企业家的典型行为表现为创业，因此后来 entrepreneurship 一词逐步用"创业精神"来表达，以体现该词的本质内涵。

目前，学术界对创业概念的定义很多，不同学者从不同角度对创业进行了定义。布奇将创业直接定义为"创建企业的活动"（Butch, 1986）。辛格也认为创业需要建立一个新企业（Singh, 2001）。但是，德鲁克认为如果仅仅是开张一家"既没有创造出新的令人满意的服务，也没有创造出新的顾客需求"的熟食店，这种没有创新的企业创建活动不是创业。德鲁克继承了创新经济学鼻祖熊彼特的观点，即创业是企业家所把握的一种机会，而真正有价值的创业机会来源于外部变化，这些变化使人们可以做以前没有做过的事情，或使人们能够以更有价值的方式做事。创业学教授蒂蒙斯（Timmons）认为创业已经超越了传统的创建企业的概念，在各种形式、各个阶段的公司和组织中都存在创业活动，并提出了一个很宽泛的创业定义：创业是一种思考、推理和行动的方法，它不仅要受机会的制约，还要求创业者有完整缜密的实施方法和讲求高度平衡技巧的领导艺术（Timmons, 1999）。肖恩和文卡塔拉曼（2000）也提出了一个基于创业机会的广义定义：作为一个商业领域，创业致力于理解创造新事物的机会是如何出现，并被特定个体所发现或创造的，这些人如何运用各种方法去利用或开发它们，然后产生各种结果。

国内也有学者对创业进行了界定，例如，张玉利等学者（2006）认为，创业是一种思考、推理和行为方式，它为机会所驱动。把创业仅仅理解为创建新企业是片面的，创业的本质更在于把握机会、创造性地整合资源、创新和快速行动，创新精神是创业的源泉。创业是具有企业家精神的个体与有价值的商业机会的结合，是开创新的事业。创业行为普遍存在于各种组织和各种经营活动中，发扬创业精神是取得更大成绩和进步的前提。

（二）本书的概念界定

面对纷繁复杂的创业概念，不少学者试图通过归纳这些定义得出一个综合的概念。盖特纳（1990）通过使用德尔菲法对创业的概念进行了探究，认为创业的概念包括创业家个人特性和创业行为结果两个方面。创业家个人特性包括人格特征、创新性、独特性、开拓新事业和谋求发展，创业行为结果则被理解为价值创造、追求利润、成为企业所有者和管理者以及创建组织。莫里斯总结了欧美地区创业核心期刊文章和主要教科书中出现的 77 个创业定义，通过研究这些定义内容中关键词出现的频率揭示了创业的内涵。在 77 个定义中，出现频率最高的关键词是开创新事业、创建新组织、创造资源的新组合、创新、捕捉机会、风险承担、价值创造（Morris，1998）。

基于国内外学术界对创业概念的众多讨论和界定，可以发现创业研究是一个多学科和交叉学科的研究领域，基于不同学科研究视角来阐释创业活动这一复杂现象，定会有不同内涵的侧重和理解，这一方面有利于促进创业研究蓬勃发展，另一方面又可能会为从事创业研究的学者的交流与对话带来障碍。

为了理解和沟通上的方便，本书在借鉴不同学者对创业定义基础上，给出以下定义：**创业是个人、团队或组织把握环境中出现的机会，通过创新的思维和方法来组织和整合各种资源，以开发和利用该机会，并实现新的价值创造**。该定义首先强调创业是对机会的把握、开发和利用，并且机会可以是营利性的，也可以是非营利性的，重要的是这个机会能够为客户或利益相关者创造新的价值；其次强调用创新的思维和方法来实现，当然，创新可以是革命性的，也可以是渐进性的；最后，创业主体不局限于个人，还可以是组织，因此大公司也可以成为创业的主体。

二、创业精神的内涵

与创业的概念相比，对创业精神的探讨和界定更是百花齐放，百家争鸣，如果把这些创业精神的内涵收集起来，我们可能会惊奇地发现，创业精神可以囊括大部分人类心理或行为的精华特征。因此，我们无法通过梳理已有创业精神的内涵来统一界定，对创业精神内涵的界定可能比创业概念本身更难以统一，仁者见仁，智者见智，我们希望能用有限的篇幅阐释几个核心的创业精神内涵。

（一）持续创新的精神

彼得·德鲁克在《创新与企业家精神》一书中提出，企业家精神或创业精神最重要的内涵就是"创新"。这里的创新不仅仅是指狭义上的创意或商业点子，还指创业者把一种新的技术、产品或商业模式（business model）运用于商业领域，通过创新的手段，更有效地利用资源，为市场创造出新的价值。因此，创业精神可视为一种能够持续创新成长的生命力，创业者在个人愿景和使命的引导下，从事创新活动，进而创造一个新企业。实际上，德鲁克继承了创新经济学鼻祖熊彼特的观点，把创新视为创业的核心内涵，创新也是企业家的本质特征。

拓展阅读 1.1　乔布斯的创新精神

（二）敢于冒险的勇气

冒险精神是创业家的重要特征之一。由于市场环境的不确定性因素太多，创业一定是存在风险的，因此企业家在创业过程中必须具备一定的冒险精神。冒险精神又可以分为两种类型：本性冒险和认知冒险。

本性冒险多出于天性，这种强烈的冒险精神与生俱来，本性冒险型企业家在日常生活和工作中均表现出一致性的冒险性格，认为有冒险才有机会，机会总是伴随着风险，没有风险的机会就没有追逐的价值，冒险是一种乐趣。这样的企业家往往随着经验教训的不断积累和其他品质的完善，屹立在市场潮头。

认知冒险是在后天实践中培养起来的，认知冒险型企业家从白手起家的艰苦创业到开拓创新的企业经营，经历了无数次失败和成功，终于形成自己的人生哲学，坚定地认为，企业在市场中航行，惧怕风险、不敢冒险才是最大的风险。这样的企业家对风险有着深刻的理性认识，在经营中往往表现出稳健的风格。

拓展阅读1.2　敢于冒险的史玉柱

（三）自我超越的抱负

自我超越（self-transcendence）是由心理学家维克多·弗兰克（Viktor Emil Frankl）提出的一个概念。他认为人类存在的特征不是自我实现，而是自我超越；人的特征是"追求意义"，不是"追求自己"。这种追求包含了对自然界、人类社会和文化，以及人在其中所处位置的探索和理解，目的是更好地把握人生，更有意义地去生活。对人生意义的追求不是满足于自我的平衡状态，而在于一种自我的超越，表现为勇于承担责任、敢冒风险、不断创造。

自我超越的创业者对未来持有一种愿景，这是驱动其创业前行的重要内在动力。他们会努力去理解和运用那些影响变革的力量，而不是抗拒这些力量。他们具有追根究底的精神，希望把事情的真相了解清楚。自我超越的创业者保持一种终身学习的态度，他们认为创业不是以拥有了财富或地位而结束，创业是一个终身的修炼过程。自我超越的创业者会敏锐地警觉到自身的无知、不足和弱点，并时刻保持一种危机感，当然他们会拥有足够的自信心去迎接未来的挑战。

拓展阅读1.3　任正非：从泥坑里爬起来的人就是圣人

不是每个创业者都具有自我超越的抱负，但那些创造巨大成就的企业家往往会表现出强烈的自我超越抱负。华为创始人任正非领导公司开展自我批判，其目的就是鼓励公司的员工要修炼出自我超越的品质，而任正非自身就是一个具有不断自我超越精神的榜样。

（四）永不言弃的毅力

心理学博士安吉拉·李·达科沃斯（Angela Lee Duckworth）对不同行业的成功人士进行了长达数年的研究，发现能稳定地解释个人成功的特质因素只有一个：毅力（grit）。达科沃斯把"毅力"解释为对长期目标的一种热情和坚持。毅力需要一个人富有耐力，对未来保持执着，它表现为年复一年努力地工作来实现自己的未来。有毅力的人把生活也看作一场马拉松，而不是短跑。

有毅力的人知道做一件事情要在几年后才会有结果，但从现在开始每一天都抱有艰苦付出的工作态度。大多数成功的创业者都不是凭一时的运气取得成功，而往往是要经过多年的摸索、试错和调整。马云的创业就是最好的例证，在创建阿里巴巴的过程中，前十年都算不上成功，这中间他的创业团队走了很多弯路，犯了许多刻骨铭心的错误，但其坚持不断创新产品和调整战略，才获得了后来的成功。即使如此，马云在许多公开演讲的场合还是不断自勉：今天很残酷，明天更残酷，后天会很美好，但绝大多数人都死在明天晚上，却见不到后天的太阳，所以我们干什么都要坚持！

第二节　全球创业经济兴起

一、全球创业经济观察

全球创业观察（Global Entrepreneurship Monitor，GEM）项目于1999年正式启动，该项目由美国百森商学院和英国伦敦商学院共同发起，目前已有包括中国在内的100多个国家参与该项目，参加GEM项目的国家人口数已超过全球人口总数的70%，GDP（国内生产总值）超过了全球总额的90%，其调研数据和分析较好地反映了全球的创业经济与现状。分析历年全球创业观察所发布的研究报告，我们可以从中获得一些有价值的观点，让我们对全球创业经济有更为全面和深入的认识。

（一）创业对国家经济增长的促进效应

总体上，历年的报告发现创业给一个国家的经济增长带来促进效应，但在不同的国家间产生了差异，对于人均国内生产总值较低的发展中国家而言，创业对经济增长的驱动效要显著低于人均国内生产总值较高的发达国家。如果按全员创业活动指数划分，可以将创业活动区分为高增长潜力型创业、机会型创业、生存型创业和一般性创业四种类型，与生存型创业和一般性创业相比，高增长潜力型创业和机会型创业对于国家经济增长的正向促进作用更为显著。

（二）创业活动社会价值的广泛认可

GEM项目从三个方面评估创业的社会价值：①人们是否认为创业是一项好的职业选择；②创业者的社会地位是否较高；③媒体对创业者的报道是否正面。通过对全球60个经济体中处于工作年龄的成年人进行调查，发现大多数人对以上三个问题给予了正面的评价。尤其是在要素驱动经济体中，创业活动和行为得到了广泛认可，近3/4处于工作年龄的成年人认为创业者在他们的社会中拥有较高的社会地位，约2/3的成年人认为创业是一种好的职业选择,并且每天接收到的相关媒体报道也偏正面。

(三)创业活动的动机越来越趋于机会驱动

GEM 对创业的动机进行了区分,将其分为机会型创业和生存型创业。其中,机会型创业是指那些为了追求商业机会而从事的创业活动;生存型创业则是那些别无选择或对当前就业状况不满意而从事的创业活动。从全球来看,越来越多的创业受机会所驱动。2015—2016 年 GEM 发布的报告显示,要素驱动经济体和效率驱动经济体中,69%的创业者认为他们会将机会作为创业动机,而不是需求。创新驱动经济体中,机会驱动的创业者比例更高,达到 78%。发达国家相比中低收入国家而言,其早期创业活动更多以市场需求为导向,以高技术为特点,并且依靠这些国家自身的科技创新实力加以实施。研究数据显示,机会型创业对经济增长和就业创造等方面的贡献大于生存型创业。

(四)早期创业活动的行业分布存在差异

在要素驱动经济体和效率驱动经济体中,分别有超过和接近一半的创业者会选择批发零售行业;而在创新驱动经济体中,接近一半的创业者会选择信息通信、金融、专业服务、健康、教育以及其他服务业,如图 1-1 所示。

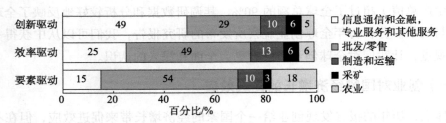

图 1-1　不同发展阶段国家(地区)的创业活动行业分布

资料来源:张明妍. 解读《2015/16 全球创业观察》报告——不同发展阶段国家创业现状分析[J]. 全球科技经济瞭望, 2017, 32(3): 68-76.

(五)中国的创业活动质量在逐步提高

2016—2017 年 GEM 的中国报告显示,中国创业活动的质量正在逐步提高。从中国早期创业活动的结构特征来看,机会型创业比例由 2009 年的 50.87%提高到 2016 年的 70.75%,与其他 G20(二十国集团)经济体相似,青年是中国创业活动的主体,高收入人群更愿意创业,社会对创业的认可程度较高;2009 年,15.65%的创业者认为企业具备高成长潜力,可以在 5 年内创造 10 个及以上就业岗位,到 2016 年这一比例提高到

拓展阅读 1.4　以色列:一个创业的国度

22.74%；创业者的海外客户比例提升最为明显，2009 年仅有 1.4% 的创业者针对海外市场，而 2016 年迅速提高到 7.67% 的中国创业者拥有海外客户；中国创业企业中销售收入有超过 25% 来自海外市场的企业比例从 2009 年的 1.4% 增长到 2018 年的 11.3%；中国创业环境综合指数由 2010 年的 2.87 上升到 2016 年的 3.10，2018 年中国创业环境的综合评价得分为 5.0 分，在 G20 经济体中排名第 6，处于靠前位置。这说明中国创业环境的总体情况在不断改善，特别在金融支持、政府政策和社会文化规范方面有了明显提升。

二、美国创业经济兴起

（一）美国创业经济发展

美国创业经济的兴起可以追溯到 19 世纪末，美国一些富有的大家族对钢铁、石油和铁路等新兴行业进行投资，从而获得了高回报，当时新兴行业的投资可以说是美国创业投资活动的最初萌芽。到 20 世纪 30 年代，人们又开始注意到小企业的积极作用，一些具有敏锐商业头脑的、富裕的家庭和个人投资者为初创企业提供私募资本，并利用自己丰富的经验向所投资的小企业提供帮助。其中的一些小企业后来发展成为诸如东部航空公司、施乐等一些知名大企业。1946 年，美国研究与发展公司（AR&D）成立，它是由麻省理工学院的院长卡尔·康普顿（Karl Compton）和哈佛商学院的教授乔治·多里奥特（George Doriot）以及波士顿地区的一些商业人士共同设立的。与私募的个人资本不同，AR&D 公司主要为那些新成立和快速增长中（种子阶段、创业阶段）的公司提供权益性融资。AR&D 公司是风险投资行业诞生的一个标志。

20 世纪 50 年代末以后，由于创业投资带来的外部经济效益逐渐显现，美国政府开始采取一系列措施促进创业经济的发展。1958 年，美国颁布了《小企业投资法案》，启动了"小企业投资公司"（SBIC）计划，目的是通过该计划让政府有限的财政资金最大限度地撬动民间资本，为创新与创业型小企业提供资本支持。SBIC 的推行培育了一大批有经验的创业企业家和创业投资家，这直接推动了美国创业投资基金的组织制度创新，即有限合伙创业投资基金的出现。SBIC 对于美国创业经济的初步繁荣功不可没，在优化美国创新环境、鼓励创新方面发挥了重要作用，如成功培育了英特尔、耐克等著名国际企业。

在创业投资中，创业资本的退出对创业资本的筹集起到制约作用。为此，1963 年，美国政府针对国内所有的场外交易（OTC）市场进行了一项特别调查，决定摒弃落后的电话联系系统，而采用当时已经出现的电子计算机和现代通信技术，将分散在各 OTC 市场的股票纳入统一的电子交易系统中，这个电子交易系统就是后来的纳斯达克（NASDAQ）市场，它从 1971 年开始正式运行。纳斯达克市场不但为创业资本提供了更加良好的退出和增值场所，同时产生了极大的示范效应，提高了民间资本进行创业投资的收益预期。事实也表明，纳斯达克的建立为美国创业经济的发展作出了重要的贡献。

（二）创业在美国经济中的地位

1. 创业促进美国经济的发展

创新与创业在美国经济中扮演了重要的作用，第二次世界大战以来，美国的经济增长主要来自产业创新和技术革新。美国对科技创新的重视有着深厚的文化传统，美国对世界各国先进技术成果和优秀人才兼容并蓄，能积极引进并在此基础上再次创新。世界上很多具有划时代意义的创造并非由美国人发明，但是美国往往能够最先把这些发明进行应用，从而推动本国经济发展。例如，虽然德国人发明了发电机，但是美国引领了以发电机带动的第二次产业革命。

世界第三次技术革命则是直接由美国发起，它是以原子能、电子计算机和空间技术的广泛应用为主要标志，涉及信息技术（information technology, IT）、新能源技术、新材料技术、生物技术、空间技术和海洋技术等诸多领域的一场技术革命，而美国无疑在这些领域都保持着明显的优势。正是这种持续不断的科技创新和应用，使美国迅速从一个新大陆的农业国转型为新兴的工业大国，并最终成为一个超级大国。

2. 政府政策保障创业经济发展

美国营造了一个良好的创新与创业的政策环境。1787年，美国率先在宪法中对专利保护进行了明确规定，此后出台的一系列法律法规又为专利产权提供了更为有效的保障，这刺激了美国的技术进步，并带来了极大的经济效益。

美国科研经费投入充足，科研资金和组织渠道多样化。在全世界科研经费投入方面，美国牢牢占据世界第一的位置。即使是在经济衰退期间，国家也不会削减研发费用，有时还会逆势增加，以此走出经济困境，实现经济复苏。美国政府还积极引导民间资金进入技术投资领域。实际上，在美国的科技研发中，企业才是科技创新投资的主体。这些企业专业化水平往往较高，具有较强的风险承受能力，同时还能给被投资企业提供专业的管理咨询等服务，这都促进了科技创新与创业经济的良性发展。

美国广泛推广的技术"孵化器"也加快了科学技术在产业中的应用。这些孵化器一般都是通过大学、产业与政府之间的合作而建立起来的，主要目的是促进技术应用和扩散。美国一些著名企业如康柏、英特尔、苹果公司等都是出自"孵化器"。

美国政府认为要在科技领域具备领先的优势，重要保障之一就是雄厚的基础研发投入。为此，美国政府通过一系列措施来给予保障。例如，奥巴马政府2011年就发布《美国创新战略：确保经济增长与繁荣》，提出未来推动美国创新的举措是五个行动计划——无线网络计划、专利审批改革计划、教育改革计划、清洁能源计划和创业美国计划。

三、中国创业经济浪潮

（一）中国创业经济发展浪潮

在改革开放之前，我国实施的是计划经济体制，新企业的创建必须在国家的计划指令下才能发生，因而我们认为我国真正的创业活动应在改革开放后。

1. 改革开放初期的创业潮

改革开放之初，我国社会经济短缺，生活资料匮乏。当政府部分放开商品贸易、允许小市场经营以弥补供给不足时，最早的民间创业者便有了生长的空间。这一时期的创业者大部分都是在体制外孕育成长的，甚至有一些是社会闲散人员。这些早期创业者只能用很少的资金在路边摆摊经营，或靠自己的某种手艺承揽一些小商品的加工，或在农村通过家庭承包的土地进行种植、养殖。还有少部分创业者在国有企业改革进程中，通过租赁、承包来经营发展，他们相对来说起点稍高，但也较为艰辛。这一批在体制外谋生的创业者，大多文化素质不高，艰苦创业，至今仍有相当一部分在做小本生意，只有小部分因经营有方或机遇较好而发展起来。这批创业者的特点是具有勤劳踏实、吃苦耐劳、坚韧不屈的品质，其中的成功者多数还具有头脑灵活、对市场反应灵敏和商业意识强烈的特点。

另一个孕育创业者的舞台是蓬勃发展的乡镇企业。乡镇企业的兴起代表了一个特定历史阶段，也是新中国成立以来第一次创业活动浪潮。我国乡镇企业遍地开花，包括所有成立于农村地区、由农民投资和组建的企业，即乡、镇和村的集体企业，农民组办、联户办和个体办的企业。1984年，在农村领域，政府放宽了对个体私营企业经济发展的限制，允许农民集体和个人从事商业与运输业活动，乡镇企业由此得到较大的发展机遇。20世纪80年代乡镇企业的发展与活跃，催生了我国改革开放以来的第一次创业浪潮。

20世纪80年代中后期，经济体制的改革由农村转向城市，流通体制的改革使得经济步入双重运行规则并存时期。生产资料成为商品，部分进入市场流通，价格实行"双轨制"。这为在流通领域创业提供了机会。钢材、木材、水泥等计划价格和市场价格之间的利差催生了一大批中间商。这些创业者在这一时期借助流通领域的运作完成了创业的原始积累。与20世纪80年代上半期的创业者相比，这些创业者的个人素质有了较大程度的提高，所处社会阶层更为复杂。他们中的许多人或是改革开放初期大学毕业，或是部队转业，或由官转商，在生产第一线积累了相当丰富的技术管理经验后，在向市场经济过渡初期脱颖而出。像柳传志、王石、张瑞敏、任正非等优秀企业家，他们具有较强的商业意识，有经济头脑和创业意识，善于发现机会、把握机会。

2. 邓小平南方视察后的创业潮

1992年1月，中国改革开放总设计师邓小平做了一次对中国改革具有深远影响的南方视察。从1992年1月18日到2月21日，邓小平视察了武昌、深圳、珠海、上海等地并发表重要谈话，提出"要抓紧有利时机，加快改革开放步伐，力争国民经济更好地上一个新台阶"的要求，为中国走上有中国特色社会主义市场经济发展道路奠定了思想基础。之后邓小平南方视察的旋风席卷全中国，掀起了又一轮改革开放的热潮。这一阶段的创业者与民营经济的关系密切，民营企业成为我国创业活动第二个高潮的主导者，如表1-1所示，从1992年开始，计划经济体制下的国有企业与集体企业数量增长呈下降态势，而市场经济激发下的民营企业数量则呈迅速增长，特别是头几年，呈现井喷态势。

表1-1 1992—2006年各类所有制企业户数

年份	国有企业户数/户	国有企业增长率/%	集体企业户数/户	集体企业增长率/%	民营企业户数/户	民营企业增长率/%
1992	1 547 190		4 159 417		139 633	
1993	1 951 695	26.14	5 156 519	23.97	237 919	70.39
1994	2 166 331	11.00	5 456 818	5.82	432 240	81.68
1995	2 218 615	2.41	5 337 734	−2.18	654 531	51.43
1996	2 163 346	−2.49	5 013 416	−6.08	819 252	25.17
1997	2 078 348	−3.93	4 470 469	−10.83	960 726	17.27
1998	1 836 289	−11.65	3 736 365	−16.42	1 200 978	25.01
1999	1 649 870	−10.15	3 172 471	−15.09	1 508 857	25.64
2000	1 492 164	−9.56	2 627 061	−17.19	1 761 769	16.76
2001	1 317 822	−11.68	2 208 516	−15.93	2 028 548	15.14
2002	1 172 479	−11.03	1 882 879	−14.74	2 435 300	20.05
2003	1 090 768	−6.09	1 782 402	−5.34	3 005 500	23.41
2004	1 001 920	−8.15	1 657 422	−7.01	3 650 700	21.47
2005	978 654	−2.32	1 592 870	−3.89	4 300 000	17.79
2006	932 926	−4.67	1 550 293	−2.67	4 928 765	21.47

资料来源：宁亮. 改革开放以来我国创业活动的变迁与总体特征[J]. 重庆社会科学，2008(11)：12-17.

在这一创业浪潮中，一些没有创业经验但具有创业优势的人开始创业，这些人包括政府部门在职的公务员，他们嗅到了商业经济大潮的机会，果断辞职下海。这些下海经商的公务员本身具有很好的个人素质，有些曾经在工商企业的主管部门工作过，对国有企业的经营比较熟悉，对经营企业也有一定的把握。另外一批人就是从大学毕业的大学生，在商业大潮面前，抛弃"学而优则仕"的传统观念，开始主动走入民营企业工作，有些甚至一毕业就放弃就业的机会，直接创业。

3. 以互联网为代表的新兴技术创业潮

互联网技术的兴起带来了中国的第三次创业潮。当互联网兴起之后，许多人感觉到其蕴含了巨大的创业潜力，但到底会有多大，没人能回答。其中，一批有敏锐创业嗅觉的中国年轻人发现了这个机会，他们甚至还没有真正理解互联网，但他们相信：美国人现在做的，可能就是中国未来要做的。如果从创业的成长速度和价值来看，传统行业的创业者可能没有预料到互联网带来的创业潮，其威力会如此之大，影响是如此之广，以至于对传统行业产生了巨大的冲击。

拓展阅读 1.5 朱新礼：弃政从商，打造"汇源果汁"品牌

第三次创业浪潮的一个重要特征就是，国内外的风险投资发挥了重要作用。由于互联网创业的商业模式与传统行业相比，具有革命性的创新，其创业所需的合作模式也更加复杂，资本的力量在其中发挥了不可或缺的作用。互联网创业公司通过风险投资和股票股权让整个公司参与创业过程，而公司一旦上市，参与创业的团队一夜之间就可以成为富翁。这种创业由于风险巨大，创业公司一般都会实施股权激励，大多数员工都可能拥有股权，这使得互联网创业的造富效应非常有影响力。这些公司中不乏千万富翁和亿万富翁。

在互联网创业中的成功典范非百度、阿里巴巴、腾讯（BAT）莫属。马云、马化腾和李彦宏成为这一波创业潮中的超级巨星，如马云的成功创业历程已成为媒体追逐和民间热议的话题。与前两次创业潮不同，互联网创业中许多成功创业者没有什么背景，往往是白手起家，通过不断奋斗获得了最终的成功。所以这次创业浪潮的社会影响力也同样深远，一点也不亚于其经济影响力。

4. "大众创业、万众创新"背景下的创业潮

在 2014 年 9 月的夏季达沃斯论坛上，李克强总理第一次提出"大众创业、万众创新"，强调要借改革创新的"东风"，在全国掀起"大众创业""草根创业"的浪潮。李克强总理多次强调，创业与创新是中国经济发展的一个新发动机、新引擎，能够给我们整个经济结构带来重要变化。"创客"和"众创空间"等新名词也开始出现在政府工作报告中，并成为一个社会流行语。所谓"众创空间"，就是在研究车库咖啡、创客空间、创新车间等基础上，为创业创新者提供工作空间、网络空间、社交文化和资源共享空间服务的新型创业孵化模式。基于开源软硬件、云计算（cloud computing）、大数据（big data）等新技术的广泛应用，"创客空间"的技术门槛和创业成本都大大降低。

2015 年 9 月 23 日，国务院正式印发《国务院关于加快构建大众创业万众创新支

撑平台的指导意见》(以下简称《指导意见》),这是对大力推进大众创业万众创新和推动实施"互联网+"行动的具体部署,是加快推动众创、众包、众扶、众筹(统称"四众")等新模式、新业态发展的系统性指导文件。《指导意见》强调,加快发展"四众",能够有效拓展创业创新与市场资源、社会需求的对接通道,搭建多方参与的高效协同机制,丰富创业创新组织形态,优化劳动、信息、知识、技术、管理、资本等资源的配置方式,为社会大众广泛平等参与创业创新、共同分享改革红利和发展成果提供更多元的途径和更广阔的空间。《指导意见》从营造宽松发展空间、夯实健康发展基础、塑造自律发展机制和构建持续发展环境四个方面提出了17项政策措施:一是推进放管结合,完善市场准入制度、建立健全管理制度、创新行业监管方式、优化提升公共服务、促进开放合作发展。二是完善市场环境,加快信用体系建设、深化信用信息应用、完善知识产权环境。三是强化内部治理,提升平台治理能力、加强行业自律规范、保障网络信息安全。四是优化政策扶持,落实财政支持政策、实行适用的税收政策、创新金融服务模式、深化科技体制改革、繁荣创业创新文化、鼓励地方探索先行。

在2016年的夏季达沃斯论坛上,优步创始人兼总裁特拉维斯·卡兰尼克表示,在"分享经济"下,催生了一个"创业经济"的新模式,而中国目前正站在"创业经济"的最前端。中国目前在大力提倡"互联网+"和"创新创业",在"创业经济"下,通过利用日常闲置的资产,成千上万人通过灵活的就业机会来支撑家庭或自行创业。预计到2020年"创业经济"将占中国国内生产总值的10%。

一些经济学家对政府的创业导向政策给予正面反响,认为经济新常态下提出"大众创业、万众创新"是十分有必要的。虽然中国经济环境比以前已经好多了,创业融资环境得到了大大改善,但是创业培训服务机制有待改善,社会对创业的支持和辅导有待加强。未来政府还有许多可以深入完善的地方,以真正营造出一个"大众创业、万众创新"的良好创业环境。

如果21世纪初互联网创业浪潮的特点是由创业者和民间组织自下而上发起,那么这次创业浪潮则是由政府自上而下发动的,其内在的动力来自改革深化的需求。就像李克强总理所说,"大众创业、万众创新,实际上是一个改革"。政府推动这次创业改革的核心就是如何为创新创业清障搭台,其中包括简政放权、商事制度改革在内的多项改革措施直指过去阻碍创新创业的体制机制,通过改革将创新的时代热潮作为解决经济社会困局、驱动新一轮发展的战略红利。值得注意的是,在"大众创业、万众创新"的氛围下,大学生创业越来越得到瞩目。政府的工作报告中,也越来越强调大学生在未来创业经济中的重要性。

拓展阅读 1.6 "大众创业、万众创新"这波利好千万别错过

（二）中国创业发展环境分析

1. 创业环境要素与影响

创业环境指创业企业在创建与成长过程中所依赖的外部条件和要素的总和。创业环境对创业企业的发展与成功会产生重要影响，良好的创业环境可以为创业者提供更多的创业机会，提高创业的活跃程度及创业的成功率，从而促进一个地区创业经济的蓬勃发展。学者格耶瓦里和福格尔（1994）提出过一个五维度模型，提出了创业环境的 5 个要素：政府政策和工作程序、社会经济条件、创业和管理技能、对创业资金支持和对创业的非资金支持。

全球创业观察联合全球几十个国家的研究机构和学者，对不同国家和地区的创业环境进行研究，以发掘国家创业活动的驱动力、创业与经济活动之间的作用机制以及评估国家的创业政策。GEM 提出的创业环境模型中，认为创业环境条件由金融支持、政府政策、政府项目、教育与培训、研究开发转移、商业和专业基础设施、市场开放程度/进入障碍、有形基础设施、文化和社会规范这 9 个要素组成。例如，如果政府对某个行业的市场进入施以限制，那么新创企业想要进入就非常难，一般这样的行业创业氛围是不活跃的。此外，政府还可以用税收和关税等政策来鼓励或限制一些领域的创业积极性，当有税收或其他优惠政策或措施时，就可能对创业行为产生积极作用。

GEM 在最近的研究报告中又提出了创业生态系统（entrepreneurship ecosystem）的概念，认为影响创业的环境要素有 11 个，主要包括创业融资、政府政策、税收和官僚体制、政府程序、校内创业教育和培训、离校创业教育和培训、研发转化、商业和法律基础、内部市场动态性、物理和服务类基础设施条件、文化和社会规范。可以看出，GEM 的创业环境要素观点开始强调创业教育与培训对创业的影响，认为政府应提升各层面教育系统，将不同创业活动类型的相关概念融入教育中，如自我雇用、雇主公司、成长型企业、组织内创业、社会创业等。同时，要加强对年轻"草根"群体的创业技能培训，主要包括技能培训中心的设立、信息通信技术的培训、孵化器的构建等。

2. 中国创业环境发展优劣势

中国与 GEM 的合作始于 2002 年，由清华大学中国创业研究中心发起，在 GEM 研究框架下，组织协调全国 16 家单位共同完成的中国城市创业观察，第一次系统地实证研究了中国的创业环境。在 2002 年的调查中，共 37 个国家参与了研究，中国的创业环境排名为 23 位。在创业环境九个要素的评分中，中国的评分多在平均水平以下。随着中国经济的发展，中国的创业环境开始有了较大的改善，一些创业环境要素已具有一定的优势地位。综合起来，中国创业环境的相对优势和劣势表现如下。

1) 中国创业环境的相对优势

第一，市场机会多。中国庞大的人口基数就蕴含了巨大的市场机会。以移动互联网为例，目前国内移动用户超过 11 亿，移动支付用户超过 8 亿，这个数字对互联网的创业者来说是至关重要的。这对一些打车、订餐、配送等 O2O（online to offline）创业项目来说就具有天然优势，所以中国在电子商务领域的创业具有一些独特的优势。中国在市场规模上的优势同样还体现在其他诸多创业领域。

第二，创业门槛不断降低。中国的经济环境已经发生了变化，随着经济全球化的推进，中国政府的管理趋向透明，法律更加健全，竞争环境更宽松、公平，这些都使创业非常适合平民创业者的进入。近年，李克强总理又提出"大众创业、万众创新"的经济发展思路，这将会进一步降低创业门槛，促进政府在政策和管理上作出改革，以服务更多的平民实现自己的创业梦想。同时，随着以电子商务为主的网络购物和微信、微博等互联网创业的兴起，创业的进入门槛也大幅降低。

第三，创业融资环境改善。以前融资环境是制约创业企业成长的主要瓶颈，但是，经过多年的发展，中国创业的融资环境已有了翻天覆地的变化。目前创业投资从天使投资、A 轮、B 轮等，到私募二级市场和上市新三板，整个创业生态圈已经慢慢完善起来。以前创业者的早期融资方式主要为向亲戚朋友借款，现在一大批天使投资者涌现出来，其中许多是创业成功的富裕企业家，他们成功后出来做天使投资，不仅为创业市场注入大量资金，还与创业者分享宝贵的创业经验。

第四，创业人才不断涌现。大量受过高等教育的人才是中国创业经济的雄厚人才储备。从近几年的创业现象可以观察到，青年人已成为中国创业的主力军。企业家或优秀创业者是创业经济中最为重要的要素之一，随着这些优秀人才参与创业的人数比例越来越高，他们将成为中国创业环境最具优势的要素。

2) 中国创业环境的相对劣势

第一，商务环境有待进一步优化。商务环境包括有形基础设施和配套服务工作，在有形基础设施上，我国有了很大的改善，但相应的配套服务还需要进一步完善。而且比较起来，软性的配套服务对创业企业的成功可能更为重要。因此，这需要提供相关配套服务的政府机构或民营机构，能够提升自身的管理能力和素质，真正为创业者带来有价值的服务。

第二，知识产权等法律制度环境有待完善。完善的法制环境有助于保护创业者的积极性和创造性，有助于保护他们通过创业形成的财富和权利。其中，知识产权保护的相关法律制度需要继续完善。实际上，完善的法律制度对降低市场的交易成本，使创业者形成稳定的市场预期，都有积极的作用。

第三，创业教育和培训尚待完善与健全。中国的创业教育与培训方面起步相对较晚，GEM 的调查显示，中国的创业者中，具备创办企业技能和经验的人约占 40%。与一些发达国家相比，我国的中小学教育在鼓励创造性、自立和个人的主动性，掌握市场经济知识以及在关注创业和创办公司方面仍有一定差距。高校的创业教育在我国虽然已开展了十多年，但总的来讲创业教育仍然处于初级阶段，尤其在商业与管理教育水平和创业类课程与项目等方面，还存在较大的发展空间。中国高等教育和职业教育不仅需要提高创业教育的有效性和覆盖面，还要克服简单沿用其他学科和传统教学法的弊端，探索新的创业教育方法。

第三节 理解创业经济现象

一、创业的驱动因素

创业对一个国家的经济发展具有重要的意义，要理解一个国家的创业现象，首先需要从最基本的个体层面入手，分析哪些因素会驱动个体产生创业行为。经济因素或财富效应可能是最让人能够直观理解的驱动因素，但实际上，创业行为的驱动因素多样且复杂，以下从不同的理论分析视角来归纳已有的研究成果。

（一）经济与非经济因素

1. 经济方面的因素

创造更多的财富是影响创业最重要的因素之一，创业能带来的财富效应吸引了众多想改变自己财务状况的人投身到创业中去。在许多国家的实证调研中，经济因素往往都列在创业驱动因素的前几位。尽管如此，研究也显示，经济因素并不是驱动创业者选择创业的首要因素，也不是唯一因素。其他的因素如创业的生活方式、自己成为老板也是吸引创业者的重要因素。

2. 非经济方面的因素

非经济方面的创业驱动因素有很多，如独立性、自主性和工作乐趣等。一些研究显示，随着社会生活水平和保障能力的提升与完善，越来越多的人喜欢有更多的独立性，更多人希望"成为自己的老板"，同时也希望在工作的时候有更多的自主性。此外，工作不仅是为了谋生，工作本身是否有乐趣也是人们选择创业的重要原因之一，因为创业可以让自己做喜欢做的事情。泰勒的一项研究表明，与就业工作的人相比，创业者对工作自主性和工作乐趣的偏爱比例更高，就业者的比例分别是 21%和 41%，创业者则达到 51%和 57%。与就业找工作的人相比，创业者还更少地将报酬和安全性作为工作的重要因素（Taylor，1996）。很多调查也显示，创业者的工作满意度比非创业者更高，布兰奇福劳和奥斯瓦德（1998）的调查显示，创业者工作"非常满意"的比例可以高达46%，而非创业者只有29%。

（二）人力资本因素

1. 年龄

关于年龄对人们创业倾向的影响，学界有不同的看法，有研究显示，随着年龄的增长，人们创业的可能性越来越大。持这种观点的人主要认为：①与年轻人相比，年龄大的人可能积累和拥有了更多的财富，因此更有资本去创业。同时，年龄大的人积累起来的工作与管理经验也有助于创业。②年龄大的人可以通过创业来避免面对强制性的退休。③年龄大的人已经建立了更好的社会和商业网络，并且能识别判断商业环境中的创业机会。④年龄大了后由于各种个人或社会的原因，没有办法再进行就业，就只有被迫选择创业。

当然，也有人认为年龄大是不利于创业的，理由主要包括：①人们年龄越大越不愿意承担风险，更喜欢规避风险，同时更难以承担创业所需的繁重工作。②年龄较大的人创业的风险成本更高，特别是对于有了一定财富和地位的人，冒风险创业算不上是好投资，而对于年轻人，放手一搏可能更具吸引力。③年龄大的人对环境变迁带来的机会可能更不敏感和好奇，也就不会有冲劲儿去创业。

总之，年龄如何影响个人的创业倾向与决策可能并没有一个定论，但综合一些研究观点，一般来说，20多岁到40多岁应该是创业较为活跃的年龄段。

2. 经验

经验是个人在过往的职业生涯中获得的知识、技能和能力。肖恩（2003）把经验分为五种：一般的商业经验；职能性工作经验，如营销和产品开发管理等；行业经验；创业经验；替代性经验，主要指通过观察商业伙伴、朋友或父母获得的经验。很多研究表明，过往的创业经验对创业会有积极的作用，过往的受雇工作经验则不一定是积极的，也可能会有消极作用。总体上有以下几个观点。

（1）工作经验可以帮助更好地识别和判断商业机会。毕海德（2000）的研究发现，在商业杂志 *Inc.* 评选出来的美国增长最快的500强公司中，有71%的创始人是复制或改善了自己之前工作经历中的商业想法。实际上，研究表明那些有过创业经验和行业经验的人更有可能创建自己的企业。并且，多样化的工作经验也有助于创业者找到更多的创业商机。

其次，创业者工作经历中所获得的技能和经验有助于有效地把握创业机会，如销售技能、谈判能力、领导能力、计划能力、决策能力、问题解决、组织与沟通等。有研究观察发现，如果创业者是从先前的经验中获得创业机会，其创业企业的成长速度往往高于平均值。

最后，创业经验对创业者未来再创业和求职有很大帮助。研究表明，创业经验不仅可以让创业者获得高于平均水平的销售额、利润和成长绩效,而且在创业者不再创业时,可以有助于其求职。

3. 教育背景

教育背景对个人创业的影响一直存在讨论和争议。一方面,教育可以提升个人的创业判断能力,这主要表现在分析能力、商业机会信息获取、对市场和创业过程的理解等。正式的教育还能培育个人的搜索技能、预测、想象、计算与沟通能力,以及关于某个特定行业中商业运作的知识和技能。另一方面,我们也需清楚,创业所需的技能并不与这种正式文凭教育培育的内容一样。更重要的是,获得了良好正式教育的人可能更有机会找到一个好工作,创业反倒可能对其没有多大吸引力。但同时一些研究也发现,受过更多教育的人随着年龄的增长,创业的可能性也是增加的,从这点来看,教育对创业还是有积极影响的。

不仅教育的年限可能会对个人创业倾向产生影响,所受教育的内容与质量也是很重要的影响因素。一些证据显示,那些受过创业教育的人,在未来创业的概率会增加。但总体上,教育对个人创业的影响是较为复杂多样的,不仅受教育的年限、内容和质量的影响,同时还受到个人所处的环境影响,如国家、文化、商业环境等。

(三) 社会资本

社会资本(social capital)是指创业者能够从其社会结构、网络和关系中获得资源或利益的能力。社会资本可以在家庭、社区、组织,甚至国家层面上存在,如与政府机构和相关部门的信任关系等。社会资本对创业具有重要作用:社会资本能赋予创业社会合法性;能够给创业者带来机会、客户、供应商和竞争对手的信息等;能够帮助创业者获得相应的资源,如便宜的人力资源和资金资本;能够给创业者带来心理上的帮助,如帮助创业者平衡情绪压力和保持业务的平稳发展。

社会资本可分为强关系和弱关系,强关系一般是指亲朋好友,能够为创业者带来各种支持和信任,弱关系一般是指联系不那么紧密的外部关系,如一般的熟人、以前的同事、业务伙伴之类的。这两种关系在创业者的创业过程中带来的作用存在互补性。

有研究发现,一些创业者的社会资本往往较为丰富,正是这些社会资本帮助创业者开启了自己的创业旅程。关于社会资本产生的一个共识是,个人的正式或非正式社会网络能够提升创业者的创业绩效,如利润、成长绩效等。

(四) 行为特征

1. 风险意识

一般来说,创业者往往被认为是敢于冒风险的,且这种冒险特征会被归因于本性或后天获得,即俗话说的"胆大艺高"或"艺高人胆大"。但是从行为学的角度来看,要准确衡量风险意识是较为困难的。首先，风险有实际存在的风险和个人感知到的风险，创业者对实际存在的风险是如何感知的，是否会影响其采取行动。这也是创业学习的作用所在，通过各种知识的学习可以去解决或降低个人对创业的恐惧，甚至提升其抗风险能力。其次，对于感知到的相同风险，不同的人愿意去承担风险的意识也是不一样的，创业者可能有更强的风险偏好或风险承担意识。这种风险偏好是由什么决定的，是天生的还是后天培养的，一直是研究者们感兴趣的。有研究表明，创业者可能会低估这种风险带来的不良后果或高估自己应对风险的能力，从而促进其实际的创业行动。

2. 过于乐观

研究发现，过于乐观和过于自信都会促进个人的创业行为，创业者之所以会过于乐观可能是因为对创业结果有情感承诺，或者认为创业后果在自己的掌控之中，或者高估自己获得创业成功的可能性。由于创业过程与结果是有非常高的不确定性的，对于个人来说，准确评估是非常困难的，过于乐观这种认知偏差的出现也是难以避免的，低估竞争对手实力与高估自身的竞争能力也是较为常见的。根据我们多年的观察，在创业模拟的课程上，大多数的个人和小组一开始都有高估自己团队竞争实力的现象，并由此而推高了整个市场的进入与竞争激烈程度，也说明了这种过于乐观的心理与行为是一种较为普遍的现象。一般学生在创业实践模拟训练中有这种过于乐观的表现，有理由相信实际创业者大概率也会过于乐观，实际上这种观点也得到了很多研究结果的支持。

3. 其他重要的行为因素

从心理和行为因素来研究创业者有很多的成果和发现，除了创业者的风险意识和过于乐观这些因素之外，还有很多行为因素，如成就需求、内在自主控制需求、模糊容忍力等。①成就需求。麦克莱兰最早对创业者的心理特征进行了研究，并提出"成就需求"是创业者重要的特征，他认为创业者会"提前反应和承诺他人，喜欢为他们的决定承担责任，偏爱承担一定风险的决策，渴望他们的成绩获得反馈，不喜欢重复规范的工作"。②内在自主控制需求。创业者相信他们的业绩主要依靠自己的行为，而非外在因素。一些研究认为具有高内在自主控制需求的人更有可能选择创业。③模糊容忍力。研究还认为，创业者在对环境的不确定性和模糊性上具有更大的容忍能力。一般人都不喜欢模糊，并且倾向规避不确定性，而优秀创业者可以表现出超出一般人的模糊容忍力。

实际上，几十年来对创业者心理和行为特征的研究并没有一个定论，几乎任何一个研究结论的相反观点都可以找到相应证据，这正如创业研究学者盖特纳所观察的那样：创业者在心理与行为上的差异性可能远远大于创业者和非创业者之间的差异性。

二、创业的经济促进效应

创业现象能够引起主流经济学的关注,经济学家熊彼特作出了非常重要的贡献。在对资本主义经济周期考察的基础上,熊彼特提出了其创新与经济发展经济理论。该理论解释了创新与创业对经济发展的重要作用,明确了创新的五种形式及其对经济周期的影响,并且熊彼特第一次明确阐释了企业家或创业者在创新与经济发展中的重要地位。在熊彼特的创新与创业经济理论基础上,经济学家们提出了许多创业的经济促进模型,有助于我们更好地理解创业的经济促进效应。

(一)熊彼特的创新经济

经济学家约瑟夫·熊彼特对资本主义的经济发展历程进行了深入分析,提出独到的经济发展周期理论。他把资本主义经济的发展分为三个长周期:①1787—1842年为产业革命发生和发展时期;②1842—1897年为蒸汽和钢铁时代;③1897年以后为电气、化学和汽车工业时代。熊彼特的一个核心观点就是创新是整个资本主义经济发展的核心驱动力。

熊彼特认为创新就是要"建立一种新的生产函数",即"生产要素的重新组合",就是要把一种从来没有的关于生产要素和生产条件的"新组合"引进生产体系中去,以实现对生产要素或生产条件的"新组合";作为资本主义"灵魂"的"创业者"的职能就是实现"创新",引进"新组合";所谓"经济发展"就是指整个资本主义社会不断地实现这种"新组合",或者说资本主义的经济发展就是这种不断创新的结果;而这种"新组合"的目的则是获得潜在的利润,即最大限度地获取超额利润。

(二)创新的五种形式

熊彼特认为创业是实现创新的过程,而创新是创业的本质和手段。他赋予创业家以"创新者"的形象,认为创业家的职能就是实现生产要素新的组合。熊彼特把创新比喻为"革命",是"创造性的破坏",创新是熊彼特的经济理论的核心概念,他的各种经济理论几乎均以创新观为核心,认为创新是"当我们把所能支配的原材料和力量结合起来,生产其他的东西,或者用不同的方法生产相同的东西",即实现了生产手段的新组合,产生了"具有发展特点的现象"。熊彼特赋予其"创新"概念以特殊内涵,主要包括以下五种形式:①引进新产品;②采用新的生产方法;③开辟新的商品市场;④控制原材料供应的新来源;⑤实现企业的新组织。总体来说,创新是指创业家对新产品、新市场、新的生产方法和组织的开拓以及对新的原材料来源的控制,也就是创业家把一种从来没有过的生产要素和生产条件进行新的组合从而建立一种新的生产函数。

(三)创新与经济周期

熊彼特高度认可了创新对经济增长的影响效应,认为繁荣始于创新:创新会产生超额利润,超额利润引来模仿,模仿打破垄断,刺激大规模的投资,引起经济繁荣;当创新模仿与扩散到更多的企业后,产品价格降低,同时成本开始上升,超额利润逐渐降低直至消失,金融机构的投资收缩,经济开始进入衰退和萧条,从而期待新的创新行为出现……整个经济体系就在繁荣、衰退、萧条和复苏四个阶段构成的周期性运动过程中前进。

创新与创业也是产业演化的重要推动力。从微观层面来看,优秀的创业者能够不断将新知识或新技术转化成能创造经济价值的新企业,尽管创业者自身并不一定要创造新知识或新技术。创业者在市场中学习创新,基于市场中的各种信息,不断调整企业的市场策略,有能力的创业者将生存下来,没有能力的创业者将被淘汰出局。在高科技的行业中,新企业的进入会促进现存企业加快创新,因为新企业的进入会威胁到现存企业的存亡,而在技术含量较低的行业中,新企业的进入会抑制现存企业的创新热情,因为在该类行业中,新企业的进入会降低现存企业对创新带来的垄断租金的预期。

(四)创业家的创新角色

熊彼特强调了创业和发明不是一个概念,创业要使创新成果最终在市场上出现。创业家的职能"主要不在于发明某种东西或创造供企业利用的条件,而是在于有办法促使人们去完成这些事情"。他进一步认为经济体系发展的根源在于创业活动。"创业是经济过程本身的主要推动力","这类活动就是能使经济肌体革命化的多次发生的'繁荣',和由于新产品和新方法造成干扰平衡的冲击而经常出现的'衰退'的主要原因"。创新是一个"创造性毁灭"的过程,打破了旧的经济均衡,导致更高层次的经济均衡。创新内生于动态的经济系统中,非同常人的动力驱使创业家去创新。正如没有永恒的利润一样,创业活动也只是暂时的一种状态。熊彼特认为:在进行新组合过程中,才有创业家创新,如果新组合实施完毕,企业进入"正常"生产经营状态,创业家也不再是创业家,而成为普通的生产经营者。如果没有创新,市场将一直保持在均衡状态,创业家不能为企业带来利润,只有打破均衡,才能获得利润。如果竞争者或模仿者进入市场,将在更高的层次上实现均衡,利润也随之消失。一旦创业家的作用已经完成,利润就会立即从创业家的手中溜走。利润附着于新事物的创造,附着于未来的价值体系的实现。

熊彼特的创新与创业理论对后来的学者产生了广泛的影响力,研究企业成长的经济学家彭罗斯认为,创业家的事业心和对风险的态度是一枚硬币的两面,因为创业家的事业心包含承担风险的意志、探索避免风险的热情,是企业持续发展的动力,以及把对利润的追求当成自己的伟大使命。美国学者奈特认为，企业家是那些在极不确定的环境下，做出决策并必须自己承担全部后果的人。奥地利学派经济学家柯兹纳将企业家定义为具有一般人所不具有的能够敏锐地发现市场获利机会的洞察力的人。

（五）创业的经济促进模型

在熊彼特提出创新与创业经济理论之后，出现了很多创业与经济增长的相关研究，不同的学者提出了一系列解释创业活动与经济增长的理论模型。这里简单介绍温奈克斯模型，以帮助理解创业如何促进经济增长。

如图 1-2 所示，温奈克斯等认为探讨创业与经济增长的关系应该从个人层面、企业层面和宏观层面三个层面进行探讨。具体而言，创业活动产生于个人层面，创业由个人态度或动机、技能和精神禀赋所引发。但是个体企业家的创业动机和行为很大程度上受制于社会文化制度、商业环境和经济宏观形势。在企业层面，个体企业家将创业机会、创业资源和创业抱负落实为新创企业。在宏观层面，所有创业活动形成了"竞争实验、新思想和首创精神"的结晶体。竞争的结果是企业优胜劣汰，市场呈现多样性和灵活性；同时，创业活动通过提高劳动生产率，使得优胜企业不断发展壮大，并最终促进国家经济的发展。

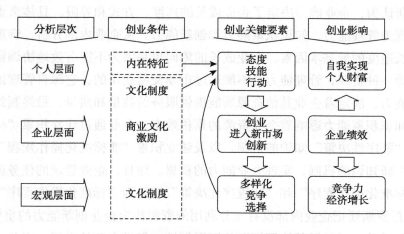

图 1-2　创业活动与经济增长的框架模型

资料来源：WENNEKERS S, THURIK R. Linking entrepreneurship and economic growth[J]. Small business economics, 1999, 13(1): 27-55.

三、创业的资源优化效应

资源论是我们理解企业经济行为的一个重要理论，可以帮助我们逐步打开企业这个黑匣子。在资源论的基础上衍生出来的企业能力理论，又进一步让我们更深入地理解企业成长的关键所在。如果将资源论和企业能力理论引入对创业现象的分析，就可以让我们更好地理解为什么创业是一个资源整合与优化的过程，并且资源整合与优化的背后就是创业者或创业企业所具备的创业能力，正是这种稀缺的创业能力带来了创业企业的持续成长。

（一）基于资源的企业成长

1959年，彭罗斯（Penroses）发表了《企业成长理论》一文，她从分析单个企业的成长过程入手，将企业成长研究引入企业内部，奠定了现代企业成长理论研究的基础。她修正了传统经济学研究企业成长的方法，将管理学与经济学两者融合在一起，探究企业成长的决定因素和机制，建立了"企业资源——企业能力——企业成长"的分析框架。

彭罗斯认为企业是一个依据管理框架结合在一起的"资源集合体"，是有意识地利用各种资源获利的组织。企业拥有的资源是决定企业能力的基础，生产性资源（包括物质资源和人力资源）是任何企业必不可少的，但是对企业至关重要的并不是这些资源本身，而是对它们的利用，也就是资源的"生产性服务"，从本质上来讲，"生产性服务"（资源的利用）才是企业独特能力的根源。资源的利用水平决定了企业的成长效率，由于资源的不可分割性、资源间的永不平衡性以及资源的能动性（如人力资源）等特点，企业间永远存在没有充分利用的资源，因而企业的持续成长也是可能的。

彭罗斯认为，企业能力决定了企业成长的速度、方式和界限。具体来说，企业能力主要表现为管理能力、知识积累能力和创新能力。从企业内部分析，管理能力是影响企业成长速度的最基本因素，企业成长的障碍也是因为不能有效地协调资源和管理职能。作为一种资源，管理能力是不能通过市场交易获得的，它源自管理团队的专业化经验和能力，决定着企业其他资源所能提供服务的数量和质量，最终制约企业的成长进度。知识积累能力影响着企业资源的累积效率，企业通过建立积累"标准化操作规程"和"程序性决策"知识的机制，以及建立积累"非标准化操作规程"和"非程序性决策"新知识的机制，实现企业能力的积累。而且，企业管理的任务就在于不断地将"非标准化操作程序"和"非程序化决策"转化为"标准化操作程序"和"程序化决策"。彭罗斯还把企业内部没有充分利用的资源作为企业创新能力的重要来源，通过企业创新活动，可以局部协调资源的不平衡性，促进企业的发展，因此，创新是企业内部成长的重要源泉，彭罗斯认为组织创新和产品创新是推动企业成长的重要因素，两者均取决于企业的创新能力，企业成长的重要一环是发现成长机会。

（二）创业能力与创业企业成长

在彭罗斯的理论基础上，对企业资源与能力的研究日渐丰富和深入。普哈拉和哈默（1990）发表了《公司核心能力》一文，他们认为企业能力有核心能力与非核心能力之分。核心能力具有价值优越性、异质性、不可模仿性、不可交易性与难以替代性，核心能力在企业成长的过程中发挥关键性作用，因为在产品生命周期日渐缩短和企业经营日益国际化的今天，竞争成功不再被看作转瞬即逝的产品开发或市场战略的结果，而是企业具有不断开发新产品开拓新市场的特殊能力的表现。企业要想成长以及获得长期竞争优势，必须比竞争对手更有成效地从事生产经营活动和解决各种难题。核心能力理论把企业成长动力归结为核心能力。

阿尔瓦雷斯（Alvarez）和巴尼（Barney）曾试图通过分析创业能力而将创业纳入企业资源观理论。他们认为创业战略与创业能力，如灵敏与灵活的决策、创造力、独创性和远见等，在本质上都是不可模仿的资源资产，且这些创业能力产生的原因不明，无法被模仿。如果随着时间的推移，企业或创业家还能保持这些能力的话，就能产生持续竞争优势。以上的这些创业发现与洞察力属于无形的创业资产，这些资产会给企业带来一系列创新，从而使企业有可能产生持续竞争优势。他们强调，资源观和创业观都一致认为，创新动机在于追求创业发现与创业利润。在借鉴熊彼特的创新创业打破均衡观点的基础上，他们认为传统的资源观是在均衡约束下讨论竞争优势，但如果引入熊彼特的观点，我们就可以发现一系列的打破均衡能导致企业突破这些冲击，从而获得竞争优势。这样，他们就将资源观和熊彼特式的均衡联系起来了。他们认为，通过"知识走廊"获得的创造力和洞察力等创业能力能激发创新，创新带来竞争优势，这样企业就不会失去全部的竞争优势。

（三）创业资源的整合与优化

如果基于资源论的逻辑把企业视为资源与能力的集合体，那么就可以把成功的创业视为对资源进行有效整合与优化的过程。因此，如何真正理解创业资源与能力的概念内涵就是我们洞察创业现象的出发点。尽管资源论与能力理论已讨论了很长时间，但对其概念内涵还是见仁见智，依旧没有明确统一的结论。

首先，创业资源的整合。从一般经济学意义上看，创业资源可以包括与创业相关的一切有形资源和无形资源，包括土地、厂房、设备、资金、人才、信息和社会资本等。例如：①资金资源整合。任何创业都需要资金资源，创业犹如打仗一样，"兵马未动，粮草先行"，再好的创业商机如果没有资金启动，那也只能望洋兴叹。同时，也并不是资金越充沛越好，有些创业案例表明，资金太多可能导致创业的失败。因此，如何有效率地利用资金才是成功的关键。②人力资源整合。在投资者眼里，创业投资最关注的是团队，说得更直接一些就是要投资有价值的"人"。因此，包括创业团队在内的人力资源才是创业成功的关键保障。在今天越来越开放的创业环境下，创业人力资源不仅包括内部人才，还包括外部人才。人力资源整合与优化的方式更是千差万别，整合得好可以实现协同放大效应，整合得不好也许带来的是内耗，就如俗话说的，三个人可以是"三个臭皮匠，赛过诸葛亮"，也可以是"三个和尚没水喝"。③信息资源整合。信息资源一般主要指技术信息和市场信息。技术信息一般是指与创业企业技术创新与研发相关的信息,包括所在领域的研究进展、最新研究成果及未来研究趋势等。市场信息主要指客户、竞争对手、供应商和合作伙伴等方面的信息。信息资源的收集、处理和分析对创业企业决策极为关键,决策质量直接影响了企业人、财、物等资源的分配与目标实现。④社会资本整合。社会资本是指创业者或企业的社会关系及其社会关系资源。根据社会学的观点,创业作为一种经济活动嵌入社会关系网络中,如果脱离这种社会关系网络来分析创业行为与活动是不可思议的。实际上,社会资本可以为上述资金资源、人才资源和信息资源的整合与优化创造条件。

其次,创业能力与资源优化。如前所述,创业能力的概念已渗透到经济学、管理学和行为学多个领域中。在经济学领域,熊彼特强调的企业家精神实际上就是尝试将创业能力纳入经济增长的解释框架中。其后学者提出的创业经济增长实际上都包含了创业者和创业企业层面的能力因素。但是,经济学重点是分析创业能力为什么能带来经济增长,真正尝试打开企业这个黑匣子还是始于企业资源观。资源观认为企业能力(生产性服务)才是企业资源得以整合与优化,并获得超额利润的关键所在,这点已得到管理领域学者的认可,后续管理领域学者对企业能力的研究也大大丰富了我们的认识。尽管如此,对企业能力内涵的界定与分析依旧是见仁见智的状况。对于一家创业企业来说,识别与把握市场机遇、推出创新的产品或服务、创新商业模式、制定正确的成长战略,以及持续改善内部的管理运营效率,都可以是其实现资源的整合与优化的重要能力。

【本章小结】

本章主要对创业精神的概念与内涵、国内外创业经济的发展进行了阐释与回顾。首先,在对国内外创业基本概念回顾的基础上,对本书的"创业"进行界定,即"创业是个人、团队或组织把握环境中出现的机会,通过创新的思维和方法来组织和整合各种资源,以开发和利用该机会,并实现新的价值创造"。在此基础上进一步阐释了本书对创业精神的理解,主要从持续创新的精神、敢于冒险的勇气、自我超越的抱负、永不言弃的毅力四个方面做阐释。其次,基于"全球创业观察"的调查数据讲解全球创业经济,尤其是对美国创业经济的兴起及其重要性进行了更为深入的考察和总结;并对中国改革开放以来创业经济的兴起进行了回顾,总结归纳为四个创业阶段。最后,从不同的理论领域与视角对创业经济现象进行了阐释,包括创业的驱动因素、创业的经济促进效应、创业的资源优化效应等。

1. 什么因素促进了美国创业经济的兴起?为什么硅谷会成为美国创业者的乐园?

2. 你如何理解李克强总理提出的"大众创业、万众创新"？
3. 比较一下中国和美国两个国家在创业文化上存在的不同。
4. 了解一下北京中关村的创业发展状况，然后与硅谷比较一下，看看两者存在什么不同的特征。
5. 选择一个你熟悉的城市，对该城市的创业环境进行调查和评价。

创业沃土：硅谷

一、硅谷的缘起

在美国的创业经济中，硅谷被誉为创业者的天堂，硅谷在一定程度上是美国创业经济与创业文化的精髓体现。硅谷是美国加利福尼亚州（以下简称"加州"）旧金山以南圣克拉拉郡帕洛阿尔托到圣何塞市之间，长约50公里、宽约16公里的一个谷地。因为当时这里的半导体工业特别发达，而半导体的主要材料是硅，故称为"硅谷"。

硅谷原本是一个美国海军工作站点，美国海军转移走之后，这个区域逐渐成为航空航天企业的一个聚集区。当时硅谷还没有民用高科技企业，虽然有很多好的大学，但是学生们毕业之后，一般喜欢选择到东海岸去寻找工作机会。斯坦福大学一位才华横溢的教授弗雷德·特曼（Frederick Terman）发现了这一点，于是他在学校里选择了一块很大的空地，用来鼓励学生们在当地发展他们的"创业投资"事业。在特曼的指导下，他的两个学生威廉·休利特（Hewlett）和戴维·帕卡德（David Packard）在一间车库里凭着538美元建立了一家高科技公司——惠普公司。

二、硅谷创业的主导产业

硅谷发展初期以晶体管、半导体制造业等技术行业为主导，著名的企业有英特尔、苹果、太阳微系统等。20世纪70年代末，硅谷开始转向电子信息、计算机、网络技术等高新技术产业，著名的企业有思科、雅虎等。硅谷在完成初期的资本积累以后，其持续的创新能力与经济的快速发展，所带来的是大量技术企业的快速集聚，极大地扩展了硅谷的技术构造和技术基础，使硅谷的研究和生产范围从激光技术与微波技术扩大到医疗器械、生物技术等。目前，硅谷已形成以高新技术产业和相关服务业为支撑的产业群，其主导产业群主要有以下七类：计算机和通信硬件生产、半导体和半导体器材生产、电子元件生产、生物医学、软件、创意和创新服务业、公司办公室。

在硅谷七大产业集群中，创意和创新服务产业群的企业数量也非常多，其囊括了技术服务和商业服务（比如人力资源和法律事务）、综合艺术、设计和技术的创造服务（比如图表设计、广告、营销），从业人数仅次于软件业。它是硅谷的第二大产业集群。

创意型人才渗透到硅谷各行各业中。硅谷的"创意先锋"不仅仅包括艺术家或其他的专业工作者，硅谷地区绝大部分就业人员都被要求具有一定的创造性，创意型人才渗透到硅谷各行各业的从业人员中。以硅谷所在的圣克拉拉郡为例，62%的非技术工人和70%的技术工人的工作中都被要求具有一定的创造性。

三、硅谷的创业生态

2012年国际知名公众政策研究机构布鲁金斯学会的一份研究报告显示，硅谷的创新实力在全美位居首位，并且正在扩大其领先优势。布鲁金斯学会对美国的358个大型城市地区进行了调研，发现位于硅谷中心地带的圣克拉拉郡有着最强的创新实力——2012年，该地区的雇员人均产生12.57项专利。布鲁金斯学会在报告中指出：硅谷自从1988年以来就一直是美国创新实力最强的地区，而在2012年，硅谷还是全美唯一一个雇员人均专利数量达到两位数的地区——排名第二的俄勒冈州科瓦利斯市为5.27项，还不到硅谷的一半。

在技术创新过程中，斯坦福大学以其雄厚的基础研究成为技术创新的后盾，不断地将科研成果转化为社会生产力。早在20世纪50年代硅谷初创期，斯坦福大学就通过合作计划对当地公司开放其课堂，鼓励电子企业的科技人员直接或通过专门的电视教学网注册，学习研究生课程，不仅强化了企业与斯坦福大学之间的联系，并且有助于工程师们学习最新的技术，将本行业的最新研究水平引入企业之中。同时，也给不同企业的技术人员提供了相互交流、交往的场所与机会，有利于他们创新思路的开发与扩展。而且企业界和高校之间交流密切，实践中的经验能很快地反馈到基础研究中，如此良性循环，大大促进了技术发展。硅谷的大学是硅谷科学技术的源泉，其高技术成果不断输送给硅谷。例如晶体管、集成电路核心技术、微信息处理机技术等一大批高水平的技术创新成果都源于斯坦福等一批大学，这为硅谷的迅速崛起，继而成为世界最高水平的电子信息产业研发和制造中心奠定了基础。

此外，为高新技术产业服务的行业也是硅谷产业主要群体之一。在硅谷上万家的企业中有40%处于服务性的第三产业，包括金融、风险投资等行业。为某个高新技术行业服务的企业数可能比该行业企业数还多，如在硅谷就有3 000多家企业为2 700家电子信息企业服务，以研发、设计和高技术服务为主要业务，处于全球产业分工的高端环节。硅谷是风险投资的发源地，风险投资成为促进硅谷高技术产业发展的主要动力。硅谷地区成功发展的实践证明，风险投资是高技术产业和新经济发展的有利条件，也成为高新技术企业创业的催化剂。美国是世界上风险投资规模最大的国家，已占世界风险投资的一半以上，而硅谷地区吸收了全美35%的风险资本，美国几乎50%的风险投资基金都设在硅谷，目前硅谷的风险投资公司有200多家。应当说，在硅谷高技术产业发展史上，风险投资功不可没。著名的英特尔公司、先进微器件公司、罗姆公司、苹果公司等都是靠风险投资发展起来的。因此，风险投资和硅谷地区的发展形成了一种相互促进的良性循环机制。

硅谷风险投资发展活跃的一个主要原因是有良好的投资环境和宽松的法律环境。美国早在1958年就颁布了中小企业投资法，促使了一大批中小企业的建立，政府还从税收、融资、贴息贷款等方面提供优惠。美国政府一系列的投资收益税率政策加快促进了风险投资的发展：1975年，修改《国内收入法》，允许投资者冲销投资损失，降低其税收负担；1978年《雇员退休收入保障法》将投资收益税率从49%降到28%；1981年《经济复兴税法》将投资收益税率进一步降到20%；1986年颁布的《税收改革法》按投资额的百分比减免所得税；1997年《投资收益税降低法案》进一步降低投资收益税。

此外，政府通过研发投入和相关政策促进硅谷技术发展。政府对基础的、符合国家科学发展的研发给予资金等各方面的支持。例如政府对斯坦福大学研究项目提供大量的直接赞助经费。据统计，2000年，斯坦福大学16亿美元的年收入中有40%来源于受政府委托的研究项目。另外，政府还对中小企业进行研发投入，并通过税收政策等鼓励企业自己进行研发项目研发。例如通过中小企业技术创新法案，利用国防、卫生、能源等部门的研发基金支持中小企业相关技术创新，满足联邦政府研究开发以及商业市场的需要；实行"研发抵税"的政策；设立小企业局为中小企业提供贷款担保，担保率为75%~80%。

另外，政府还采取了系列措施来鼓励硅谷创业企业的技术创新。例如，通过严格实行专利制度，对知识产权进行保护，促进技术交易市场的建立；建立行业标准，推进技术的完善与进步；制定宽松的技术移民签证政策，实施专门为吸纳国外人才的签证计划，增加签证发放的数额。除了国家政府的支持，州政府和地方政府的支持也对硅谷发展起到了关键作用。硅谷所在的加州是"技术之州"，有明确的科技政策，如鼓励政府内部和政府外部的研究发展工作，设立科学技术办公室，鼓励发展教育尤其是技术教育。另外，加州宽松的法律环境也为硅谷的发展创造了便利条件，加州有关保护商业秘密的法律比较宽松，因此使得跳槽相对容易，这就有利于人才的流动和信息的交流。

四、硅谷创业的经济效应

20世纪90年代以来的一段时间，美国经济持续繁荣，实现了高增长、低失业、低通胀的发展，被学者们誉为"新经济现象"。而作为"新经济发动机"的硅谷自然功不可没，资料显示，世界上最大的100家高科技公司中，约有20%把总部设在硅谷。过半数的风险投资公司的总部也集中在硅谷。仅1998年，硅谷地区获得的投资就占了美国当年信息技术投资的1/3以上。硅谷还创造了大量的就业机会，仅1996年就提供了5万个新的就业机会。硅谷人均年收入也达到8万美元，为全美之最，远远高于美国员工年平均3万美元的水平，且增长幅度比全美平均水平高出5倍。

硅谷对美国新经济的贡献不仅表现在经济增长量上，它还孕育了一种创新文化，即硅谷文化。硅谷文化在全球范围内吸引、凝聚了各方优秀人才进入硅谷。实际上，硅谷文化凝聚人才、发展创业经济的示范效应和深远影响已远远超过了其自身的创业经济增长。

资料来源：根据"卡普兰. 硅谷之光[M]. 刘骏杰，译. 北京：中国商业出版社，2013."等资料改编。

思考题：
1. 我们可以从美国硅谷创业经济的成功经验中获得哪些借鉴？
2. 请尝试比较美国硅谷和中国中关村的成功经验。

第二章

产业变革与创业发展趋势

【名言集锦】

虽有智慧,不如乘势;虽有镃基,不如待时。

——孟子《孟子·公孙丑上》

君子谋时而动,顺势而为。

——吕不韦《吕氏春秋》

【本章学习目标】

1. 了解历史上三次重要的工业革命;
2. 运用熊彼特创新理论来分析工业革命;
3. 了解企业家在工业革命中的作用;
4. 回顾和预测互联网带来的创业机遇;
5. 预测未来的科技与产业发展趋势。

华为:把握通信行业的变革浪潮

创业起步:孤注一掷自研技术

任正非 1944 年生于贵州安顺镇宁县,毕业于重庆建筑工程学院。1988 年,任正非从国有企业辞职开始正式创业。创立初期,华为靠代理香港某公司的程控交换机获得了第一桶金。此时,国内在程控交换机技术上基本是空白。任正非敏感地意识到了这项技术的重要性,他将华为的所有资金都投入研制自有技术中。此次孤注一掷影响深远,华为自主研制出了 C&C08 交换机,由于价格比国外同类产品低 2/3,功能与之类似,C&C08 交换机的市场前景十分可观。虽然孤注一掷自主研发让华为冒了极大的风险,但也最终奠定了华为适度领先的技术基础,成为华为日后傲视同业的一大资本。

创业生存:农村包围城市

20 世纪 90 年代,国际电信巨头大部分已经进入中国。华为要与这些拥有雄厚财力、先进技术的百年企业直接"交火",未免是以卵击石。最严峻的是,由于国内市场迅速进入恶性竞争阶段,国际电信巨头依仗雄厚财力,也开始大幅降价,妄图将华为等国内新兴电信制造企业扼杀在摇篮里。熟读毛泽东著作的任正非,选择了一条后来被称为"农村包围城市"的销售策略——华为先占领国际电信巨头没有能力深入的广大农村市场,步步为营,最后占领城市市场。

电信设备制造是对售后服务要求很高的行业,售后服务要花费大量人力、物力。当时,国际电信巨头的分支机构最多只设立到省会城市以及沿海的重点城市,对于广大农村市场无暇顾及,而这正是华为这样的本土企业的优势所在。另外,由于农村市场购买力有限,即使国外产品大幅降价,也与农村市场的要求有段距离,因此,国际电信巨头基本上放弃了农村市场。

事实证明,这个战略不仅使华为避免了被国际电信巨头扼杀,更让华为获得了长足发展,培养了一支精良的营销队伍,成长起来一个研发团队,积蓄了"打城市战"的资本。因此,在当年与华为一样代理他人产品的数千家公司,以及随后也研制出了类似的程控交换机的中国籍新兴通信设备厂商纷纷倒闭的时候,华为在广大的农村市场"桃花依旧笑春风"。

创业成长:管理转型,参与国际竞争

任正非是一个危机意识极强的企业家,当华为度过了死亡风险极高的创业期,进入快速发展轨道的时候,他已经敏感地意识到了华为的不足。1997年圣诞节,任正非走访了美国IBM等一批著名高科技公司,所见所闻让他大为震撼——他第一次那么近距离、那么清晰地看到了华为与这些国际巨头的差距。任正非回到华为后不久,一场持续5年的变革大幕开启,华为进入全面学习西方经验、反思自身、提升内部管理的阶段。

这次管理转型为华为国际化做了充分准备。1999年,已经在国内市场站稳脚跟的华为,先后在印度班加罗尔和美国达拉斯设立了研发中心,以跟踪世界先进技术走向。这一年,华为海外销售额虽然仅0.53亿美元,但华为已经开始构架其庞大的营销和服务网络,制定宏伟的国际创业战略。

华为的国际化采取了"从易到难"和"从近至远"的战略。先开拓离自己较近的发展中国家市场,如俄罗斯和东南亚地区,在积累一定经验后再全面拓展非洲、中东、拉美地区市场,之后进军发达国家市场,如欧洲的德国、法国、西班牙、英国等国家,最后开始进入最难的北美市场。

华为的国际化成长也让世界惊叹!2005年海外合同销售额首次超过国内合同销售额,占总体销售收入的60%。2008年被《商业周刊》评为全球十大最有影响力的公司,其在移动设备市场领域排名全球第三。2010年,华为成为全球仅次于爱立信的第二大通信设备制造商。

引领变革：5G 通信行业变革的领导者

国际竞技舞台的竞争不仅让华为成长为行业中的一名重量级选手，更让其具有了国际视野，对行业的变革趋势有了更强的把握能力。在通信行业从 4G 到 5G 的变革过程中，华为又开始成为一名变革的引领者。

2013 年，华为开始启动 5G 研究，投资 6 亿美元主要用于极化码的技术研究。2016 年 11 月在内华达州里诺举行的工程标准会议上，华为支持的极化码进入 5G 标准，这也是中国企业首次进入电信框架协议，赢得了话语权。仅 2018 年，华为在整个欧美市场的授权专利就达到了 4 万多件。在全球权威专利数据公司 IPlytics 发布的一份 5G 标准必要专利数据排名中，华为全球排名第二。同时，在 IPlytics 发布的 5G 标准技术贡献排名中，华为全球排名第一。贡献排名代表的是在标准的制定之中，哪些企业出的力多、贡献大，衡量标准是参与会议多、提出的方案多、技术领先等。

案例启示

华为的创业成长在于成功把握住了通信行业变革的趋势。在创业初期，华为确立的自主研制技术战略是其之后能把握通信行业变革趋势的关键之一。在强手如林的行业竞争中，华为通过一系列有效的市场竞争、技术研发、管理变革等策略，充分把握住了行业变革所带来的成长机会，从一家不起眼的新创企业最终成长为行业的变革引领者。华为的成长集中体现了中华民族许多优秀的品质，它成为中国企业在国际舞台崛起的中坚力量。

第一节 三次工业革命带来的创业浪潮

工业革命又称产业革命，一般是由于科学技术上的重大突破，使国民经济的产业结构发生重大变化，进而使经济、社会等各方面出现巨大调整和变化。

一、蒸汽时代的工业革命创业浪潮

第一次工业革命（18 世纪 60 年代至 19 世纪 40 年代）是以工作机的诞生开始，以蒸汽机作为动力机被广泛使用为标志的。这场革命首先出现于新兴的棉纺织业。1733 年，机械师凯伊发明了飞梭，大大提高了织布速度，棉纱顿时供不应求。1765 年，织工哈格里夫斯发明了"珍妮纺纱机"，大幅度增加了棉纱产量。"珍妮纺纱机"的出现首先在棉纺织业中引发了发明机器、进行技术革新的连锁反应，揭开了工业革命的序幕。

此后，在棉纺织业中出现了骡机、水力织布机等机器。在采煤、冶金等许多工业部门，也都陆续出现机器生产。随着机器生产的普及，原有的动力如畜力、水力和风力等已经无法满足需要。在英国伯明翰，瓦特先后三次对蒸汽机进行改良，1785 年，瓦特新改良的蒸汽机投入使用，提供了更有效率的动力。蒸汽机的迅速推广，大大推动了机器的普及和发展，将人类带入一个前所未有的"蒸汽时代"。

在第一次工业革命中，许多机械师发明的新机器技术在生产中被利用，并大大提升了生产效率，其中一些有商业头脑的机械师成为当时的创业者和企业家，其不但获得了巨额财富，还逐步获得了由财富带来的社会地位。

拓展阅读 2.1　阿克莱特：穷小子的创业逆袭

随着工业生产中机器生产逐渐取代手工操作，一种新型的生产组织形式——资产阶级工厂诞生了。从生产技术方面来说，机器代替了手工劳动，使工厂代替了手工作坊，第一次工业革命基本完成。1840年前后，英国的大机器生产已基本取代工场手工业生产，一跃成为世界第一个工业国家。

二、电气时代的工业革命创业浪潮

第二次工业革命（19世纪70年代至20世纪20年代）紧跟着第一次工业革命，并且从英国向西欧和北美蔓延。1870年以后，科学技术的发展突飞猛进，各种新技术、新发明层出不穷，并被迅速应用于工业生产，大大促进了经济的发展。当时科学技术的突出发展主要表现在四个方面，即电力的广泛应用、内燃机和新交通工具的出现、新通信手段的发明和化学工业的建立。

第二次工业革命以电力的广泛应用为显著特点。1831年，英国科学家法拉第发现电磁感应现象，根据这一现象，对电做了深入的研究。在进一步完善电学理论的同时，科学家们开始研制发电机。从19世纪60年代开始，出现了一系列电气发明。1866年，德国科学家西门子制成一部发电机，后来几经改进，逐渐完善，到19世纪70年代，实际可用的发电机问世。1870年，比利时人格拉姆发明了电动机，实现了电能和机械能的互换，电力开始用于带动机器，成为补充和取代蒸汽动力的新能源。随后，电灯、电车、电钻、电焊机等电气产品如雨后春笋般地涌现出来。电力工业和电器制造业迅速发展，人类跨入"电气时代"。

第二次工业革命涌现出一大批创业者。爱迪生就是其中的代表性人物，其凭借技术发明天赋，不断地带给人们新的技术和产品。这些技术和产品不但极大地丰富了人们的生活，也为其获得了极高的声誉和地位。

技术派鼻祖爱迪生的创业法则

爱迪生是众所周知的大发明家，而其作为大创业家的身份总被人们所忽视。实际上，爱迪生是200多年来商业史上最成功的发明家兼企业家。

创业是一种生活方式

从小爱做些小发明，捣鼓各类产品后，终于有了自己的专利，卖出专利获得第一笔钱，之后就投建工厂，这便是爱迪生的创业轨迹。由此可看出，创业只是爱迪生日常工作的延续，爱迪生根本就没把它当作多么重大的事情，套用当下流行词汇：创业是一种生活方式。

一次，西部联合公司的老总打算购买爱迪生的一项专利，问爱迪生多少钱才算合理。爱迪生鼓足勇气想要 5 000 美元，但是，他又觉得这笔数目太大了，没勇气说出口。"4 万美元怎么样，能成交吗？"老总问爱迪生。

4 万美元，这就是爱迪生的创业资金，用这笔钱，爱迪生在纽瓦克开了一家自己的工厂。爱迪生声称，自己不是那种把钱锁在保险柜的人，他很快雇用了 50 名工人生产自动收报机和其他一些仪器，工厂的工人两班倒，自己则担当工头。

之后生意兴隆，爱迪生正式踏上了创业的漫漫征程，开始了伟大的发明生涯。在这座工厂，爱迪生做出了诸如蜡纸、油印机等发明；1872—1875 年，爱迪生先后发明了二重、四重电报机；1879 年，爱迪生创办"爱迪生电力照明公司"，不到一年，白炽灯上市销售；1882 年 9 月，爱迪生在纽约珍珠街发动建设第一个电力照明厂；接下来是电气化铁路的试验，对水泥生产的投资；在后来几年中，蓄电池、无线电设备、有声电影、各种家用电器的发明等凝聚了爱迪生这位创业大师的大量时间和心血。

技术派创业家

爱迪生不仅是发明家，也是伟大的创业家。他很早就认识到，要想取得商业方面的成功，仅有技术远远不够，因而他一直致力于发明可供商业开发的产品项目。两大举措证明他也是一位企业家，而不是单纯的发明者。

其一，爱迪生从一开始就追求系统的解决方案。爱迪生并不是唯一的发明灯泡的人，英国物理学家斯旺也发明了灯泡。斯旺于 1850 年研制真空碳丝白炽灯泡的时候，爱迪生刚刚 3 岁。斯旺 1879 年 1 月制造出实用灯泡并安装在家里，爱迪生的电灯当年 10 月才首次试验成功。从技术上看，斯旺的灯泡更优秀，于是爱迪生购买了斯旺的专利权，并将它用于自己的灯泡生产中。

爱迪生并不仅仅考虑了技术方面的要求，他还着手考虑玻璃罩、真空管、发光纤维等相关技术，那时就已经确定了一个"系统"：他的灯泡是专为配合电力公司而设计的。系统性解决问题，正是企业家的特质。爱迪生筹措了资金，并获得了给灯泡用户的接线权。另外他还安排了分销系统。由此，爱迪生的白炽灯迅速取得全球压倒性优势。可以这么说，科学家斯旺发明了一个产品，爱迪生则创造了一个产业。

其二，组建发明家团队。爱迪生是企业研究院的开创者，他创建了现代的科学研究发明体系，或者说是美国式的创新方式。爱迪生并非在自家车库里面敲敲打打、自甘寂寞的科学天才，而是聚集了一群有创新头脑的人为他工作。

早在爱迪生来到纽约谋生不久的1870年，爱迪生就用别人提供的资金担保，雇用了英国数学家查尔斯·巴彻勒、瑞士机械师约翰·克鲁齐，吸纳了威廉·昂格尔作为公司合伙人，这时候，就有了发明团队。之后，由于公司扩张需要用房，他搬进了位于新泽西州门洛帕克的大楼里。在这里，先后有1 093项发明研制成功。

多年以后，"门洛帕克"作为世界上第一个产品研发性质的实验室而闻名于世，成为企业研究院鼻祖的代名词。门洛帕克实验室成为包括施乐公司著名的帕洛阿尔托研究中心、贝尔实验室在内的类似机构的先驱。事实证明，这是科技发明成果成功实现商业化转化的一条有效途径。

资料来源：邱恒明. 技术派鼻祖爱迪生的创业法则[J]. 中国对外贸易，2014(6): 52-53.

三、信息时代的科技革命创业浪潮

（一）第三次工业革命的背景与特点

第二次世界大战之后的第三次工业革命，是人类文明史上继蒸汽技术革命和电力技术革命之后科技领域里的又一次重大飞跃。这次工业革命是以原子能、电子计算机、空间技术和生物工程的发明与应用为主要标志，涉及信息技术、新能源技术、新材料技术、生物技术、空间技术和海洋技术等诸多领域的一场信息控制技术革命。其中最具划时代意义的是电子计算机的迅速发展和广泛运用，开辟了信息时代。它也带来了一种新型经济——知识经济，知识经济发达程度的高低已成为各国综合国力竞争成败的关键所在。

第三次工业革命呈现出许多鲜明特点：一是科学技术本身的发展速度越来越快，科技产品的结构越来越复杂、精密；二是科技成果商品化的周期越来越短，科学技术转化为生产力的速度越来越快；三是这次工业革命的内容极为丰富，而且联系密切，形成了一个群体形式；四是科学技术的社会化趋势大为增强；五是这次工业革命所形成的新的技术能力，对人类社会产生了空前巨大而深刻的影响。

（二）第三次工业革命创业浪潮的意义与作用

第三次工业革命极大地提高了世界生产力水平，加速了战后世界经济的恢复和发展；促进了国际贸易的发展、世界货币金融关系的变化和生产要素的国际流动；推动了跨国公司和国际经济一体化的发展，并且引起了世界经济结构和经济战略的变化。

第三次工业革命促进了社会经济结构和社会生活结构的变化。作为直接物质生产部门的第一产业和第二产业的产值与就业人数在整个国民经济中所占比重相对下降，而非物质生产领域的第三产业的产值和就业人数则急剧上升。第三产业不仅是传统意义上的服务业、商业、运输业、通信业以及文化教育事业等，还包括大多数与信息工业相关的部门。这次工业革命不仅极大地推动了人类社会经济、政治、文化领域的变革，而且也影响了人类生活方式和思维方式，使人类社会生活和人的现代化向更高境界发展。

第三次工业革命的创业浪潮在全球范围内展开，是人类社会科技文明进程的一次大爆发。其中硅谷就处在了这次工业革命的风口浪尖，硅谷孵化出了许多伟大的企业。在拉奥和斯加鲁菲出版的《硅谷百年史：伟大的科技创新与创业历程（1900—2013）》一书中，就较为详细地介绍了硅谷在这次工业革命中精彩的创新与创业故事。

拓展阅读 2.2　第三次工业革命的创业先锋阵地：硅谷

第二节　互联网技术下的创业机遇

一、互联网技术掀起的创业浪潮

学界对于第三次工业革命的判断有一个较一致的共识，就是计算机和互联网技术对我们社会经济的影响广泛而深远。我们认为，互联网技术是第三次工业革命中的高潮，其对社会和经济的影响力还在不断渗透与深化，而且随着其他重要科技创新的出现，如大数据和人工智能（AI）等，正在将人类带入第四次工业革命。

（一）互联网技术的兴起

1. 互联网技术的早期发展

世界上第一台电子数字计算机埃尼阿克（ENIAC）出现在 1946 年，但是通信技术的发展要比计算机技术早很长时间。在很长的一段时间中，这两种技术之间并没有直接联系，处于各自独立发展的阶段。当计算机技术与通信技术都发展到一定程度，并且社会上出现了新的需求时，人们就产生了将两项技术交叉融合的想法。计算机网络就是计算机技术与通信技术高度发展、交叉融合的产物。

互联网起源于 20 世纪 60 年代中期由美国国防部高级研究计划局（Advanced Research Projects Agency，ARPA）资助的阿帕网络（ARPANET）项目。阿帕网络被设计成可在计算机间提供许多线路的网络，使计算机能够通过其中任一线路，而不仅限于某一固定线路来发送信息。到 1976 年，阿帕网络发展到 57 个节点，连接了 100 多台不同类型的计算机，网络用户发展到 2 000 多个。

到 20 世纪 70 年代末期，许多计算机学专家越来越认识到网络的重要性。一个研究小组向美国国家科学基金会（National Science Foundation，NSF）递交了一个网络项目的建议，该项目的目的是设计一个能将所有的计算机科研人员都连接起来的网络。NSF 意识到互联网对科学研究的重要性之后，决定资助阿帕网络的研究和发展。1984 年，美国开始组建 NSF 网络，NSF 网络采用的是一种层次型结构，分为主干网、地区网与校园网。各大学的主机连入校园网，校园网连入地区网，地区网连入主干网，主干网再通过高速通信线路与阿帕网络连接。连入校园网的主机用户可以通过 NSF 网络访问任何一个超级计算机中心的资源，访问与网络连接的数千所大学、研究实验室、图书馆与博物馆，用户之间可以相互交换信息、发送和接收电子邮件。

2. 互联网技术的商业应用发展

互联网的最初用户只限于科学研究和学术领域。20 世纪 90 年代初期，互联网上的商业活动开始缓慢发展。1991 年，美国成立了商业网络交换协会，允许在互联网上开展商务活动，各个公司逐渐意识到互联网在宣传产品、开展商贸活动上的价值，互联网的商业应用开始迅速发展，其用户数量已超出学术研究用户一倍。商业应用的推动使互联网的发展更加迅猛，规模不断扩大、用户不断增加、应用不断拓展、技术不断更新，互联网几乎深入社会生活的每个角落，成为一种全新的工作方式、学习方式和生活方式。

互联网应用技术发展的三个阶段为：第一阶段互联网应用主要提供远程登录（Telnet）、电子邮件（E-mail）、文件传输协议（FTP）、电子公告板（BBS）与网络新闻组（Usenet）等基本的网络服务功能；第二阶段互联网应用主要基于 web 技术的出现，以及基于 web 技术的电子政务、电子商务、远程医疗与远程教育应用的快速发展；第三阶段互联网应用主要有网络电话、网络电视、博客、播客、即时通信、搜索引擎、网络视频、网络游戏、网络广告、网络出版、网络存储与分布式计算服务等。这些新的网络应用为互联网与现代信息服务业增加了新的产业增长点。

（二）互联网经济的第一批弄潮儿

1994 年，互联网开始引起公众注意。1996 年，建一个公司网站已成为美国上市公司中的一种潮流。初期互联网只是单向地免费发布一些资讯类的内容，但随着双向互动通信技术的推广，逐渐开启了以互联网为媒介的商务活动（电子商务），以及全球性的即时群组通信。人们开始意识到这种以互联网为基础的新商业模式将会兴起。这种可以低价在短时间接触世界各地数以百万计人士、向他们销售及通信的技术，令广告业、邮购销售、顾客关系管理等纷纷改变。互联网成为一种新的最佳媒介，它可以即时把买家与卖家、宣传商与顾客以低成本联系起来。互联网带来了各种在数年前完全不可能的新商业模式，并引来风险基金的投资。

互联网第一批弄潮儿初期主要在三个领域：①互联网网络基建，如世界通信（WorldCom）公司；②互联网工具软件，如网景（Netscape）公司；③门户网站，如雅虎。风险资本开始进入互联网领域。目睹了互联网公司股价的创纪录上涨，互联

拓展阅读 2.3 网景：曾经让微软感受到威胁的公司

网风险投资者不再像往常那么谨小慎微，而是选择让很多竞争者进入，再由市场决定胜出者来降低风险。由于互联网公司的新奇性，加上公司难以估价，许多公司股票一下被推上了令人瞠目结舌的高度，并令公司的原始控股股东突然实现纸面富贵。2000年3月，以技术股为主的纳斯达克综合指数曾攀升到5 132.52的历史高点，互联网经济泡沫似乎已达到难以维系的程度。

一些投资者、基金和机构意识到泡沫蕴含的风险，开始抛售股票。仅仅6天时间，纳斯达克综合指数就下跌了将近900点。之后，越来越多的互联网公司开始耗尽资金，并被收购或清盘，域名则被原旧经济的竞争对手或域名投资者购入。其中最大规模的世界通信公司被发现以会计方式夸大其利润，事件揭发后，其股票价格大跌，短短数日后需申请清盘，并成为美国历史上最大的清盘案。美国许多最早的互联网经济弄潮儿在泡沫的破灭中惨淡收场。

（三）互联网引爆的大众创业潮

互联网催生的不仅是一个全新的产业，更重要的是互联网真正激发了普通民众的创业热情，这股热情让千千万万普通人的创造力和创新能力得到极大释放。尤其在中国，互联网创业影响力更加民众化，这不仅体现在中国网民数量高居世界之首，同时，依靠互联网来进行创业的"草根"更是遍地开花结果。这已经引起了中国政府的关注，2014年11月，李克强总理出席首届世界互联网大会时指出，互联网是大众创业、万众创新的新工具。

中国民众通过互联网创业的方式非常多样化，许多互联网平台都为想创业的人提供了非常好的条件。其中，对个人和小微企业创业影响最为广泛和最具渗透力的互联网平台有两个，一个是马云创建的阿里巴巴平台，另一个是马化腾创建的微信社交平台。

1. 帮助创业者成功的阿里巴巴

阿里巴巴是由马云在1999年创立的B2B（business to business）网上贸易市场平台。阿里巴巴成立的重要使命是让天下没有难做的生意；其愿景是让客户相会、工作和生活在阿里巴巴，并持续发展最少102年。马云在创立初期就坚持认为中国的电子商务一定会成为全世界最先进的，中国中小型企业的出路一定在电子商务上面，电子商务一定能够帮助中国的中小型企业成长。

2003年5月，阿里巴巴集团又投资创办淘宝网，进军C2C（customer to customer）电子商务领域。2004年前，在互联网实验室网站服务指数（CISI）人气榜上，还没有淘宝网的位置；但从2004年2月开始，淘宝网以每月768%的速度上升到仅次于易趣（eBay）的第二位；推出一年后，淘宝网排名已经超过易趣，位居第一。2014年6月起又把淘宝分拆为三家公司：沿袭原C2C业务的淘宝网；平台型B2C（business to customer）电子商务服务商淘宝商城，即后来的天猫网；一站式购物搜索引擎——淘网。

淘宝网已通过提供生态化的基础电子商务服务，帮助更多的创业企业开拓市场、建立品牌、实现产业升级，在大学生就业形势越来越严峻的今天，一些学校甚至开始鼓励大学生通过淘宝平台来进行创业。

2. 微信社交平台带来的创业潮

微信最初只是以一个社交软件出现，但其发展的势头令人刮目相看，特别是其带来的创业机会和商业模式的创新，更是让人看到移动互联网创业的无限可能性。

（1）微信平台的创建。2010年10月，一款名为 Kik 的 App 因上线15天就收获了100万用户而引起业内关注。腾讯广州研发部总经理张小龙敏锐地注意到了 Kik 的快速崛起。张小龙随即向马化腾写了封邮件，建议腾讯试着做类似的东西。2010年11月19日，腾讯的微信项目正式启动。2011年1月21日，微信1.0的 iOS 版上线。微信对于腾讯是个全新的领域，很多人一开始都并不看好这个项目。但一年后，2012年3月29日，微信的用户数突破1亿。让用户数从零增长到1亿，微信用了433天。

（2）微信平台的发展阶段。第一个阶段是连接人与人沟通的"人联网"；第二个阶段是做连接线下商户的产品；到第三个阶段，微信商业化正在"进化"到一个全新的"智慧型"生活方式：以"微信公众号+微信支付"为基础，帮助传统行业将原有商业模式"移植"到微信平台，通过移动电商入口、用户识别、数据分析、支付结算、客户关系维护、售后服务和维权、社交推广等能力形成整套的闭环式移动互联网商业解决方案。微信已不再是一个简单的社交工具，像阿里巴巴一样，它将逐渐演变成一个生态系统。张小龙对微信的生态化发展做了一个解读："微信希望建造一个森林，培育一个环境，让所有的动植物在森林里面自由生长出来，而不是建造一座自己的宫殿。"

（3）微信平台的创业模式。微信给大众带来的创业潜力是非常有想象力的。目前微信上出现了众多的创业模式。第一种是自媒体。微信公众平台上的自媒体有多种类型，如果从运作的人数来看，有个人型和团队型两种。个人型一般就是由创业者个人独自运作，这种模式是最多的，但要有知名度并且盈利则不是太容易。例如，经营微信公众号"六神磊磊读金庸"的王晓磊，曾经也是在媒体行业工作，由于自己喜欢读金庸的小说，业余时间把自己读金庸的感悟写出来在公众号上发布，其特点是善用金庸作品中的小说情节解读社会热点，没想到粉丝众多，并且获得可观收入。团队型的自媒体更有影响力。例如"新闻哥"就是一个关注人数极大的微信公众号，大概有200万真实用户，是各个微信排行榜时事类榜单和总榜单的榜首常客。这个公众号主要是把最奇葩、好玩、吸引眼球的新闻找出来整理在一起，或者把一些重要的新闻找出来用搞笑的配图和易于阅读的配文来解读。第二种是微信运营管家。这是一种以微信为平台的 B2B 创业模式。以"90后"大学生刘真海创业经历为例，其于2013年出资10

万元创办了微型企业——重庆软晨科技有限公司。公司的业务主要是帮助各企业打造微信公众号平台。短时间内公司规模就达到 60 人，年销售额 500 万元。公司早期的业务是帮企业创立公众号，这种形式相当于一次性买卖，未来发展的空间不大，公司也无法做大做强。后来公司转型，不再局限于做一次性的服务项目，而是为客户做微信运营，这样就能获得持久稳定的收入。第三种是微商。发展微商是微信最重要的战略布局，甚至在 2016 年的两会上，马化腾都强调将进一步推进对微信商业化的战略布局。目前，微信电商的创业模式有四种：以京东购物为代表的 B2C 电商、以微信小店为代表的 C2C 电商、以服务号为代表的企业电商、以朋友圈卖货的微商。

二、互联网经济下的创业机遇

（一）"互联网+"经济的发展机遇

李克强总理 2015 年 3 月在两会的政府工作报告中首次提出要制定"互联网+"行动计划，推动移动互联网、云计算、大数据、物联网（internet of things）等与现代制造业结合，促进电子商务、工业互联网和互联网金融健康发展，引导互联网企业拓展国际市场。"互联网+"将充分发挥其在生产要素配置中的优化和集成作用，将互联网的创新成果深度融合于经济社会各领域之中，提升实体经济的创新力和生产力，形成更广泛的以互联网为基础设施和实现工具的经济发展新形态。

首先，"互联网+"不仅全面应用到第三产业，形成了诸如互联网金融、互联网交通、互联网医疗、互联网教育等新业态，而且正在向第一产业和第二产业渗透。"互联网+"行动计划能够直接创造出新兴产业，促进实体经济持续发展。"互联网+行业"能催生出无数的新兴行业。比如，"互联网+金融"激活并提升了传统金融，创造出包括移动支付、第三方支付、众筹、P2P（点对点）网贷等模式的互联网金融，使用户可以在足不出户的情况下满足金融需求。

其次，"互联网+"可以促进制造业升级。工业互联网加速改造制造业，助推中国向制造强国转型。"互联网+工业"的软硬一体化将造就新的工业体系，智慧工业将成为工业互联网的重要部分。工业生产模式产生改变，两化融合日益加深，信息物理系统产业化标准化，智能制造将逐步成为新型生产方式，生产型服务业得到快速发展，加快从制造大国转向制造强国的进程，重塑中国制造的全球优势。

最后，"互联网+"可以帮助农业变革。现代信息技术与农业融合加快，"互联网+"改变农业传统生产经营格局。生产方面，智慧农业逐渐普及，农业的自动化水平稳步提高；流通方面，通过互联网解决信息不对称问题，农业与互联网的结合将生产者和消费者直接连接起来，从而有效解决了盲目生产的问题，实现农村生产营销一体化。互联网企业加速与地方政府合作建设，电商纷纷向村县扩展，将新信息、新商品、新资金带入农村。

（二）消费互联网的创业机遇

互联网技术经过几十年的发展，技术本身开始成熟和稳定，其首先在消费行业和相关领域进行了广泛的创新应用与渗透，层出不穷的互联网模式与平台深入人们生活的方方面面，如购物、支付、金融服务、教育、医疗、交通等领域，全面而深度地影响和改变了人们的生活方式。

1. 电子商务：消费方式的变革与创新

（1）电子商务的兴起。电子商务是指应用互联网和其他网络购买、销售、运输，或者交易数据、物品和服务。如果从更广的意义上来说，电子商务不仅包括线上交易活动，也包括所有线上的商业活动，如客户服务、商业伙伴合作、组织学习以及机构内的电子交易活动。经过 20 多年的发展，中国电商行业对整个零售行业的改变巨大。国家统计局公布的数据显示，2019 年全国网上零售额 10.63 亿元，比上年增长 16.5%。其中，实物商品网上零售额 8.52 亿元，增长 19.5%，占社会消费品零售总额的比重为 20.7%；在实物商品网上零售额中，吃、穿和用类商品分别增长 30.9%、15.4% 和 19.8%。

（2）电子商务的优势。与传统线下零售商相比，电商有其独特的核心优势。首先，线下商圈受地域限制，根据辐射范围可分为几个层次：3 公里以内的核心商圈、较有影响的辐射商圈、更外围地带的边缘商圈、轨道交通可达的轨道商圈。线上商城没有地域制约，也不受品类限制，其特质决定了在每个细分赛道和品类，电商着眼点均在全网覆盖营销及无边际用户拓展。其次，传统零售从生产商到零售商存在分销层次冗杂、交易效率低、成本高等局限性。电商压缩了传统零售中的层层代理环节，平台商家或自营电商直接面向大量消费者，承接大流量的商品需求，故平台商家或者自营电商可以进行集中式的规模采购和规模化的仓储物流，压缩供应链成本和物流成本，形成规模优势。最后，与传统零售商相比，电商平台产生和沉淀出海量的交易数据，平台通过数据积累及运算能提供给所有进驻商家关于商品的准确信息，从而有效提升商品周转率，减少储存和配送成本。

（3）电子商务的商业模式。从商业模式来看，电商有 B2B、B2C、C2C 三种模式。其中，大家最为熟悉的 B2C 电商又分为两种不同的商业模式：平台模式和自营模式。平台模式以天猫为主要代表，其为商家提供线上销售场景和流量，核心为追求用户流量产出最大化。平台的经营者不直接采购或拥有商品，只提供一个供买卖双方进行商品交易的平台，其目标是通过汇聚人气，提高用户的购买转化率、消费金额和消费频率，进而向商家收取交易佣金或租金广告费作为经营回报。自营模式以京东为主要代表，与传统零售商一样，企业利润主要来自商品买卖之间的价格差，因此，自营模式电商应自主把控商品的种类和品质、筛选与组织供应商、调配库存与资金周转，其对经营能力和运作效率都有较高要求。

（4）电子商务的发展趋势。阿里巴巴是中国电商的领导者，其业务全面覆盖B2B、B2C、C2C三种模式。其中，天猫"双11"被美国知名杂志《PM网络》(*PM Network*)评选为全世界最有影响力的项目之一。天猫的销售额也远远超过美国"黑色星期五"和"网络星期一"促销活动的总额。该杂志在评选中指出："双11"根本性地改变了人们的购物方式，打通了购物和娱乐之间的界限。例如，像网络直播带货新业态的兴起，就大大地改变了人们购物、社交和娱乐的方式，其产生的社会影响和经济效应也改变人们的认知。进一步，阿里巴巴在电子商务概念的基础上又提出"新零售"概念，提出新零售是基于互联网的思维和科技，通过整合线上、线下和物流，全面改革和升级现有的社会零售，使商品生产、流通和服务过程更加高效。2017年被称为"新零售元年"，又引发新零售的投资与创业高潮，京东、小米、永辉、宜家等公司也纷纷跟进布局。新零售是移动互联网、物联网、大数据和人工智能等技术日益发展的必然结果，可以预计新一轮的电商新模式创新又将启动。

2. 互联网金融：引发金融行业的深度变革

自进入信息化时代以来，金融行业先后经历了计算机化、信息化、网络化，直至目前兴起的人工智能、生物识别、云计算等技术的渗透，标志着金融科技将深度影响金融领域，一场金融行业的全面深度变革正在开启。从人们日常的金融活动来看，互联网改变了人们的诸多金融行为习惯。

（1）移动支付。随着移动互联网技术的发展，移动网络全国99%的高覆盖率极大提升了移动支付的使用体验，移动支付已渗透到人们日常生活的方方面面，无论是沿海的发达大都市还是西部偏远的乡村，手机"扫一扫"等移动支付已经成为餐饮、购物、交通、医疗等日常消费中的常用支付手段。2011年5月，央行首次下发了第三方支付牌照，银联、支付宝和财付通等27家公司成为国内首批持牌支付机构。2013年后，伴随着支付宝和微信支付等第三方移动支付平台的迅速崛起，移动支付的发展呈现出势不可挡的态势，移动支付场景开始多层次开拓，移动支付用户呈量级增长，中国移动支付行业生态体系逐渐完善，移动支付的交易规模不断创新高，用户数量与用户黏性持续提升。2013—2017年，移动支付规模实现高速增长，由2013年不足10万亿增长至2017年的202.93万亿，平均增速达到181%。据统计，2016年中国手机支付比例就高达77%，远超美国移动支付比例的48%、德国的48%、英国的47%、法国的38%，日本作为移动支付的起源国，手机支付比例仅为27%。

（2）线上投资理财。随着人们财富的日益增长，投资理财成为人们生活中非常重要的金融行为，网民理财意识的觉醒与理财观念的开放，带来了线上投资理财市场的高速发展。借助互联网技术，传统的银行理财产品、证券基金产品、保险理财产品逐步向线上转移，智能投顾、智能财富管理等人工智能技术也为互联网理财带来促进效应。以 P2P 网贷市场为例，相关数据显示在 2011 年至 2016 年期间，中国 P2P 网络借贷市场规模增长超过 200 倍。但同时随着网贷业务风险的累积，一些网贷平台及业务开始出现问题，出现经营不善导致资金链断裂、网贷公司开始破产跑路的现象。监管机构开始启动一系列的清理整顿工作，2019 年监管信号更是密集释放，P2P 网贷清退速度明显加快，以促进行业的健康发展，同时支持资质良好、股东实力较强的企业转型突破。

（3）传统银行的互联网创新。互联网等诸多新技术同样给传统银行带来了冲击和变革，从网点排队叫号办理业务到自动取款机（ATM）、无人网点和智能服务机时代，从柜员人工服务到电话银行、手机 App 自助服务，在互联网技术的渗透下，传统银行在信息化、网络化、数字化、智能化上不断创新变革。其中，手机银行 App 是互联网银行最为典型的特征，针对不同业务，银行有面向普通客户的手机银行 App，有以电子账户展示为主的直销银行 App，有聚焦信贷业务的借贷 App，有理财购物或者指定客户的理财 App 和校园银行 App，功能不断细化和整合，极大地提升了传统银行的服务能力和水平。

（4）虚拟银行。按照香港金融管理局的定义，所谓的虚拟银行就是指主要通过互联网或其他电子传送渠道提供银行服务的公司，不开设实体分行，但其本质还是银行，其业务仍以存款、贷款和汇款为主，再附加一部分的代销理财产品、保险和创新服务。截至 2019 年 12 月，香港共有 8 家虚拟银行获得批准。虚拟银行最大的特点之一就是操作的便易性，如香港以外的客户只需要通过虚拟银行 App，就可以轻松实现在香港金融市场的投资、理财、外汇、股票、保险等操作交易。

（5）互联网公司布局金融领域。从国内到国外，互联网巨头公司都在国际金融科技领域积极布局。国内互联网头部公司阿里巴巴、腾讯、百度和京东都已全力布局金融行业，持续加大金融科技的全球投资并购力度，仅腾讯和阿里巴巴两家公司在印度就投资入股了十几家不同类型的金融企业。蚂蚁金服自 2014 年 10 月成立以来，除了布局金融云、数据库业务等诸多金融科技产品之外，其金融业务已涵盖消费者的大多数日常金融活动，包括支付、银行、消费信贷、财富管理、基金及经纪业务、保险及保险经纪业务等方面。

3. 互联网教育：变革人们的学习方式

（1）互联网教育的发展历程。中国的互联网教育经过 20 多年的发展，已经发生了翻天覆地的变化。1996 年，我国第一个中小学远程教育网——101 远程教育网的成立，标志着基于网络的教育模式在国内正式诞生。随着互联网技术和概念的兴起，国内外资本积极投资试水互联网教育，一系列的互联网教育公司纷纷成立。2006 年，谷歌公司提出了"云计算"的概念,随着互联网 Web 2.0 互动平台的爆发,众多以语言学习为特色的互联网教育平台相继涌现。2006 年,新东方宣布在纽约证券交易所正式挂牌上市。2007 年,101 远程教育网随弘成教育成功在美国纳斯达克上市。2008—2010 年,正保远程教育、安博教育、环球天下教育等也相继在纽约证券交易所和纳斯达克成功上市。从教育涵盖面来看,这些互联网教育企业提供的教育内容覆盖了会计、医药

拓展阅读 2.4 可汗学院:开启互联网的教育革命

卫生、建设工程、法律、创业实训、中小学、自考、成人高考、考研、外语等众多领域。2010 年之后,教育领域受到了越来越多互联网技术的创业者和投资者关注。2012 年,大规模在线开放课程(massive open online course,MOOC)作为一种新型在线教学模式闯入人们的视野,给互联网教育产业带来巨大影响。国内多家互联网巨头开始搭建自己的在线教育平台,如百度的"百度传课"、阿里巴巴的"淘宝同学"、腾讯的"腾讯课堂"等。2013 年后是互联网教育创业和投资的真正高潮时期,根据互联网教育研究院统计分析,2014 年中国在线教育从业企业数量达到约 2 500 家,比 2012 年增加了数倍。它们以互联网的方式来运作教育,新形态的互联网教育企业成为一股创业典型代表,如多贝网、沪江网等。

(2)互联网教育的商业模式。从商业模式来看,互联网教育行业主要有三种主流的模式。

第一,技术提供商。技术提供商在互联网教育行业中主要提供产业链的硬件设备以及技术解决方案,同时提供教育工具类产品和技术服务。例如,各种 App 都是在技术提供商的支持下生产出来供用户直接使用的。技术提供商的主要盈利模式是软件收费和增值服务收费。初期主要是通过免费试用的方式吸引大批用户使用,为相关产品做广告构成其重要收入来源。随着用户量的不断增加,收取会员费或者对部分功能进行收费,逐渐转变为主要的收入来源。

第二,内容提供商。互联网教育行业中的内容提供商,将提供各种学习资源作为自己的核心业务。内容提供商不只包括专门从事互联网运营的企业,还包括个人、学校组织以及传统教育培训机构。他们的共同之处是凭借自己收集或者积累的教育资源,发挥各自在传授知识方面的优势。内容提供商把文档资料、图书、网络课程等形成自己的产品,其盈利模式主要是内容收费。根据资料的价值程度高低,低价值的内容往往用于增加流量,而高价值的资源则用于提供增值服务、带来收入。此外,产品知名度高的内容提供商也会逐步采用会员收费模式。

第三,平台提供商。平台提供商在互联网教育行业中主要是为内容提供商和消费者搭建沟通的平台。教育平台模式可以分为 B2C 模式和 C2C 模式。其中,B2C 模式是教育机构直接面向消费者提供教育服务,机构将教育产品放到自己的教学平台供用

户选择与使用。此种模式的优势在于其利用了传统教育行业强大的教育资源以及学员资源，通过丰富的交互方式，将教育资源传递到用户手中，实现了对线下业务的有益补充。通过在线平台，学生也可以对线下学习成果进行测评，或者与老师进行同步交流并及时解决疑问，从而进一步提升用户体验和学习效果。C2C 模式是个人为消费者提供教育服务。目前随着平台的进一步发展，O2O 模式也在不断发展，即客户线上完成教育内容选择与支付，线下接受教育服务。这种模式注重线下交流，利用平台完成交易，降低交易成本和用地成本。B2C 模式和 C2C 模式最初往往都会通过广告赚取收入，随着其不断发展壮大，会逐步采用向消费者收取会员费的形式，其中 C2C 模式还可以通过对销售额提成的方式来赚取收入。

（三）产业互联网的创业趋势

1. 产业互联网的技术趋势

从互联网技术的发展历程可以预见，产业互联网将是消费互联网发展成熟之后的必然趋势。从互联网技术的发展早期看，其主要满足人们低成本高效获取信息的需求，以各类门户网站和搜索引擎为主；在 Web 2.0 时代，人们可以分享信息和进行互动，社交需求成为互联网的主战场，这一时期以社交类工具和自媒体为主；之后随着与互联网信息流相匹配的资金流和物流系统的完善，网络购物成为互联网的主要热点，一系列的电子商务开始发展壮大；电子商务的发展也是一个不断深化的过程，开始是实物，随后各种服务也通过线上和线下相结合的方式完成，深入促进交通出行、旅游住宿、餐饮外卖、共享经济等互联网服务创新层出不穷。

一定程度上，消费互联网的发展成就已经极大地激发了人们对互联网创新潜力的想象空间，相较之下，产业互联网涉及的产业链更长、更广，容纳的经济体量和想象空间也更大，并且，产业互联网创新不仅仅依靠互联网技术，其更大的爆发威力来自其以大数据、云计算、区块链和人工智能为代表的新技术的驱动。

2. 产业互联网的应用趋势

产业互联网将成为未来产业的基础设施，通过深度切入产业场景，聚焦产业链特点和痛点，优化产业内部的流程和环节来提升整体产业的运行效率，为垂直产业内的参与者提供集成性解决方案。

产业链中的企业可以通过产业互联网平台的连接协同，降低同行间的同质化恶性竞争，减少上下游之间的价格博弈，通过寻找产业外的如金融资源等互补者，共同推动产业生态的升级进化。对于中小企业来说，产业互联网平台的一个重要价值就是"共享、共生、共创"，平台通过连接处于不同价值链位

拓展阅读 2.5 产业互联网：正在开启的互联网下半场

置的企业，对内部的资源和信息进行共享，一起来实现单个或少数企业难以实现的规模效应，更有效率地实现资源配置，以更具创新的方式来进行价值创造。总之，产业互联网能更好地实现和促进产业链内部的规模效应、资源优化、竞争协同和价值创造。

第三节　新科技革命下的创业趋势

一、第四次工业革命的兴起

（一）第四次工业革命的提出

对于人类目前是否处于第四次工业革命时期的判断，还存在一些争议，一些专家认为第三次工业革命还未结束，而有些专家则认为我们已经进入第四次工业革命。世界经济论坛创始人克劳斯·施瓦布（Klaus Schwab）在《第四次工业革命》中认为我们正在经历一场具有自身特性的第四次革命，主要有以下三个原因。

第一，速度。和前三次工业革命不同，本次革命呈现出指数性而非线性的发展速度，这是因为我们目前生活在一个高度互联、包罗万象的世界，而且新技术也在不断催生出更新和更强大的技术。

第二，广度和深度。第四次工业革命建立在数字革命的基础之上，结合了各种各样的技术，这些技术正给我们的经济、商业和社会带来前所未有的改变，它不仅改变着我们所做的事情和做事的方式，甚至在改变人类自身。

第三，系统性影响。其包括公司、行业和整个社会体系的变革。

克劳斯·施瓦布从物理、数字和生物领域列举了新工业革命中的核心推动技术，分别是无人交通工具（如自动驾驶汽车和无人机）、3D（三维）打印、高级机器人、新材料、物联网与基因工程。

美国白宫科学与技术政策办公室（White House Office of Science and Technology Policy）2019 年 2 月发表的《美国将主宰未来的工业》中，将人工智能、高端制造业（advanced manufacturing）、量子信息科学（quantum information science，QIS）和 5G 四大产业纳入其中。

（二）第四次工业革命的重要技术变革

根据众多机构和学者的研究与预测，我们可以发现以下方面的技术正给这个世界带来颠覆性的变革。

1. 大数据

大数据时代已经来临，它将在众多领域掀起变革的巨浪。阿里巴巴创始人马云在一次演讲中就提到，未来的时代将不是 IT 时代，而是 DT（data technology）时代。有人把数据在未来社会中的作用类比为传统经济中的石油或煤矿。对于很多行业和企业来说，合理利用不断产生的海量数据是其赢得竞争的关键。

2. 云计算

云计算又称网格计算，通过这项技术，可以在很短的时间内完成对数以万计大数据的处理，从而达到强大的网络服务。云计算的核心是将大量计算机资源协调在一起，因此，用户通过网络就可以获取到无限的资源，同时获取的资源不受时间和空间的限制。云计算作为一种商品，可以在互联网上流通，就像水、电、煤气一样，可以方便取用，且价格较为低廉。因此，云计算与大数据就像是一个硬币的两面。

3. 人工智能

1997年，IBM公司的"深蓝"超级电脑第一次击败国际象棋名师卡斯帕罗夫，2016年，谷歌公司的阿法狗（AlphaGo）击败世界围棋顶尖棋手李世石，人工智能终于引起了社会的广泛关注。人工智能的核心问题包括建构能够跟人类接近甚至超过人类的学习、交流、感知、推理、规划、移物、使用工具和操控机械的能力。人工智能被认为是半个世纪以来最重要的技术之一，并将引领未来各个领域的变革。目前我们正处于弱人工智能（artificial narrow intelligence）的发展阶段，即主要擅长单个方面的人工智能，如下棋等；接下来将走向强人工智能（artificial general intelligence）阶段，即在各方面都能和人类比肩的人工智能；最后是进入超人工智能（artificial super-intelligence）时代，即出现在各方面都超越人类的人工智能。

4. 5G通信

5G通信是最新一代蜂窝移动通信技术，能实现高数据速率、减少延迟、节省能源、降低成本、提高系统容量和大规模设备连接。5G网络的优势非常明显。例如，数据传输速率可以达到先前4G蜂窝网络的100倍，最高可达10 Gbit/s，也远超当前的有线互联网速度；网络延迟更低（更快的响应时间），低于1毫秒（4G为30~70毫秒），由于数据传输更快，5G网络将在物联网上表现出极佳的优势，如用于自动驾驶和智能制造。

5. 物联网

物联网顾名思义就是物物相连的互联网，通过各种传感技术[RFID（射频识别）、传感器、GPS（全球定位系统）、摄像机、激光扫描器等]、各种通信手段，将任何物体与互联网相连接，以实现远程监视、自动报警、控制、诊断和维护，进而实现"管理、控制、营运"一体化的一种网络。物联网的行业特性主要体现在其应用领域内，绿色农业、工业监控、公共安全、城市管理、远程医疗、智能家居、智能交通和环境监测等各个行业均有物联网应用的创新尝试。根据相关研究机构的预测，物联网规模将是现在互联网的几十倍。

6. 核聚变

核聚变（nuclear fusion）又称核融合、融合反应、聚变反应或热核反应，太阳发光发热的原理正是核聚变反应。与核裂变不同，核聚变燃料可来源于海水和一些轻核，所以是无穷无尽的。核聚变具有资源丰富、安全、清洁、高效等多种优点，能基本满足人类对于未来理想终极能源的各种要求。一旦核聚变能彻底解决地球的能源问题，那么人类社会又将进入一个新的发展阶段。

7. 基因技术

基因由人体细胞核内的DNA（脱氧核糖核酸）组成，变幻莫测的基因排序决定了人类的遗传变异特性。如果人类的基因信息以及相应的染色体位置被破译，就可以成为医学和生物制药产业知识与技术创新的源泉，进而给人类的生命健康、预防疾病、延长寿命带来极其美好的应用前景。基因技术（genetic technology）被认为是继信息技术革命之后对人类社会产生深远影响的一场革命。人类在基因诊断、基因制药、基因治疗等技术方面所取得的革命性成果，将极大地改变人类的生活。

二、大数据与商业变革

（一）大数据的特征与竞争趋势

1. 大数据的特征

英国学者维克托·迈尔·舍恩伯格在2012年推出了《大数据时代》一书，非常前瞻性地指出了大数据目前为我们生活、思维、工作所带来的改变，大数据时代的开启是一个时代的重要的转型。维克托认为大数据时代给人类带来思维的重要变革。其中最大的转变是放弃对因果关系的渴求，而取而代之关注相关关系。也就是说，只要知道"是什么"，而不需要知道"为什么"。这就颠覆了千百年来人类的思维惯例，对人类的认知和与世界交流的方式提出了全新的挑战。

最早预测大数据时代到来的麦肯锡咨询公司认为："数据已经渗透到当今每一个行业和业务职能领域，成为重要的生产因素。人们对于海量数据的挖掘和运用，预示着新一波生产率增长和消费者盈余浪潮的到来。"那么，到底什么是大数据？首先可以从大数据的四个特征来理解大数据，这四个特征是容量（volume）、多样（variety）、高速（velocity）和价值（value）。

第一，容量性。大数据时代的到来与IT产业发展密不可分。在个人计算机普及前，由于存储、计算和分析工具的技术与成本限制，许多自然界和人类社会值得记录的信号并未形成数据。但现在数据产生的速度是惊人的，万物皆可数据化，人类生活的方方面面都可实现数据化。

第二，多样性。在以互动为特征的Web 2.0时代，个人计算机（PC）用户不仅可以通过网络获取信息，还成为信息的制造者和传播者。这个阶段不仅数据量开始爆炸式增长，数据种类也开始变得具有多样性。多样性意味着要在海量、种类繁多的数据间发现其内在关联，这将要求我们对海量数据进行分析、处理和集成，找出原本看来毫无关系的数据所存在的关联，把似乎没有用的数据变成有用的信息，以支持我们的判断和决策。

第三，高速性。数据正越来越向实时化的趋势发展。对普通人而言，开车去吃饭，会先用移动终端中的地图查询餐厅的位置，预计行车路线的拥堵情况，了解停车场信息，甚至是其他用户对餐厅的评论。通过各种有线网络和无线网络，人和人、人和各种机器、机器和机器之间产生无处不在的连接，这些连接不可避免地带来数据交换。而数据交换的关键是降低延迟，以实时的方式呈现给用户。

第四，价值性。大数据存在的主要意义是预测和价值。大数据的崛起将是在人工智能、机器学习和数据挖掘等技术的迅速发展驱动下，更有效地将信号转化为数据，将数据分析为信息，将信息提炼为知识，以知识促成决策和行动。

2. 大数据带来的竞争新趋势

大数据成为许多公司竞争力的来源，从而改变了整个行业结构。和工业时代不一样，它们的企业竞争力并不是体现在庞大的生产规模上。已经拥有的技术配备规模固然很重要，但那也不是它们的核心竞争力，毕竟如今已经能够快速而廉价地进行大量的数据存储和处理了。公司可以根据实际需要调整它们的计算机技术力量，这样就把固定投入变成了可变投入，同时也削弱了大公司技术配备的规模优势。

商业竞争将越来越体现在数据的规模上，也就是说要掌握大量的数据，而且要有能力轻松地获得更多的数据。因此，随着拥有的数据越来越多，大数据拥有者将大放异彩，因为他们可以把这些数据转化为价值。

大数据向小数据时代的赢家以及那些线下传统的大规模公司提出了挑战，同时为创业的小公司带来了机遇。创业小公司可能没有很多的固有资产，但是存在感非常强，也可以低成本地传播它们的创新成果。好的大数据服务都是以创新思维为基础的，所以它们不一定需要大量的原始资本投入。数据可以授权但是不能被占有，数据分析能在云处理平台上快速而且低成本地进行。

大大小小的公司都能从大数据中获利，这个情况很有可能并不只是适用于使用数据的公司，也适用于掌握数据的公司。大数据拥有者想尽办法增加它们的数据存储量，因为这样能以极小的成本带来更大的利润。首先，它们已经具备了存储和处理数据的基础。其次，数据库的融合能带来特有的价值。最后，数据使用者如果只需要从一人手中购得数据，那将更加省时省力。不过实际情况要远远复杂得多，可能还会有一群处在另一方的数据拥有者（个人）诞生。因为随着数据价值的显现，很多人会想以数据拥有者的身份大展身手，他们收集的数据往往是和自身相关的，如他们的购物习惯、观影习惯、医疗数据等。

（二）大数据带来的创业机遇

大数据给人们带来了很高的期望。麦肯锡发布的《大数据：创新、竞争和生产力的下一个前沿》报告中，预测了大数据给金融、政府公共管理、通信、零售及批发等一系列行业带来的商业变革，让人们看到大数据给新公司所能带来的创业机遇。

根据维克托的观点，从价值链来看，核心有三大类的大数据公司：第一类是基于数据本身的公司。这些公司拥有大量数据或者至少可以收集到大量数据，却不一定有从数据中提取价值或者用数据催生创新思想的技能。最好的例子就是推特（Twitter），它拥有海量数据这一点是毫无疑问的，但是它的数据都通过两个独立的公司授权给别人使用。第二类是基于技能的公司。它们通常是咨询公司、技术供应商或分析公司。它们掌握了专业技能但并不一定拥有数据或提出数据创新性用途的才能。比方说，沃尔玛和果酱吐司饼干（Pop-Tarts）这两个零售商就是借助天睿公司（Teradata）的分析来获得营销点子，天睿公司就是一家大数据分析公司。第三类是基于思维的公司。皮特·华登（Pete Warden），Jetpac 公司的联合创始人，就是通过想法获得价值的一个例子。Jetpac 通过用户分享到网上的旅行照片来为人们推荐下次旅行的目的地。对于某些公司来说，数据和技能并不是成功的关键。让这些公司脱颖而出的是其创始人和员工的创新思维，以及他们挖掘数据的新价值的独特想法。

从商业模式的角度看，将出现为企业或机构服务（2B 模式[①]）和为个人服务（2C 模式[②]）的两种主要类型的公司：第一种是 2B 模式。这是目前大数据行业主要的商业模式，将大数据变为一种服务，服务的对象是企业或机构。比如现有的大数据企业里，星图数据、星环科技、腾云天下（TalkingData）、Hortonworks、Cloudera 都采用 2B 的商业模式。从这些公司的运营状况来看，2B 的商业模式要么是做解决方案，要么就是做工具。第二种是 2C 模式。在我们的生活中，需要作出很多的决策，目前一般人做决策是靠个人经验。大数据一个很大的作用就是为个人决策做依据。例如，个人理财决策、家庭消费决策、职业发展决策、健康生活辅助等方面都可以用到大数据。

三、人工智能的无限可能

（一）人工智能的渗透力

1. 人工智能引发关注

2016 年谷歌公司的阿尔法围棋（AlphaGo）同围棋传奇棋手李世石的世纪之战，

---

① 2B：是指 business-to-business，缩写为 B2B，简称 2B。
② 2C：是指 business-to-customer，缩写为 B2C，简称 2C。

已成为人工智能发展史上的一座里程碑。沉思科技公司（DeepMind）借助机器学习和神经网络技术，让阿尔法围棋具备世界级围棋大师的思维能力，攻克了围棋这个被誉为"人类智慧的坚固堡垒"。阿尔法围棋的世纪之战让人工智能成为最为关注的话题，其发展最终是否可以超越人类智能？未来人工智能的发展将走向何方？

人工智能是计算机科学的一个分支，是研究如何让计算机去完成以往需要人的智力才能胜任的工作，也就是研究如何应用计算机的软硬件来模拟人类某些智能行为的理论和技术。人工智能在机器人、经济政治决策、控制系统、仿真系统中得到广泛应用，其所涉及的专业领域非常多，包括机器视觉、指纹识别、人脸识别、视网膜识别、虹膜识别、掌纹识别、专家系统、自动规划、智能搜索、定理证明、博弈、自动程序设计、智能控制、机器人、语言和图像理解、遗传编程等。

2. 人工智能的应用渗透

根据埃森哲的研究，到 2035 年，人工智能将帮助各国显著扭转经济增速的下滑趋势。其中，中国经济增长率有望上升至 7.9%，增长额高达 7.1 万亿美元。根据麦肯锡的预测，人工智能将每年为中国经济增长贡献 0.8～1.4 百分点。人工智能将成为中国"新基建"的重要内容，成为新技术基础设施的主要核心技术之一，将会是新一轮产业变革的核心驱动力，肩负着推动产业升级的重任。

从整个产业链来看，人工智能产业链包括基础层、技术层和应用层三个方面，其中基础层以 AI 芯片、计算机语言、算法架构等研发为主，技术层以计算机视觉、智能语音、自然语言处理等应用算法研发为主，应用层以 AI 技术集成与应用开发为主。

从应用层面来看，随着技术、算法、场景和人才的不断充实，人工智能正在渗透到各个领域，其商业应用也在不断催生出新业态、新场景、新融合、新交互和新目标。腾讯公司提出了"泛在智能"的概念，认为人工智能正在进入技术与产业的融合发展阶段，其特征首先是"泛"于基础设施建设。在新基建政策的推行下，人工智能技术将逐渐转变为像网络、电力一样的基础服务设施，向全行业全领域提供通用的 AI 能力，为产业转型打下智慧基座。在产业互联网时代，促进产业数字化升级和变革。其次是"泛"于更加多元的应用场景和更大规模的受众。

（二）主要应用领域的创新与变革

自 2018 年起，每年一届在上海举办的世界人工智能大会，围绕智能领域的技术前沿、产业趋势和热点问题进行演讲、对话和探讨。借助世界人工智能大会，上海 2018 年底在全国率先启动了 AI 应用场景建设计划，引导社会各界开放人工智能应用场景，向全球征集解决方案，场景涉及医疗、教育、文旅、城市管理、司法、金融等十大领域。已实施的三批计划吸引了海内外数百家领先的技术企业，提交的各类人工智能应用场景解决方案上千项，形成了 60 个左右人工智能深度应用场景，建设了 100 个以上人工智能应用示范项目，打造了一批人工智能特色小镇和特色示范园区。可以预见，未来会有更多的创业公司和投资者参与到这个行业中来，创业者也将会面临越来越多的创业机遇。

中国科学院发布的《2019年人工智能发展白皮书》分析了人工智能技术在不同行业的渗透率，发现从技术的行业使用率角度来看，安防和金融最高，零售、交通、教育、医疗、制造、健康行业次之。

1. 无人驾驶

无人驾驶是人工智能可能爆发的一个重要领域，人工智能是自动驾驶系统的核心，帮助自动驾驶系统实现感知、行为预测和规划，从而执行驾驶任务。同时，5G通信将加速车联网发展，与智能交通基础设施配合，实现车路协同，加速无人驾驶的应用推广。目前，国内企业在外卖和物资配送、物流、城市消毒作业等方面开始试水自动驾驶应用。在国外，自动驾驶汽车应用在生鲜食品、外卖、医疗物资配送等领域。例如，美国加利福尼亚州已于2018年允许自动驾驶汽车客运服务试点项目，2019年6月，美国佛罗里达州制定的自动驾驶立法，不仅将在道路上操作自动驾驶汽车合法化，而且提出了"自动驾驶汽车共享网络"这一全新的客运交通服务。中国到2019年4月向16个城市颁发了109张自动驾驶路测牌照，获得自动驾驶路测牌照数量最多的城市是北京，为59张。2019年9月，武汉运管部门给武汉开发区两台无人驾驶中巴颁发了"道路运输经营许可证"，这是全球首次发放无人驾驶商用牌照，意味着无人驾驶中巴不仅可以在特定的公开道路上载人测试，也可以进行商业化试运营。

作为一种更安全、高效的出行方式，无人驾驶能够带来的影响远远超出人们的想象：除了带来交通方式的变革，它还将颠覆人们的工作、生活方式，重塑城市图景，甚至改变整个地球的生态环境。

2. 智慧医疗

在医疗产业，人工智能在医学影像诊断、精准医疗、虚拟助手、新药研发、慢性病管理、疾病风险预测等不少细分领域开始大显身手。例如在医学影像场景下，人工智能技术可以解决三种需求：第一，AI图像识别满足病灶与标准需求。AI医学影像产品可以对X射线、CT（电子计算机断层扫描）、核磁共振等影像进行分割、特征提取、定量和对比分析，完成病灶自动识别与标注，发现肉眼无法发现的病灶，降低诊断结果的错误率，并且AI医学影像产品可以在几秒内处理10万张以上影像，大大提高了诊断效率。第二，AI图像识别满足靶区自动勾画与自适应放疗需求。AI医学影像产品可以帮助医生高效率地对CT图片进行自动勾画，并且在患者放疗中不断识别病灶位置变化以达到自适应放疗，减少射线对病人的伤害。第三，AI图像识别满足影像三维重建需求。AI可以基于灰度统计量的配准算法和特征点的配准算法，解决断层图像配准问题，以节约配准时间、提高效率。由此可见，在医学影像场景下，AI技术可以为患者、医生和医院等解决各种长期困扰的痛点问题，降低医疗成本和提高医疗效率。

当人工智能遇上肿瘤：一个让人兴奋的时代！

在肿瘤领域谈论AI，就不得不提到IBM公司与纪念斯隆凯特琳癌症中心合作开发的沃森肿瘤（Watson for Oncology，WFO）。WFO整合了杂志文章、国家指南、医院最佳实践、临床试验和教科书中的多种数据，可以通过自然语言处理模式和机器学习模式从医疗记录中提取和访问结构化的、非结构化的数据，以提供癌症治疗选择。目前WFO已阅读并学习了超过300种医学专业期刊、200多本肿瘤学专著以及1 500万篇肿瘤相关学术论文研究数据，这是人类医生一辈子都无法读完的海量数据。此外WFO还可以在17秒内，阅读3 469本医学专著、248 000篇论文、69种治疗方案、61 540次实验数据、106 000份临床报告，并根据医生输入的病人指标信息，最终提出优选的个性化治疗方案。WFO制定的肿瘤治疗方案的水平已经可以和顶级专家媲美，一致性高达90%以上。

WFO由最初的仅局限于乳腺癌和肺癌，目前已扩大到十几种其他常见的实体和血液肿瘤，如乳腺癌、肺癌、直肠癌、结肠癌、胃癌、宫颈癌、卵巢癌、前列腺癌、膀胱癌等14个癌种，覆盖80%的肿瘤患者。

例如，在癌症治疗的影像诊断上，一个比较有影响的人工智能产品是谷歌公司的DeepMind Health。其比较成功的案例主要包括乳腺X光片筛查和乳腺病理图片识别。目前乳腺癌的早期诊断主要通过乳腺X光检查，但这个方法还不是很完美，每年有很多漏检的病例。谷歌利用最新的机器学习算法分析了英国OPTIMAM乳腺X光片数据库中7 500例不易识别的X光片，能够协助影像医生通过AI的方式提升乳腺癌的筛查准确率。而另外同时开发的一种新的深度学习算法，被用来识别活检病理图片是否发生淋巴结转移。谷歌团队实现了高达89%的准确率，而与之对照的人类医生只有73%。

在"2019世界人工智能大会"上，据相关官方人士透露，中国上海智能医疗取得多点突破，全市20多家三甲医院引入了AI辅助诊断，一批人工智能的疾病筛查产品全面进入医院并将投入使用。复旦大学附属肿瘤医院、上海市第十人民医院入选上海首批人工智能试点应用场景建设，利用AI进行临床诊疗创新性研究，打造智慧医疗一站式服务。

3. 智能教育

一直以来，人们对技术改变教育给予了莫大期望，同时争议也最大。塞特勒在其

《教学技术的历史》一书中提到，在电影被发明出来的时候，爱迪生就曾预言："有可能利用电影来教授人类知识的每一个分支，在未来10年里，我们的学校机构将会被彻底改造。"结果是100年过去了，我们的学校并没有因电影而得到彻底改造。同样，人们曾认为计算机和信息技术的出现会给传统教育带来巨大变革，结果人们发现"计算机改变了几乎所有领域，却唯独对学校教育的影响小得令人吃惊"。

当这次人工智能技术出现时，依旧引发了人们对教育领域变革的期望。在2019年"人工智能与教育大数据峰会"上，教育部科技司司长雷朝滋认为："以人工智能为代表的新一代信息技术的快速发展，将会对传统的教育理念、教育体系和教学模式产生革命性影响，从而进一步释放教育在推动人类社会发展过程中的巨大潜力。"

智能教育是指人工智能技术跨界融入教育核心场景、核心业务，促进关键业务流程自动化、关键业务场景智能化，从而大幅提高教育工作者和学习者的效率，孕育新的业务流程，创新教育生态，培养适应人机结合思维方式的创新人才。

北京师范大学未来教育高精尖创新中心2018年11月发布了《人工智能+教育》蓝皮书，基于对教育领域需求的分析，蓝皮书从智能化的基础设施、学习过程的智能化支持、智能化的评价手段、智能化的教师辅助手段和智能化的教育管理五个方面，构建了当前人工智能技术在教育领域的基本应用框架，梳理了"人工智能+教育"的五个典型应用场景。

（1）智能教育环境。利用普适计算技术实现物理空间和虚拟空间的融合，基于人工智能技术作为智能引擎，建立支持多样化学习需求的智能感知能力和服务能力，实现以泛在性、社会性、情境性、适应性、连接性等为核心特征的泛在学习。

（2）智能学习过程支持。在各类人工智能技术的支持下，构建认知模型、知识模型、情境模型，并在此基础上针对学习过程中的各类场景进行智能化支持，形成诸如智能学科工具、智能机器人学伴与玩具、特殊教育智能助手等学习过程中的支持工具，从而实现学习者和学习服务的交流、整合、重构、协作、探究和分享。

（3）智能教育评价。人工智能技术不仅仅会在试题生成、自动批阅、学习问题诊断等方面发挥重要的评价作用，更重要的是可以对学习者学习过程中知识、身体、心理状态进行诊断和反馈，在学生综合素质评价中发挥不可替代的作用，包括学生问题解决能力的智能评价、心理健康检测与预警、体质健康检测与发展性评估、学生成长与发展规划等。

（4）智能教师助理。人工智能将替代教师日常工作中重复的、单调的、规则的工作，缓解教师各项工作的压力，成为教师的贴心助理。人工智能技术还可以增强教师的能力，使得教师能够处理以前无法处理的复杂事项，对学生提供以前无法提供的个性化、精准的支持，传授知识效率大幅度提升，有更多的时间与精力来关注每个学生的身心全面发展。

（5）教育智能管理与服务。通过大数据的收集和分析建立起智能化的管理手段，管理者与人工智能协同，形成人机协同的决策模式，可以洞察教育系统运行过程中问题本质与发展趋势，实现更高效的资源配置，有效提升教育质量并促进教育公平。

【本章小结】

本章首先回顾和总结了历史上三次产业革命带来的创业浪潮及其特征。第一次工业革命以蒸汽机作为动力机被广泛使用为标志，其特征是用机器代替了手工劳动，用工厂代替了手工作坊。第二次工业革命是以电力的广泛应用为显著特点，电力工业和电器制造业迅速发展，人类跨入"电气时代"。第二次世界大战之后的第三次工业革命，是人类文明史上继蒸汽技术革命和电力技术革命之后科技领域里的又一次重大飞跃，极大地推动了人类社会经济、政治、文化领域的变革。其次，深入分析了第三次工业革命中的互联网技术带来的创业浪潮。互联网掀起的创业浪潮又是人类生产力的大解放，其不仅催生了新经济业态，更重塑了传统工业和农业的业态，催生了无限的创业机会。如果说互联网的上半场是消费互联网唱主角，下半场则是产业互联网走到前台，其带来的变革将更具广度和深度。最后，主要对第四次工业革命兴起与发展趋势进行展望。第四次工业革命包括的科技领域众多，如大数据、云计算、人工智能、5G通信、物联网、核聚变和基因技术等。其中，主要以大数据和人工智能技术为代表对未来的创业发展趋势做了相应探讨。

1. 你如何理解互联网在过去20年带来的变革？预测未来还会带来哪些重要变革？
2. 你认为大数据会带来哪些创业机遇？它会如何为新创公司带来竞争优势？
3. 你认为人工智能会产生哪些重要应用场景？会给人类生活带来什么变革？
4. 选择一种你感兴趣的科学技术，搜索有关该技术的相关资料，分析探讨其未来的发展趋势，以及可能带来的创业机遇。
5. 组成讨论小组，畅想和描绘一下人类未来社会、经济、科技和人文的发展趋势。

汽车行业发展史上的变革者

在人类"衣食住行"的基本需求中，历次工业革命对作为交通工具的汽车行业都产生了深远的影响。随着各种技术创新与商业模式的出现，汽车行业仍在不断变革。

奔驰：创新先锋

1889年，刚刚诞生的奔驰汽车在巴黎博览会上首次亮相，并引起轰动，展出的是奔驰的第一辆三轮汽车。当奔驰驾驶着世界第一辆三轮单缸汽车出现在世人面前时，德国政府命令其"不准在马路上试车"。而且，受到马车商和居民的极力反对，奔驰在相当一段时间内得不到政府的支持。因此，奔驰在多年里生产汽车数量极少，它直到20世纪20年代末，才开始进行大批量生产汽车。

但是，从1886年卡尔·奔驰发明第一辆汽车起，奔驰汽车便成为世界汽车发展史上一个永不磨灭的传奇。1878年的二冲程煤气发动机，1885年世界上第一辆摩托，1886年第一辆四轮汽车，1890年第一台直列四缸四冲程发动机……直至今天，奔驰依旧是汽车行业创新与高端品牌的代名词。奔驰就像汽车发展史上的一匹奔腾骏马，一路创新冲锋向前，保持着世界一流汽车公司的地位。

福特：把汽车行业带入高速成长

福特汽车公司在汽车的创新与创业上具有举足轻重的地位，特别是发展早期的一系列产品创新与工艺创新，对推动汽车行业的变革与演化发挥了至关重要的作用。

福特T型车的创新，与福特汽车公司创始人亨利·福特的个性密不可分。福特生于农家，从小就开始辛苦做工打拼，个性上是美国底层民众节俭、朴素、实用、大众化等的典型代表。可以说T型车的创新在一定意义上也是这种个性精神的集中体现。

通过持续的创新与改进，到1908年3月，福特汽车公司终于成功地推出了一个新车型——T型车。其主要特点是：设计简洁、价格低廉、耗油量小、发动机设计简单、底盘离地净空间距离高于其他车辆，因而更能适应于当时的路况。这款集中体现了福特汽车理念的T型车简洁、现实、严肃、价格低廉、经久耐用。

正是由于T型车的推出，福特汽车公司的汽车产量才从1908年的6 158辆猛增到1917年的815 931辆，10年增长132倍。福特汽车公司在美国汽车市场上的占有率，也从1908年的10%跃升到1914年的50%，并且这"半壁江山"的格局保持了很长的一段时间。

T型车产量剧增却仍然供不应求的情况，又引发了改进生产工艺的需要。当订单如雪花般飞来的时候，福特汽车公司已无法靠旧的生产方式向它的顾客及时供货。在这种情况下，发明一种"大批量地、快速地生产汽车的方式"便成了亟待解决的问题。

从1913年初开始，福特汽车公司摒弃了旧式的静态组装法，首创一种动态的生产组织方式：将底盘一排60个依次摆开，分别安放在"木马"上，由卷扬机钢索缓缓牵动。组装的零部件及所有的必需品，全部提前堆放在沿线选定的位置上。受过训练的组装工，随工件移动，时而行走，时而"乘坐"，按程序进行整车的装配。经过不断的试错，这种"流水线"生产方式于1913年8月在福特汽车公司的海兰公园制造厂进行实际演示。从车底盘开始运行，到成品T型车下线，装配一辆整车所耗费的时间从原来的约 12.5 小时减少为 5 个小时。

"流水线"技术变革产生的经济与社会效果非常惊人，特别是对整个汽车行业的推动是革命性的。1913 年，T 型车的产量是 168 220 辆，而到了 1914 年，即整个装配线投入运行的第一年，产量即增至 248 307 辆。随着这项创新的不断完善，装配 T 型车所需的时间直线下降，最后到 1925 年 10 月，每 10 秒钟就能装配出一辆 T 型车。T 型车的价格又随着生产过程的这一巨大变化而大幅度降低，1910—1911 年，每辆 T 型车的售价为 780 美元，次年降至 690 美元，接着降至 600 美元、500 美元，到第一次世界大战前已降至 360 美元，最后降到了 260 美元。同时，由于福特企业文化的开放性，允许和欢迎任何的汽车企业和竞争对手来参观学习，福特的一系列技术变革在整个行业迅速扩散和普及，带来了整个汽车行业的蓬勃发展。

福特在汽车行业上的创新与变革对美国乃至整个人类社会的影响都是非常深远的，在美国学者麦克·哈特所著的《影响人类历史进程的 100 名人排行榜》一书中，亨利·福特是唯一上榜的企业家。

通用汽车：战略与管理创新的典范

20 世纪 30 年代之前，福特汽车公司一直是美国汽车行业的龙头老大。1920 年，福特汽车公司的市场占有率为 45%，通用汽车公司只占 17%。到了 1931 年，这两大汽车公司在美国汽车市场上的占有份额有所变化，福特汽车的市场占有率降至 28%，而通用汽车的市场占有率升至 31%。此后，福特汽车公司在汽车行业的霸主地位就让给了通用汽车公司。在如此富有创新进取精神的福特汽车公司面前，通用汽车公司是如何获得胜利的呢？同样，通用汽车公司依旧是通过持续的创新与变革来实现的。

通用汽车公司的创始人是威廉·杜兰特（William Durant），杜兰特是一位富有远见的企业家。在当年汽车行业发展的早期，他就敏锐地看到了汽车行业的未来发展前景，毅然卖掉自己经营多年的马车公司，说服银行家和投资者，一起投身到汽车行业中。20 世纪初期，在底特律已经建立起了众多规模不一的汽车公司，杜兰特通过收购兼并等金融手段，将本来独立的别克、奥克兰、奥兹莫比尔、凯迪拉克等 4 家较大的汽车公司和 15 家较小的汽车公司，还有 3 家卡车公司、10 家汽车配件公司以及 1 家汽车销售公司，整合到一家公司旗下，这家公司就是 1908 年注册成立的通用汽车公司。杜兰特是一位富有金融运作能力的产业战略家，经他整合的通用汽车公司在规模上已是当时美国最大的，但由于公司内部管理混乱，杜兰特也没有重视通用汽车公司内部经营管理的改善，内部子公司之间根本没有产生战略协同效应，甚至还存在各种恶性竞争，因此公司的经营效率非常低下。通用汽车公司几度破产，在董事会的压力下，杜兰特最终被迫出局。

在杜兰特之后，通用汽车公司任用了一位有经营能力和创新精神的企业家——阿尔弗雷德·斯隆（Alfred P. Sloan）。斯隆当时敏锐地预见到汽车行业将进入一个新的发展阶段，消费者不会一直停留在消费简单与实用的车子，而会转向漂亮、舒适、高效率的车子,即汽车的消费层次将会更加多样化。为此,斯隆开始实行全产品创新战略。与福特汽车公司一直主打单一产品战略相反,通用汽车公司开始整合公司内部的产品线,清晰地规划出针对不同消费群体的多个档次产品,即实施全产品创新战略。在斯隆的变革下,通用汽车公司逐步形成了从高档到低档所有产品系列,包括凯迪拉克系列、别克系列、奥克兰系列、奥兹莫比尔系列,最后是雪佛兰系列的庞大产品阵容。它们的不同性能和不同价位,分别适应于不同社会阶层的不同消费需求和消费能力。它的每一款车,都与处在人口金字塔上不同地位的特定消费群体相对应。实行全产品创新战略,不仅意味着产品的多系列化,而且意味着产品的频繁更新。正是从斯隆开始,由通用汽车公司在汽车行业发起的全产品创新战略,将汽车产业带入一个消费模式变革与行业增长的新阶段。

与全产品创新战略相对应的,是斯隆对通用汽车公司的管理模式进行了彻底的变革。首先,通用汽车公司采取"分散经营、协调控制"的管理组织体制:把政策制定与行政管理分开,实行分散经营与协调控制相结合。在这个体制下,各经营部门是利润负责中心,其独立性很强,但它们的活动要受到总公司以及各职能部门的协调控制和支援,从而保证了整个公司的生产经营活动都能按照总公司的整体目标,在各经营部门的分工协作下高效率地完成。其次,在不断创新产品战略与内部管理模式过程中,斯隆还在商业模式上大胆尝试创新,提出"分期付款、旧车折价、年年换新、密封车身"的经典商业模式。斯隆带领通用汽车公司尝试的各种管理创新不仅有效地帮助通用汽车公司实现了成长,也成为整个行业快速发展的推动力,像福特的 T 型车和流水线创新一样,成为汽车发展史上的经典之作。

特斯拉:闯入汽车行业的一条鲶鱼

特斯拉给整个汽车行业带来的影响,就像其创始人艾伦·马斯克一样,一直充满诸多争议。发展了 100 多年的汽车行业,已经市场成熟、行业稳定,竞争格局也早已稳如磐石,要在这样一个成熟且开始衰退的行业中异军突起,没人敢轻易相信。但市场给出的结果却令人出乎意料,发展才十来年的特斯拉已经成为全球第一市值汽车品牌。2021 年 1 月的市值显示,特斯拉市值达到 7 041 亿美元,而两家全球传统汽车巨头丰田和大众的市值分别只有 2 143 亿美元和 982 亿美元,两者加起来都不及特斯拉市值的一半。马斯克个人也同时登顶成为全球首富。

特斯拉就像闯入汽车行业的一条鲶鱼,在行业里掀起各种的争议和讨论,其中讨论最多的就是汽车行业将会产生哪些颠覆性的变革。

变革一:能源革命。作为电动车,特斯拉首先被认为产生了一场能源革命。天然气循环发电机发电效率为 60%,天然气采气效率为 97.5%,加工效率为 97.5%,电网输电效率为 92%,特斯拉全周期充放电效率为 86%。因此,特斯拉的能源效率为:$97.5\% \times 97.5\% \times 60\% \times 92\% \times 86\% \approx 45.1\%$,远远高于现有燃油车的热效率(约 30%)。

变革二:智能革命。智能化使得汽车从机械产品向电子信息智能产品转变,从交通工具向智能移动空间和应用终端转变，特斯拉率先引领行业大变革。相比于燃油汽车，电动车更易实现智能化。①电动车集成更简单，有利于信息传输控制；②电机只需要通过电流或者电压便可以精细地调节转速达到改变车速的目的，燃油车则很难做到实时线性；③燃油车 OTA（over-the-air technology，空中下载技术）最大的难度在于供电保障问题，电动车更有优势。

变革三：车网联革命。特斯拉电动车被称为安装了四个轮子的手机，从这个角度看，汽车将从一个实现远距离移动的工具变成一个在线娱乐与消费的空间。因此，电动车带来的行业革命将可能彻底颠覆人们对汽车的定义与期望。

变革四：商业模式革命。特斯拉被誉为汽车行业的苹果公司。苹果公司不仅是在产品创新上进行革命性的突破，更重要的是在商业模式上掀起了一场革命。与苹果公司类似，特斯拉在商业模式上也将带来一场革命，即用软件来重新定义汽车，其盈利模式也将与传统的燃油车完全不同。

这场处于进行时的新能源汽车创新已获得了最为广泛的关注，其未来可能带来的产业变革会具有怎样的颠覆性，我们拭目以待。

资料来源：曹东溟，关士续. 美国汽车产业技术创新史上的三个案例[J]. 科学技术与辩证法，2005(2): 105-108.

思考题：

1. 在汽车行业的历次变革中，你认为哪一次最具影响力？为什么？
2. 你认为这次的新能源车创新会带来哪些颠覆性的影响？

第三章

行业变革趋势与创业成长

【名言集锦】

彼不先审天下之势，而欲应天下之务，难矣！

——苏洵《嘉祐集》

天行有常，不为尧存，不为桀亡。

——荀子《天论》

【本章学习目标】

1. 理解创业行业发展的生命周期；
2. 了解创业行业的技术创新周期；
3. 学习分析创业行业的演变趋势；
4. 理解创业行业演变的驱动力；
5. 尝试构建创业成长的驱动因素框架。

寻找创业的台风口

随着小米走向成功，雷军开始成为一个公众人物，逐渐成为人们关注的对象。雷军指出创业成功的关键在于找到未来的发展趋势，其提出的"站在台风口，猪都能飞上天"一度成为最为时髦的创业流行语。

首次创业聚焦金山汉卡

雷军1987年考入武汉大学计算机系，本科期间雷军就开始在计算机领域里闯荡、广泛涉猎。1991年，在本科四年级的时候，雷军开始和同学王全国、李儒雄等人创办三色公司。后来由于激烈的低价竞争，公司不得不解散。但这次失败的创业经历，让雷军认识到价格竞争的威力与残酷事实，也让雷军在后面的小米创业中更好地理解和利用了价格竞争。

创办金山软件香港上市

大学毕业后，雷军只身闯荡北京，加盟了金山软件公司（以下简称"金山公司"）。由于表现出色，他先后出任金山公司北京开发部经理、珠海公司副总经理、北京金山软件公司总经理等职务。1998年，29岁的雷军升任金山公司总经理。

在金山的十几年里，雷军历经公司从办公软件到词霸、毒霸，再到向游戏和网络的多次转型与起落。雷军带领金山公司五次冲击IPO（首次公开发行），最终依靠网络游戏的业绩，2007年10月，金山公司成功在香港上市。2007年12月，雷军才辞去了金山总经理职务。

多年之后，雷军回忆起这一段还颇为感慨："90年代我们还挺火，1999年互联网大潮开始的时候，或者互联网这个'台风口'来的时候，当时我们忙着做WPS，忙着对抗微软，忙得不亦乐乎，根本无暇顾忌。2003年环顾四周，发现我们远远地落后了。在那一瞬间，我们自己其实压力非常大，作为金山的CEO，我在那两三年里几乎每天都在想什么地方出问题了。是我们的团队不够好，还是我们的技术不够好，还是我们自己不够努力？是不是我雷军有问题？是不是我能力不行？是不是我不够聪明？还是我不够勤奋？"

最后，雷军想明白了创业成功的一个重要问题：成功靠勤奋是远远不够的，最重要的是找到一个大的市场，顺势而为，换句比较通俗的语言来表达，就是找一个最肥的市场，然后等待台风，就是"台风口"。

天使投资移动互联网行业

离开金山的雷军，转身成了天使投资人，开始从大势出发，以更大的视角来观察和思考互联网。雷军是最早投身移动互联网的一拨人。2008年，他在个人博客中写下：移动互联网是下一波创业的大机会。同时，雷军在移动互联网、电商、社交等多个领域连续投出多个业界知名的案子——拉卡拉、UCWeb、凡客诚品、YY、乐淘、多玩、多看等。其中，凡客诚品风靡一时，YY后来也在美国上市。

做投资让雷军更加深入了解互联网，也获得了异常丰厚的回报。但他投资的这些公司很难说是雷军自己的事业。在内心深处，雷军仍想做一份真正属于自己的事业，一家真正伟大的公司，来奠定自己的地位。

很快，雷军找到了自己的"势"——智能手机和移动互联网的大爆发。

准确锁定智能手机风口

2010年初，雷军非常看好智能手机的发展趋势，并找来林斌、黄江吉、刘德、黎万强、周光平等人，共同组建小米科技有限责任公司（以下简称"小米"）。2011年7月12日，小米正式宣布进军手机市场，并发布了小米手机，宣称这是全球主频最快的智能手机。小米的高速增长有点出人意料，其在资本市场上的估值节节攀升，2010年2.5亿美元，2011年10亿美元，2012年40亿美元，2013年100亿美元，2014年450亿美元，一次又一次刷新估值纪录，成为智能手机行业的一匹黑马。

当大家都在惊讶小米巨大的成功,并尝试总结和模仿小米模式的时候,雷军自己站出来把小米的成功归结为互联网思维的胜利,是先进的互联网生产力对传统生产力的胜利。准确来说,就是雷军常讲的七字箴言——专注、极致、口碑、快。

开启"智能手机+AIoT"战略

从开始布局智能家居开始,小米现在已经陆续投资了300多家科技公司,如路由器、充电宝、平衡车、净化器、PM 2.5检测仪、电饭煲、扫地机器人等。

小米在2019年正式启动了"手机+AIoT"双引擎战略,在智能手机行业竞争加剧的环境下,兼顾原有的手机业务,继续投资开发开放的AIoT(人工智能物联网)平台,未来AI+IoT(物联网)是小米的主攻方向以及战略重心,有望成为公司新的增长点。小米将持续开放并推进开发AIoT平台,以建立更具活力且全面的AIoT智慧生态系统。

AIoT是否会成为一个新的台风口,我们拭目以待!

资料来源:主要根据雷军"2013(第十二届)中国企业领袖年会"的主题演讲整理修改。

案例启示

寻找和把握未来的大趋势是获得创业大成功的前提。"寻找台风口"不仅是雷军创业20多年的深刻领悟,同时也是创业永恒不变的成功规律。任何一次台风都有停止的时候,新的台风又总是在不断酝酿与演化之中,创业的魅力就是让充满好奇与激情的人能不断期盼和寻找未来的"台风口",这既是一种挑战,也是一种充满使命感的乐趣。案例的主人公在行业里一度被戏称为"中关村劳模",代表了中国改革开放以来创业群体中崛起的一股新力量,其勇于开拓、敢于创新和锐意进取,成长为行业变革的弄潮儿。

第一节 把握创业行业的周期特征

一、行业生命周期

行业生命周期(industry life cycle)是指行业从出现到完全退出社会经济活动所经历的时间。如图3-1所示,行业的生命周期主要包括四个发展阶段:幼稚期、成长期、

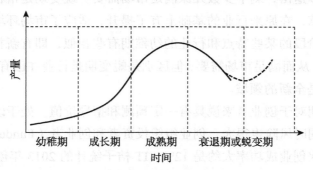

图3-1 行业生命周期曲线

成熟期、衰退期或蜕变期。识别行业生命周期所处阶段的主要指标有市场增长率、需求增长率、产品品种、竞争者数量、进入壁垒及退出壁垒、技术变革、用户购买行为等。

（1）幼稚期。当一项具有突破性但尚不完善的技术被发明出来，就可能吸引具有企业家精神的开拓者进入该领域，尝试开发满足消费需求并适合批量生产的创新产品。行业幼稚期的企业数量相对较少，产品设计往往不成熟，服务尚未完善，还没有形成一个行业标准。行业的利润率较低，市场增长率较高，需求增长较快，技术变动较大，行业中的企业主要致力于开辟新用户、占领市场。此时技术的发展存在很大不确定性，行业在产品、市场、服务等方面有很大的创新空间，新创企业对行业特点、行业竞争状况、用户特点等方面的信息掌握不多，企业进入壁垒较低。

（2）成长期。行业进入成长期后，技术、服务与产品质量趋于完善与稳定，行业标准逐步形成，此时产品的盈利前景已经被充分预计，大批新进入者涌入该行业。这一时期的市场增长率很高，需求高速增长，顾客群体趋于理性与成熟；进入该行业的企业增加，产品的种类和数量也大幅增加，竞争强度大，顾客对价格比较敏感；技术渐趋定型，行业特点、行业竞争状况及用户特点已比较明朗，产品品种及竞争者数量增多，行业进入壁垒显著提高。同时，随着新进入企业的增加和新技术的扩散，突破性技术带来的高额利润逐渐被竞争所拉低。

（3）成熟期。在成熟期，新进入者和在位者继续进行产品创新或工艺创新，创新会很快扩散，行业标准已经形成，技术已经基本成熟，新产品和产品的新用途开发更为困难；行业增长率和市场需求增长率降低，行业特点、行业竞争状况及用户特点非常清楚和稳定，买方市场形成，行业盈利能力下降；经过成长期的竞争与兼并，行业内企业的数量减少，逐步稳定，企业自身规模增大，一般最终只剩下少数几家实力强的企业，行业进入壁垒很高。

（4）衰退期或蜕变期。进入行业衰退期，市场需求下降，行业生产能力会出现过剩现象，同时市场增长率严重下降，行业呈现负增长；产品品种减少，竞争企业因行业利润减少而逐步退出，剩下少数几家满足市场需要。蜕变期是指在行业衰退期间，行业经过技术变革，在原来行业的基础上有了提升，适应了市场环境变化，能满足新的市场需求。本阶段的某些特点和行业的幼稚期有些相似，即有新材料、新技术或新的服务形式出现，从而满足市场需要，但区别是蜕变期是行业在已有基础上进行提升，而幼稚期的行业是全新的领域。

行业生命周期对于创业者来说具有一定预测和指导价值。处于幼稚期的行业有巨大的创业潜力，同时风险也很大，创业组织投资者和创业者（Funders and Founders）的数据显示第一次创业成功率大约是12%，IT桔子统计的2013年创立的公司到2015年的存活率为9.4%。

但是，行业生命周期理论也有一定的局限性。首先，因为生命周期曲线是一条经过了抽象化的典型曲线，各行业按照实际销售量绘制出来的曲线远不是这样光滑，因此，有时要确定行业发展处于哪一阶段是困难的，识别不当，容易导致战略上的失误。其次，影响销售量变化的因素很多，关系复杂，整个经济中的周期性变化与某个行业的演变也不易区分开来。最后，有些行业的演变是由集中到分散，有些行业则是由分散到集中，无法用一个战略模式与之对应。总的来说，因为行业生命周期是一种定性的理论，行业生命周期曲线是一条近似的假设曲线。因此，应将行业生命周期分析法与其他方法结合起来使用，才不至于陷入分析的片面性。

二、创新扩散曲线

美国新墨西哥大学埃弗雷特·罗杰斯（Everett M. Rogers）教授研究了多个有关创新扩散的案例，考察了创新扩散的进程和各种影响因素，1962年出版《创新的扩散》（*Diffusion of Innovations*）一书，总结出创新事物在一个社会系统中扩散的基本规律，提出了著名的创新扩散S型曲线理论。人们在试用新产品的态度上有明显的差别，每一产品领域都有先驱和早期采用者，在他们之后，越来越多的消费者开始采用该创新产品，产品销售达到高峰；当不采用该产品的消费者所剩无几时，销售额开始降低。

如图3-2所示，罗杰斯将创新采用者分为五类：①创新者（innovator）：热衷于大胆尝试新观念，更见多识广的社会关系，约占2.5%；②早期采用者（early adopters）：地位受人尊敬，通常是社会系统内部最高层次的意见领袖，约占13.5%；③早期多数（early majority）：深思熟虑，经常与同事沟通，但很少居于意见领袖的地位，约占34%；④晚期多数（late majority）：疑虑较多，通常是出于经济必要或社会关系压力，约占34%；⑤落后者（laggards）：因循守旧，局限于地方观念，比较闭塞，参考资料是以往经验，约占16%。

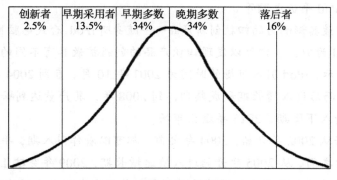

图3-2　创新扩散的用户分布

资料来源：罗杰斯. 创新的扩散[M]. 北京：中央编译出版社，2002.

罗杰斯在《创新的扩散》中详细论述了影响新产品市场扩散的因素，如产品的相对优势、复杂性、可试验性、可观察性和兼容性。

哈佛商学院工商管理学教授欧菲克（Elie Ofek）等在《创新的价值》中将影响创新扩散的力量归纳为个人力量和社会力量。所谓个人力量（也叫外部力量），就是指消费者在选择是否接受以及何时接受新产品时，不考虑社会体系中其他人如何选择，完全凭借的是自己的偏好；社会力量（也叫内部力量）正好相反，其他人的选择对其有很强的影响力，也就是"随大流"，这正是网络外部性的体现。其中，个人力量越强，新产品引入期的扩散速度越快，而且，引入期建立的客户群基础会加速增长期的到来。社会力量主要表现为一种爆发力，社会力量越强，增长期爆发力就越强，在 S 型扩散曲线中，主要体现为快速上升期的斜率的陡峭程度。

在标准 S 型扩散曲线的形成过程中，所有潜在客户被假设是同质的，且每个客户都受到同样的个人力量和社会力量的影响。但在现实中，客户至少可以被划分为两个有明显差异的群体：激进派和温和派。前者一般被称为"达人"，对于新知识和新产品都有较高的关注度，而后者则比较慢热，对创新的感知较迟缓。从参数来看，激进派属于小众群体，其占比为 15%～20%，但黏性高、转化快，个人力量和社会力量都比较强。温和派是主流群体，其占比在 80%～85%，个人力量和社会力量则相对较弱。当然，这两个群体并不是截然分割的，激进派也被称为"影响者"，温和派是"模仿者"，意思是说，前者的社会力量有跨群体影响力。

苹果公司产品的创新扩散

苹果公司由史蒂夫·乔布斯、斯蒂夫·沃兹尼亚克和罗恩·韦恩在 1976 年 4 月 1 日创立，在高科技企业中以创新而闻名，知名的产品不胜枚举，如有 Apple Ⅱ、Macintosh 电脑、MacBook 笔记本电脑、iPod 音乐播放器、iTunes 商店、iMac 一体机、iPhone 手机和 iPad 平板电脑等。

以苹果公司最具影响力的四款创新产品——随身听 iPod、台式电脑 Mac、手机 iPhone 和平板电脑 iPad 为例，我们可以发现四款产品的创新扩散具有不同的特征和周期。

如图 3-3 所示，iPod 引入市场的时间为 2001 年 10 月，直到 2004 年，其销量才突破 1 000 万台，而后进入增长期和成熟期，到 2008 年，其产量达到峰值，为 5 480 万台，而后开始进入下降期，2015 年退出市场。

Mac 的数据从 2002 年开始，2004 年之前，都可以看作引入期，年销量维持在 300 万台到 330 万台之间，从 2005 年开始进入快速增长期，2009 年突破 1 000 万台，2015 年达到峰值，突破 2 000 万台，而后波动下行。笔记本电脑尚未退出市场，但不同品牌（或型号）之间的竞争会使市场份额发生变化。

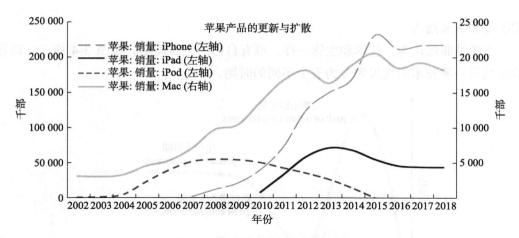

图 3-3　苹果公司产品的创新扩散

资料来源：邵宇，陈达飞. 创新的扩散：从流行病学模型说起[J]. 北大金融评论，2020(2).

苹果公司最具突破性的产品自然是 iPhone，它带领人类进入移动互联网时代。2007 年 1 月，第一代 iPhone 手机问世，当年销量仅为 139 万部。仅仅用了两年时间，其便进入快速增长期，2009 年突破 2 000 万部，2015 年峰值时达到 2.3 亿部。但过去几年，随着三星和华为等品牌的崛起，苹果手机的销量和市场份额都在下降。值得注意的是，iPhone 的引入期与 iPod 的成熟期，iPhone 的增长期与 iPod 的下降期正好对应，这是由于 iPhone 的功能涵盖了 iPod，对其进行了替代。

最晚发行的是 iPad，2010 年 4 月首发之后便快速进入增长期，前 80 天销量就达到了 300 万部，后一个季度达到了 420 万部，远远超出了行业分析师的估计。2013 财年，iPad 销量达到峰值——7 100 万部，2014—2016 年每年销量减少 1 000 多万部，2016—2018 年连续三年维持在 4 300 万～4 500 万部。

三、技术成熟度曲线

（一）技术成熟度曲线的内涵

技术成熟度曲线英文全称为 the Gartner hype cycle for emerging technologies，简称 hype 曲线或高德纳曲线，中文名又称技术循环曲线、光环曲线，是由美国技术咨询机构高德纳（Gartner）公司提出的，是对各种新技术或其他创新的常见发展模式的图形描述。

自 1995 年以来，高德纳公司每年都会根据相关的分析预测，把各种新科技的发展阶段及要达到成熟期所需的时间绘制在一条曲线上。高德纳每年都针对各种技术和应用［如社交软件、ERP（企业资源计划）］、信息和 IT 服务（云计算、大数据）以及行业（零售、人寿保险）领域创建 90 多张技术成熟度曲线图，用来帮助客户跟踪技术的成熟度和未来潜力。

高德纳曲线认为，技术和生物一样，也有自己的生命周期。如图 3-4 所示，高德纳曲线将一项技术的发展划分为五个不同的时期。

图 3-4 技术成熟度曲线

（1）技术萌发期。一项新技术诞生并得到公众关注，一般从一项技术创新的突破、公开示范、产品发布等能引起媒体感兴趣的事件开始。

（2）期望膨胀期：该阶段对该新技术的建设和预期会出现一个高峰，但实际上会超出该技术当前的现实能力，就像互联网和社交媒体技术曾经所发生的那样，形成了一个投资泡沫。

（3）泡沫破裂低谷期：不可避免地，人们对结果的失望开始取代人们最初对潜在价值的期望。绩效问题、低于预期的采用率或未能在预期时间获得财务收益都导致期望破灭。

（4）稳步爬升恢复期：一些早期采纳者克服了最初的困难，开始获得收益，并继续努力前行。基于早期采纳者的经验，人们对可以获得良好效果的技术应用区域和方法加深了理解，更为重要的是，人们知道了这种技术在哪些方面没有或几乎没有价值。

（5）生产成熟期：技术的实际效益得到证明和认可后，越来越多的企业感到可以接受当前已经大幅降低的风险水平。由于生产价值和使用价值，技术采用率开始快速上升（"曲棍球棒形"），渗透开始加速。

高德纳分析师根据对宣传和成熟度水平的一致评估确定技术在技术成熟度曲线上的位置。他们选用多种相关市场信号和代理指标确定预期水平。其中有些输入可能是定量的，但是总体而言，技术成熟度曲线是一种结构化的定性研究工具。在技术成熟度曲线的第一部分，技术还有很多不确定性，因此其在曲线上的位置更多地取决于宣传水平和市场预期而不是成熟度。随着关于成熟度、绩效和采用的可获得信息增多，宣传水平对技术在技术成熟度曲线上的位置的决定作用减弱。

（二）技术成熟度曲线的创业决策

理解技术成熟度曲线最关键的目的就是洞察周期、发现机会。如果能预测出行为的重大转变，如技术成熟度曲线上的重要转折点，就可以通过提前于大多数人采取行动而占据优势。技术成熟度曲线给创业决策带来两类机遇。

第一类机遇是通过精确确定创新采用时间来优化价值获取量。要在一项创新上投入企业的时间和资金（以及部分有限的变革能力）时，不仅要确认所投资的是正确的项目，而且还应在能够以可接受的风险水平获取最大终身价值的时间点介入。

第二类机遇是在更宽市场上利用其他市场参与者的需求和行动获取技术成熟度曲线的能量。其中之一是避开其他人已经陷入过的误区。在避开采用过早或放弃过快的资金陷阱以及采用过晚或留恋过久的机会成本损失方面，如果你能够比大多数人明智，即使只是部分时期内做得较好，你最终也会领先。而作为把握机遇的极致，如果在技术成熟度曲线各阶段都能预见到供应商、投资者、竞争对手以及熟练技术人员的倾向，你将能获得最好的交易、最好的人才、最好的宣传以及其他许多机会来推动你的创新。

拓展阅读 3.1　高德纳曲线一战成名：命中抑或巧合？

第二节　洞悉创业行业的演变规律

一、创业行业演变的模式

安妮塔·M. 麦加恩在《产业演变与企业战略》一书中，从产业的核心经营活动和核心资产两个维度的变化程度来分析产业的演变轨迹。麦加恩把产业的核心经营活动遭受到威胁称为正在经历"架构性变化"，把一个产业的核心资产遭受到威胁称为正在经历"基础性变化"。其中，核心资产与核心经营活动的界定如表 3-1 所示。

表 3-1　核心资产与核心经营活动的界定

维度	界定特征	核心的标准
资产	耐用性。即使闲置一年仍然拥有创造价值的潜能。 所有权。必须为产业内一个或多个企业所拥有	该资产或经营活动对创造产业价值产生关键性影响，那么它就是核心的。 核心片刻的消失（或持续消失一年）将造成一年内收益锐减，而替代的努力毫无帮助
经营活动	可控性。行为必须由产业内的一个或多个企业主导。 收益导向性。旨在为产业内一个或多个企业增加收益或降低成本，或二者兼备	

资料来源：麦加恩. 产业演变与企业战略[M]. 北京：商务印书馆，2007.

基于架构性变化和基础性变化两个维度，麦加恩提出了四种产业演变模式，如表 3-2 所示。

表 3-2　产业演变的四种模式

变化维度	核心经营活动架构性变化	
	是	否
核心资产基础性变化　是	激进性演变	创新性演变
核心资产基础性变化　否	适度性演变	渐进性演变

资料来源：麦加恩. 产业演变与企业战略[M]. 北京：商务印书馆，2007.

（一）渐进性演变模式

渐进性演变不涉及对核心经营活动或核心资产的威胁，两者均是稳定的。由于核心经营活动未受到被淘汰的威胁，因此产业与顾客及供应商的关系相对比较稳定。经营活动的逐渐调整是为了确保产业中价值创造的基本方式不变。由于核心资产也不存在被淘汰的威胁，因此产业中的企业可以认真规划它们的投资，而不用担心与竞争对手进行肉搏式的竞争以求占有先机。

处于渐进性演变产业之中的企业要想获得持久的竞争力并保持出色的业绩，关键是要严格坚持遵循组织核心资产和核心经营活动的主流模式，以及保持高标准的运营效率。在渐进性演变产业中，有效的创新方式包括：①调整了各经营活动间的关联方式；②增加了新的经营活动；③加强了各经营活动之间信息的流动。例如，折扣零售业的演变模式就是渐进性的，沃尔玛就是通过对经营活动系统的持续改进获得竞争优势而成为行业龙头。

（二）创新性演变模式

当创新性演变模式发生时，核心资产已遭受到被淘汰的威胁，但核心经营活动并未受到威胁。由于发生了基础性的变化，企业要想保住自己在产业中的地位，就要通过不断的创新来与核心客户及供应商维持良好的关系。

企业要想在一个正处于创新性演变中的产业内立足，培育一个配套的支持性经营活动系统是极为关键的。通过这套系统，企业就会尽可能高效地促进项目商业化。通过不断地开发出新产品和新服务，企业就有可能持续获得高收益。例如，在电影制作行业中，大部分的创新是在既定框架基础上创造一些新的资产，而这些资产可以被应用于产业核心经营活动系统中。

在创新性演变的产业中，当创新发生在那些为生产新产品和服务而设计的模块化项目中时，通常是最富有成效的。同时，在支持性核心经营活动网络系统中，创新点也会不断产生。创新性演变的产业能够比其他演变模式的产业获得更高的收益，但高风险与高收益往往相伴而行，创业企业进入该行业的业绩表现会有非常显著的差异，那些在核心资产创新上取得突破和进展的企业可能会异军突起，但更多的新创企业可能只能在挣扎中求生，或者只是昙花一现。

（三）适度性演变模式

适度性演变是架构性变化带来的，即产业的核心经营活动面临被淘汰的威胁。这会导致该产业与其顾客、供应商关系的重新洗牌，以及产业内许多企业的倒闭。在适度性演变的行业里，企业业绩往往决定于价值链新关系的发展和经营活动的重构。例如，随着网上汽车服务业务的兴起，传统的汽车经销业就开始经历适度性演变，新进入的创业企业通过网上服务给传统销售方式和市场营销活动带来威胁，使得传统经营活动变得过时。传统经销商要想继续生存发展，就必须用二次创业的精神从现有收益的核心资产中走出来，进入一个还没有什么收益的新兴产业中去。

在适度性演变的产业中，企业成功的创新模式通常是能够继续保持与原有顾客和供应商之间业务关系的新模式，同时原有旧的关系体系就不会被彻底抛弃。

（四）激进性演变模式

激进性演变模式并不常见，因为只有一个产业的核心资产和核心经营活动均受到威胁时，激进性演变才会发生。这种演变往往是由科技或规则的突破性进展所驱动的。例如，当个人电脑技术出现时，就对传统打字机制造业的核心资产和核心经营活动造成威胁，打字机制造业就被迫卷入激进性演变中。同样，互联网技术带来的电子邮件服务就对已有的信件邮寄服务构成了毁灭性的打击。

在激进性演变的产业中，新创企业往往会具有优势，因为其核心资产和核心经营活动都可以重新构建，对产业中的已有企业发起攻击。激进性演变对产业已有企业会构成巨大威胁，已有企业想通过创新来获得发展，就需要想办法找到一条在已经受到威胁的产业中继续进行有效竞争的新路子，或者就是进行多元化经营，即使这些新业务最初看上去与原有的核心经营活动和核心资产的关系不大。

对行业演变的洞察有利于创业战略的思考与制定，帮助创业者根据创业环境的具体条件来做出最优选择，更好地去理解和把握产业演变过程中带来的机会。用一个类比来说，创业就像一次远航，我们需要开辟正确的航线，打造坚固的航船，并以合理的航速在不同航线上前进，以更安全迅速地到达目的地。

二、创业行业演变的驱动力

从系统理论的角度来看，行业演变一般受以下动力因素影响：宏观层面上，政治经济、社会文化与技术变革构成了行业演变的外部条件；微观层面上，行业内企业行为的集合构成了行业演变的微观基础与发展动力；宏观与微观层面上各种因素的相互作用与协同，又将进一步影响和推动行业内部的变革与演变。下面将分别以技术变革、企业家能力和创新网络三个因素为例，来探讨行业演化的驱动力，以便更好地理解行业演变的规律。

（一）技术变革

三次工业革命已反复说明人类几百年以来的创业往往源于技术的变革。技术变革不仅会创造出一些全新的行业，而且还会对传统行业造成冲击，推动现有行业的发展演变。以汽车业为例，在汽车行业的百年发展过程中，无数的技术变革带来的创新与创业行为推动着汽车行业不断发展进化。以汽车业的诞生来看，内燃机的发明是汽车行业兴起的关键技术变革。就如第二章的案例所述，在众多企业家不断进行技术创新与商业变革的努力下，汽车行业已经成为最具影响力的行业。

（二）企业家能力

行业变革的过程中充满了各种不确定性，创业就是在这种不确定性中进行试错。因此，企业家的能力与努力将对行业的演变产生重要影响。那些具有创新精神、勇于承担风险、能够有毅力持续进行开拓的企业家，往往会影响行业演变的进程。例如在传统的家电行业，正是那些富有创新精神的企业家，像海尔的张瑞敏和格力的董明珠，将中国的家电企业带入一个更高的发展层次，也深刻地改变了整个行业格局。

（三）创新网络

从一个产业的角度来看，某一区域形成的创新网络对该产业的演变会有重要作用。由企业、大学、研究机构、政府和中介机构等组织形成的充满活力的创新网络，能给企业的创新带来更高的效率。首先，企业为了在人才、专有资产、管理等方面获得互补优势，经常与相关企业甚至竞争对手结成联盟进行创新，以实现降低费用、分散风险的目标。更重要的是，通过创新网络，企业可以从合作伙伴身上学习新的知识和技能，同时不断创造出新的知识和技能。这些新知识和新技能能有效地促进企业创新。其次，大学和研究机构对区域创新网络发挥重要作用。它们能不断产生新知识，并运用到区域的产品和服务中；对区域网络内的企业加以培训，使之接受新知识和新的管理方法；充当新产业的孵化器，不断衍生出新企业；在产业网络中充当中介桥梁，吸引企业、政府等其他网络成员加快学习速度和创新速度。再次，政府机构在创新网络中的作用也非常重要，其首要功能是为创新创业企业营造良好的环境，投资建设公共设施，改善经济、社会和法制等环境，建立和完善服务于创新创业的中介服务机构。政府所营造的环境应包括：保护创新者创新欲望和利益的激励政策体系，促进新兴产业和高新技术产业发展的引导政策体系，协调"管产学研"合作的政策体系。最后，中小企业创新网络的服务中介体系一般包括政策法律咨询、信息咨询、管理咨询、技术咨询、人才交流、产业链合作、金融服务、行业协会等中介组织。中介组织的专业化程度高、活动能量大、组织形式先进，多样化的中介组织可以集聚各个领域的专家为企业提供专业化服务，对创新创业起到更好的服务、孵化和集聚作用。

创新网络对产业的演进产生重要影响。首先，创新网络的建立能促进企业和其他主体间的相互学习与合作。创新网络能够加强网络内具有互补资源企业的联系，降低学习和创新过程的交易成本，提高技术创新的速度和效率，以催生新产业或加快产业演变的进程。其次，创新网络有利于整个价值链体系的企业在生产经营上建立更紧密的联系，使整个区域内的企业之间的协作关系加强，犹如一个整体，从而形成更强大和持久的竞争优势。最后，创新网络内的成员紧密联系，供应链上企业的合作有利于稳定市场环境，降低企业的市场风险，使得企业稳步扩大市场规模，获取规模效益。

第三节 驱动创业企业持续成长

一、创业企业成长的影响因素分析

为了能够有效驱动创业企业成长，最核心的是要理解哪些因素影响了创业企业的成长绩效。许多学者对此进行了深入和系统的研究，其中，学者克里斯曼（1998）提出过一个创业企业成长绩效的影响因素模型，该模型总结了影响创业企业成长绩效的五个重要因素。

（1）创业者。创业者主要包括创业者的人格特征、价值观和信念、技能、经验和教育、行为和决策。

（2）行业结构。行业结构主要包括行业结构特征、行业竞争、买方和供应商性质。

（3）公司战略。公司战略主要包括规划和战略制定、目标和目的、战略方向、进入战略、竞争武器、市场细分、产品或服务范围、投资战略、政策战略。

（4）资源。资源主要分有形资源（如人力资本、财务状况/资金）和无形资源（如技术、知识和品牌）。

（5）组织与系统。组织与系统主要包括组织结构、系统和过程、所有权结构。

以上理论框架分析可以给我们的创业成长带来诸多启示。

首先，创业成长与成功涉及的影响因素众多且复杂，要想在一个变革的行业中把握创业的机会与趋势，绝非靠灵感或运气就能够实现，其需要具备很多条件，是这些条件的综合作用结果。

其次，如果要更好地理解这些因素的关系，我们可以从不同角度对影响因素进行分类。例如，如果按公司边界来分类，可以分为公司内部因素和公司外部因素，这有助于创业者对影响因素的内生性和外生性有更好的理解，并采取相应的创业行动策略。如果以影响因素构成的复杂程度来看，从创业者到创业团队、创业企业、创业行业，代表了影响因素从简单到复杂、从微观到宏观、认知逐步升级的过程，从而可以更好地帮助我们理解创业行为。

最后，创业成长影响因素模型能够为我们的创业行动策略提供一个指导框架。从此类模型研究的最新趋势来看，一是模型越来越复杂，其囊括的因素越来越多；二是越来越注重对各个因素之间互动关系的分析。这些趋势都能为创业者提供更好、更个性化的框架指导，创业者完全可以根据自身的知识与经验背景，以自己的认知偏好来吸纳和重构框架模型的有益成分。

下面我们将以此类模型为基础，结合相关的创业实践总结与研究，提出一个创业成长的思维与行动策略框架。希望以此来示范如何构建和提炼自己的创业成长认知框架，目的不仅是给大家分享我们的创业理解与认知，更重要的是希望在创业实践与理论日新月异的今天，鼓励创业者去尝试构建和重新完善自己的创业成长认知与行动策略框架，并要坚信只有自我构建起来的知识框架才能在创业实践中发挥最大的效用。

创业犹如一次远航历险

对于宏观经济发展和微观个体盈利来说，创业无疑是一种重要的经济行为；但是如果从宏观社会发展和微观个体成长的角度来看，创业则可以视为不断迭代的成长历程。一直以来，经济效应在创业行为的价值衡量中都占据重要地位，以至于人们可能忽视了其更具广泛价值的社会效应。从整个人类社会发展的更长周期来看，技术进步、知识积累、社会变革、资源与环境保护等诸多方面，同样是衡量创业行为的价值指标。相应地，我们也应相信，对于创业个体来说，财富的创造也只是个人成长与价值的有限体现，身心成长、认知升级、能力提升、社会责任与实现使命等诸多方面同样是创业成长与价值的重要体现。

因此，如果用远航来对创业成长进行类比和阐释，能帮助我们对创业成长的意义有更好的理解，就如对于一个真正爱好远航的人来说，远方的新大陆就是吸引他去挑战大海的动力；对于一个真正的创业者来说，持续地成长与自我超越就是一种有激情的创业人生。此外，创业过程与远航历险一样，都充满了不确定性、风险与挑战，都需要付出巨大的努力和持续的创新，同时，也是在这个过程中，有了各种充满价值的收获。如表 3-3 所示，远航与创业两者在目标、方向规划、行动主体、能力资源与反馈评估等方面具有诸多类似之处。

表 3-3　创业与远航的类比

类比项目		具体内容
1. 目标	远航目标	• 安全航行 • 不断选择与到达下一个目的地
	创业目标	• 维持生存 • 持续成长与自我超越
2. 方向规划	航道规划	• 规划能够到达目的地的不同航道 • 分析不同航道需要航行的距离与速度 • 不同航道航行可能出现的主要风险 • 不同航道航行需要具备哪些条件和资源 • 权衡利弊并选择具备最佳成效的航道
	行业决策	• 分析行业发展的变革趋势（行业的潜力、周期与演变） • 预判行业变革可能蕴藏的创业机遇 • 评估创业过程可能会碰到的挑战与风险 • 预估把握创业机遇需要具备的能力和资源 • 权衡利弊并选择最合适的行业与创业机会
3. 行动主体	航行船只	• 适应航道的船体结构设计 • 先进的动力系统与造船工艺 • 船只的日常维护与保养 • 科学的航行管理制度
	创业企业	• 科学的公司治理结构 • 持续创新的商业模式 • 适合行业演变的成长战略 • 与成长战略匹配的组织结构 • 适合企业成长周期的激励制度 • 富有创新精神的企业文化
4. 能力资源	人财物	• 有领导力的船长与正确的航行指挥 • 优秀的水手与健全的管理制度 • 储备充沛的淡水和生活物资 • 与各个港口保持良好的联络以及时获得补给和支援
	人财网络	• 寻找优秀的创业合伙人 • 构建能力互补与合作良好的创业团队 • 制订合理的融资规划与配套措施 • 构建良好的创业网络与社会资本
5. 反馈评估	抵达目标	• 是否按照航行规划安全地抵达目的地 • 航行中碰到了哪些新问题 • 是否要更改或完善航行规划
	持续成长	• 是否实现了预定的创业目标 • 创业过程中碰到了哪些新挑战 • 是否需要调整或变革创业成长战略

二、创业企业成长的战略驱动框架

基于以上创业企业成长的影响因素与系统的研究成果，我们提出一个帮助创业思维与行动聚焦的战略驱动框架,以帮助创业企业实现持续的创业成长。该框架帮助创业者或创业团队聚焦于三类思维与行为,即洞察趋势、创新模式和优化资源,我们称之为创业战略成长的"铁人三项",如图3-5所示。

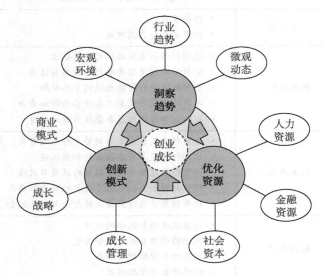

图3-5 创业成长的战略驱动框架

(一)洞察趋势

就如20世纪美国联邦快递公司的创业案例,弗雷德·史密斯(Frederick W. Smith)的成功不仅是因为他以企业家超人的胆量和气魄创造了快递行业,更是因为他所做的事情符合未来行业发展的大趋势。伟大而成功的创业一定洞察了未来的趋势!再以汽车行业的创业为例,经营马车公司的杜兰特看到了汽车的未来趋势,所以义无反顾地卖掉业绩不错的马车公司,创立通用汽车公司。福特创立T型车和流水生产线,并怀揣伟大抱负在底特律建立了规模空前绝后的垂直一体化工厂,也是因为福特看到了汽车行业的巨大发展潜力与崛起趋势。斯隆能够带领通用汽车公司通过产品创新和组织创新崛起成为全球第一的汽车公司,也是看到了人们对汽车多样化消费的大趋势。当马斯克创建特斯拉公司,用全新概念的电动车打入这个发展了100多年的成熟行业时,也是洞察到了智能驾驶与软件定义汽车的发展趋势。

因此,具有战略性成长的创业首先要对未来的创业趋势有良好的洞察力。历史上许多伟大的创业者之所以成功,都是因为他们具备一种超出常人的眼光和对发展趋势的敏锐性,从而捕捉到了伟大的创业趋势和机会。但是,今天我们有了越来越丰富的历史经验,有了越来越全面和实时的市场与行业数据,有了越来越强大的理论、方法和分析工具,我们就可以超越单纯依靠创业者个人的眼光,通过一些科学的方法来辅助我们对创业趋势的洞察与决策。

（二）创新模式

回顾历史上许许多多的创业案例可以发现，在一场大的创业浪潮来临时，大量创业企业涌入，但最终只有少数的创业企业生存和发展起来。如何才能成为这些少数的幸运者呢？最核心的是一件事：创新。创新不仅仅局限在产品和服务本身，更重要的是产品和服务背后的模式与战略，因为任何时代和行业的产品和服务都具有较大差异性，但商业模式、成长战略和经营管理的创新却具有一定的稳定性，并且通过众多案例的研究和总结变得有迹可循，让我们能从中发现规律并习得经验。

因此，今天的创业者不仅不要重复发明轮子，也无须完全重新创造发明轮子的方法，而更应在已有方法的基础上创新方法。本书认为具有战略性成长的创业企业要在三个方面持续创新：商业模式、成长战略、适合创业成长阶段的企业内部管理。

（三）优化资源

如果从企业资源观的角度来看，创业的本质是对资源的重新整合与优化，一个具有战略性成长的创业企业本质也是能对已有资源持续地进行创新整合与优化的。资源囊括的范围很广，本书主要从人力资源、金融资源与社会资本三个方面，来观察创业者思考问题的方式和创业企业整合资源的手段。

首先，从人力资源的角度来看，创业是创业者和团队不断成长的过程，这不仅体现在个体创业能力的提升，同时更体现在团队和整个组织在合作过程中协同能力和效率的提升。

其次，从金融资源角度来看，创业企业要根据创业成长的阶段和战略来有节奏、有策略地运用外部金融资源，因为在金融资源的渗透力和影响力越来越大的今天，创业要获得战略性持续成长必须借助金融资源的力量。

最后，从社会资本的角度来看，创业作为越来越重要的经济行为，已深深嵌入我们的社会行为活动中。因此，深入创业者和创业企业的社会行为中，我们可以更好地理解创业成功与失败的深层因素。

【本章小结】

本章主要对行业变革趋势的把握进行分析，主要结合行业的周期特征与行业的演变规律来分析。在此基础上，从创业企业成长的角度提出了一个包括不同层次影响因素的创业成长战略驱动框架。首先，对如何分析行业的周期特征进行了分析，主要从行业生命周期、创新扩散曲线、技术成熟度曲线三个理论展开。其次，对行业的演变规律进行了分析，分析了四种产业演变模式：渐进性演变模式、创新性演变模式、适度性演变模式、激进性演变模式。并从系统理论的角度，说明行业演变一般受宏观因素与微观因素,以及两者之间相互作用与协同等动力因素的影响。最后,从洞察趋势、创新模式和优化资源三个方面提出了创业企业持续成长的一个战略驱动框架。这个框架实际上也构成了本书的整体知识框架。

1. 行业生命周期对我们创业有什么借鉴意义?
2. 如何判断一个行业处于创新扩散周期哪一阶段?
3. 技术成熟度曲线比较适合用于对哪些行业的分析?
4. 不同的行业演变模式对创业企业成长战略有怎样的启示?
5. 请结合实际的行业来分析创业行业演变的驱动因素。

联邦快递的创业成长之路

美国联邦快递公司是全球规模最大的快递运输公司,服务范围涵盖的区域生产总值占全球生产总值的 90%,能在 24~48 个小时之内,提供户到户的清关服务,并承诺"保证准时,否则退钱"。

联邦快递公司有无可比拟的航空路线权以及良好的基础设施,为 211 个国家和地区提供运输服务,每日处理的货件量平均多达 330 万份。联邦快递的全球服务中心大约有 1 200 个,授权寄件中心超过 7 800 个,平均处理通话次数每天超过 50 万次,平均电子传输次数每天大约 6 300 万份。

从一个行业来说,联邦快递创新的快递行业不仅助力了 20 世纪 80 年代电子、电脑和信息等诸多创新行业的发展,同时也对今天全球电子商务等新兴行业的发展起到了重要推动作用,甚至已经改变了我们今天的生活方式。

传奇创始人弗雷德·史密斯

要真正了解联邦快递公司,先要从其创始人弗雷德·史密斯开始,其充满曲折和传奇的创业过程已是人们津津乐道的一段商界创业传奇。

弗雷德·史密斯从小学习成绩优异,15 岁就上了孟菲斯大学的预科。他喜欢结交朋友,非常有商业头脑,并且急于开创自己的生意。在学校期间他就与同学合伙,用 5 000 美元开了一间录音工作室。

1962 年,弗雷德·史密斯进入耶鲁大学攻读经济学和政治科学。1965 年,他通过研究分析美国的运输体系,设想用货运飞机来运输包裹以提高时效,为客户提供一种更高效、快捷的隔夜快递服务。他将自己的构想写成一篇不到 15 页的论文,这篇论文后来成为联邦快递创业的计划书。不过他的老师并不看好这篇论文,认为论文中的许多观点虽然有可取之处，但是行不通，最后给了他一个偏低的分数。

其实老师给他论文打低分也是有道理的。因为在 1978 年美国总统卡特宣布解除航空管制法之前，美国政府对航空运输业实行严格的管制，普通的美国公民或企业是不可能进入航空运输市场的。在 1965 年航空管制的情况下，他设想用货运飞机来运输包裹，在当时看来是不可能实现的，他的想法太超前了。然而这一切都没有改变他关于航空物流的创业想法。

1966 年，弗雷德·史密斯大学毕业后，加入美国海军陆战队并在越南服役。1969 年退役后，作为富二代的弗雷德·史密斯投入全部家产开始了他酝酿已久的创业想法。

创业雄心不断遇阻

1971 年，联邦快递公司在美国阿肯色州小石城创立。可是，弗雷德·史密斯做梦也没有想到，几周以后他得到的却是联邦储备系统拒绝接受隔夜快递服务的消息。用飞机为联邦储备系统快递票据的计划失败了，特地购买的两架飞机被闲置在机库里动弹不得，刚刚建立起来的联邦快递公司和年仅 26 岁的弗雷德·史密斯首战失利的沉重打击。

弗雷德·史密斯并没有因此而丧失信心，他以一个敢于创新、敢于冒险的杰出企业家的胆识和方式继续实现他的目标。弗雷德·史密斯根据再次调查的市场情况重新制订了营业计划。但是，这个计划却证明了他的大学老师对他的论文提出的批评：提供这种服务所需的巨大资金是任何新创办公司都难以承受的。

此时，弗雷德·史密斯表现出了一个企业家不可多得的胆识。他毅然决定把自己全部家产 850 万美元孤注一掷地投入联邦快递公司。然后，他竭尽全力对华尔街那些大银行家、大投资商进行游说。很快，他筹集到了 9 600 万美元，创下了美国企业界有史以来单项投入资本的最高纪录。

联邦快递开始向 25 个城市提供服务，但令人失望的是，第一天夜里运送的包裹只有 186 件。在开始营业的 26 个月里，联邦快递亏损 2 930 万美元，欠债主 4 900 万美元，联邦快递处在随时都可能破产的险境，公司的早期支持者打起了退堂鼓，不肯继续投资。

为得到美国邮政总局的合约，联邦快递公司在西部开辟了 6 条航线，在与其他企业的竞争中，它把价格杀压很低，以至使人怀疑它是否还有利润。

创业初期，公司运营困难重重，并出现严重亏损。到 1973 年 7 月的时候，公司已经亏损了数千万美元，同时还有数千万美元的负债，可以说已经陷入绝境。弗雷德·史密斯四处拜访投资人，寻求外部资金支持，但都被一一拒绝。

到 7 月中旬，账上只有 5 000 美元的弗雷德·史密斯，必须支付 24 000 美元的航空燃油账单。在弗雷德·史密斯的苦苦支撑下，联邦快递竟然奇迹般地一次次绝处逢生、死而复活。

走出创业困境

在困境中拼搏和挣扎的联邦快递终于遇到了意想不到的好运气。20世纪70年代，美国掀起了以放松管制为主要内容的规制改革运动。美国的放松管制首先在民航业取得成功。1974年，随着美国航空管制政策的松动，联邦快递公司的外部经营环境明显改善。1978年，美国总统卡特最终宣布解除航空管制法。

首先，政府解除了对航空运输业的限制，极大地增加了货运行业的运输量。由于对商业运输的需求猛增，国内主要货运机构对大城市的业务都应接不暇，根本就没有力量去满足小城市的要求，这就为联邦快递提供了重大的市场缺口，使它的业务量很快增加。解除航空管制后的美国民航业，解脱了束缚，活力大增。随着航空客货运资费的大幅度下降，市场业务量急剧上升。而此时一些老牌航空公司因为经营不善，走向破产。新进入的公司，因为适应市场形势，业务欣欣向荣。

另一个好消息是，1974年，联合包裹运输公司的员工长期罢工，终于使铁路快运公司破产。

这两件事都为联邦快递提供了发展公司业务、改善公司状况的好机会。

外部经营环境的改善和千载难逢的行业竞争格局，使联邦快递遇到了绝佳的发展机遇，公司为全国各地的客户运送零件、血浆、移植器官、药品等各种需要快递的物品，业务量一路飙升。

历经磨难的联邦快递终于在1975年首次实现盈利。1977年营业收入突破1亿美元，获纯利820万美元，联邦快递终于走出困境，并创造了奇迹。

1977年，弗雷德·史密斯被纽约一家杂志评选为全国十大杰出企业家，并称赞其"在短短的5年内，他那创新的营销体系以及成功的公众形象宣传使他一下子由一无所有变为营业额1.1亿美元、净利润820万美元的大企业家。"公司的进一步发展需要筹集更多的资金。弗雷德·史密斯决定，让公司的股票公开上市融资。1978年4月，联邦快递在纽约证券交易所正式挂牌，公开出售第一批股票。股票的发行，不仅筹集到购买飞机的巨资，而且使公司的早期投资者得到了回报。

1984年，联邦快递完成第一次收购行动，成功地收购了位于明尼苏达州明尼阿波利斯的吉尔科快递公司。紧接着，他在英国、荷兰和阿拉伯联合酋长国进一步实施收购计划。到20世纪80年代末期，联邦快递的年度营业收入超过35亿美元，纯利润1.76亿美元。

"员工永远是第一。"弗雷德·史密斯说，"我们很早就发现，顾客的满意度是从员工的满意开始的。在代表公司理念的口号——员工、服务、利润之中，就含有这种信念。"弗雷德·史密斯和其他联邦快递主管总是强调，员工永远是第一的。

弗雷德·史密斯曾经在他的军旅生涯中，受教于一位脾气乖戾的海军陆战队军官。这位军官告诫史密斯："上尉，只有三件事你必须记住——射击、行动和联络。"这一忠告，使弗雷德·史密斯在战场和商业中均受益匪浅。

熟悉联邦快递的人们，谁也无法否认联邦快递的员工对公司的忠诚，谁也无法估量这种忠诚对于公司的价值。弗雷德·史密斯说："善待员工，并让他们感受到公司真诚的关怀，便会得到全球一流的服务态度。"

弗雷德·史密斯采取的措施之一，是让每个员工都受到公平对待。"保证公平对待员工"的原则，"调查—回馈—行动"以及"保证公平对待"制度，让联邦快递得以落实"员工至上"的理念。联邦快递公司从理念的建立与实现的系统里，再度显现出员工与公司组织之间的紧密关系，以及公司人文策略的优势。

资料来源：罗杰·弗罗克. 联邦快递的生意经[M]. 武立东，译. 北京：机械工业出版社，2008.

思考题：
1. 你如何评价联邦快递公司的创业成长？
2. 请分析联邦快递公司创业成长的主要驱动因素。

创业成长篇

第四章

创业机会与创新成长

【名言集锦】

来而不可失者，时也；蹈而不可失者，机也。

——苏轼《代侯公说项羽辞》

故善出奇者，无穷如天地，不竭如江河。

——孙武《孙子兵法》

【本章学习目标】

1. 理解创业梦想与愿景的意义；
2. 理解创业机会的内涵与特征；
3. 了解创业机会的来源有哪些；
4. 掌握创业机会的评价方法；
5. 熟悉创业机会的识别步骤；
6. 提升把握创业机会的能力。

阿里巴巴：马云的创业梦想

马云 1964 年出生于杭州西子湖畔的一个普通家庭。1991 年他从杭州师范大学外语系毕业后，在杭州电子工业学院教英语。马云首次接触到互联网是在 1995 年初，当年马云作为浙江省交通厅的随同英语翻译出差来到美国。在美国西雅图，对计算机一窍不通的马云第一次接触互联网。这对马云来说这是一个新的冲击，马云敏锐地意识到：互联网必将改变世界！

看好互联网未来的马云回国后毅然下海，开始筹备创业。据马云回忆，"当时觉得互联网不错，就找了 24 个人到我家里，对着他们讲了 2 个小时，他们没听懂，我自己也没讲明白，最后说到底怎么样？其中 23 个人说算了吧，只有 1 个人说你可以试试看，不行赶紧逃回来。想了一晚上，第二天一早我还是决定继续做。"于是在 1995 年 4 月，马云创建了海博网络，并成为中国最早的互联网公司之一，产品就是中国黄页。马云每天出门就对人讲互联网的神奇，请人家同意付钱把企业的资料放到网上去。没有人相信他，1995年的杭州，人们不知道互联网是什么东西。在那段时间里，马云过的是一种被人视为骗子的生活。但是，马云的网站为上网的企业带来了客户，他的网站盈利了，1996年，公司营业额达到了700万元！

1997年，在国家外经贸部的邀请下，马云带着自己的创业班子来到北京，建立了外经贸部官方网站、网上中国商品交易市场、网上中国技术出口交易会、中国招商、网上广交会、中国外经贸等一系列国家级站点。当马云回顾这段经历时，不禁感慨："在这之前，我只是一个杭州的小商人。外经贸部的工作经历，使我知道了国家未来的发展方向，学会了从宏观上思考问题，我不再是井底之蛙。"

1998年，马云同他的团队离开北京，回杭州创业。

1999年年底的一个傍晚，马云在旧金山给尚在雅虎搜索研发部门担任主管的吴炯打电话："我有这样一个想法，想创业，想做一个网站。"马云在外经贸部工作时，发现内地有无数的中小制造企业，它们生产水平越来越高，工人工作非常努力，产品价格仍然很低，在国际市场上非常有竞争力，但是它们现在太缺乏信息了，甚至无法知道国际上哪些产品最有销路，信息不对称是最困扰它们的问题。马云觉得互联网是个绝妙的平台，可以为中国的中小企业解决这个信息不对称的问题。而且，一个中国小厂做出这些东西，其中大量利润被中间人拿走了，如果能够直接找到买家，这简直是所有中国工厂的福音。身在中国本土的马云，深深预感到了这个前所未有的商业大机会。

当时国内也正是互联网热潮涌动的时刻，但无论是投资商还是公众，注意力始终都放在门户网站上。马云在这个时候建立电子商务网站，在国内是一个逆势而为的举动，在整个互联网界开创了一种崭新的模式，后来被国际媒体称为继雅虎、亚马逊、易趣之后的第四种互联网模式。

六年后，马云如愿以偿，阿里巴巴成功地成为全球著名的B2B电子商务服务公司，为来自220多个国家和地区的600多万企业和商人提供网上商务服务，是全球首家拥有百万商人的商务网站。在全球网站浏览量排名中，稳居国际商务及贸易类网站第一。阿里巴巴两次被哈佛大学商学院选为MBA案例，在美国学术界掀起研究热潮，连续五次被美国权威财经杂志《福布斯》选为全球最佳B2B站点之一，多次被相关机构评为全球最受欢迎的B2B网站、中国商务类优秀网站、中国百家优秀网站、中国最佳贸易网，被国内外媒体、硅谷和国外风险投资家誉为与雅虎、亚马逊、易趣、美国在线比肩的五大互联网商务流派代表之一。阿里巴巴创始人、首席执行官马云被世界经济论坛选为"未来领袖"，被美国亚洲商业协会选为"商业领袖"，是50年来第一位成为《福布斯》封面人物的中国企业家，并曾多次应邀为全球著名高等学府麻省理工学院、沃顿商学院、哈佛大学讲学。

2014年9月19日，创业15年的阿里巴巴在美国纳斯达克宣布上市。马云将带有阿里巴巴公司logo的T恤赠送给了在场的嘉宾，上面印着他亲自选择的一句话："梦想还是要有的，万一实现了呢？"

资料来源：波特·埃里斯曼. 阿里传：这是阿里巴巴的世界[M]. 张光磊等，译. 北京：中信出版集团，2015.

案例启示

阿里巴巴的成功创业显示，一项伟大的事业可能最早就是源自一个梦想。早期对互联网技术创业机遇的识别与把握，是阿里巴巴创业成功极为重要的起点，正是这种改造世界的美好梦想或愿景持续推动着创业者去尝试与努力，并最终获得巨大的成功。案例的成功向我们充分展示，中国的创业者和企业要敢于梦想与憧憬，敢于把握住时代变革的大机遇，去开创能够影响和改变世界的大事业。

第一节 创业梦想与愿景

一、唤醒创业梦想

"理想很丰满，现实很骨感！"这句话用在创业上也非常恰当，起初的创业梦想会非常美好，但真正的创业现实却往往是残酷的。面对残酷的创业现实，能够支撑创业者坚持走下去的，往往又是当初美好的创业梦想。

人生充满着期待，梦想连接着未来。金山软件的雷军在功成名就之后，没有去享受创业的成功果实，而是怀着更大的创业抱负创建了小米科技。这是因为雷军从大学开始就一直有个梦想：建一个受世人尊敬的伟大企业。而且雷军坚信"人因梦想而伟大，只要有这么一个梦想，实现一个梦想，就此生无憾"。

2014年9月19日，阿里巴巴在美国上市，这时距离马云1999年创建阿里巴巴公司仅有15年。1992年马云从大学辞职创业后，先后创建过多家公司，创业过程中遇到了无数的失败和挫折，但他一直没有放弃，反而是越挫越勇，也正是因为心中的创业梦想让自己坚持下来。马云曾说："人可以10天不喝水，七八天不吃饭，2分钟不呼吸，但不能失去梦想1分钟。没有梦想比贫穷更可怕，因为这代表着对未来没有希望。一个人最可怕的是不知道自己干什么，有梦想就不在乎别人骂，知道自己要什么，最后才会坚持下去。"

为什么创业梦想这么重要？以至于许多投资者在决定项目投资决策之前，都要认真地问问创业者的梦想是什么。首先，梦想是创业的原动力。红杉资本创始人沈南鹏曾说："梦想更重要，不能仅仅为了赚钱创业，梦想是很多成功创业家背后的根本动因。"其次，梦想可以帮助创业者走出创业困境。挫折与失败是创业过程必然要面对的考验，如果创业者只依靠名利驱动，那是很容易在一个又一个的挫折与失败面前放弃的。最后，梦想可以凝聚创业团队。新东方创始人俞敏洪曾说："一块砖没有什么用，一堆砖也没有什么用，如果你心中没有一个造房子的梦想，拥有天下所有的砖头也是一堆废物。"一家优秀的公司往往靠梦想来凝聚人才和资源，阿里巴巴创始人马云一直在公司文化中强调，阿里巴巴的人不是为马云工作，而是要为自己的梦想工作。

二、构建创业愿景

三个人在同一个建筑工地做同样的工作。当问及从事何种工作时，每个人的答案却有所不同。第一个人说："我在把石头敲碎。"第二个人说："我在挣钱养家糊口。"第三个人说："我在修建一座伟大的教堂。"

管理大师彼得·德鲁克在50年前讲这个故事的本意是要说明什么样的人是真正的管理者，在他看来只有第三个人才是真正的管理者。因为他认为"每个管理人员的工作必须注重于企业整体的成功"，他们的职责就是要让企业的每个成员的贡献"都必须融成一体，产生出一种整体的业绩——没有隔阂，没有冲突，没有不必要的重复劳动"。

企业愿景（vision）有时也称企业远景，一般是由公司的创始人或高层管理提出，通过组织内部的讨论，获得组织一致的认同，形成大家愿意全力以赴的未来方向。愿景是描绘企业期望成为什么样子的一幅图景，从广义上讲，就是企业最终想实现什么目标。因此，愿景宣言清晰地描述了企业的理想状况，使企业的未来更加具体化。换言之，愿景指明了企业在未来想要前进的方向。愿景是一幅充满激情的"未来蓝图"，愿景反映了企业的价值观和渴望，帮助企业员工意识到在企业中他们应该去做的事情。如果企业的愿景简单、积极并充满感情，人们就能够意识到他们将要做什么，但是一个好的愿景也会给人以压力和挑战。

如果说创业梦想还有些虚无缥缈的话，那么创业愿景就能够更加清晰地为企业的未来发展指明方向。优秀的创业公司都是能够提炼出令人激动或向往的创业愿景的。例如，小米公司的愿景为"让每个人享受科技的乐趣"，华为公司的愿景为"丰富人们的沟通和生活"，阿里巴巴的愿景为"让天下没有难做的生意"。这些愿景能够很好地将公司内部员工凝聚起来，引导他们奋斗的方向。

梦想和愿景是创业者克服困难与障碍不断成长的强大动力源泉，但同时也要求创业者在创业长征路上能够做出正确的决策，并脚踏实地地走好每一步。这首先就需要创业者正确地识别和把握变革环境中出现的创业机遇，然后通过持续的创新将这一机遇变成现实。

第二节 创业机会的评价与选择

一、创业机会的特征与类型

(一)创业机会的特征

创业机会并没有一个严格统一的定义,不同人有不同的观点。百森商学院创业学教授蒂蒙斯认为创业机会是通过把资源创造性地结合起来,迎合市场需求(或兴趣、愿望)并传递价值的可能性。蒂蒙斯认为好的创业机会有四个特征:①能吸引顾客;②在商业环境中行得通;③必须在机会之窗的存在期间被实施;④你必须有资源和技能才能创立业务。创业机会往往还具有很大的不确定性,并可能伴随着风险,风险也成为创业机会的一个特征。因此,了解创业机会的这些重要特征,将更有助于我们判断创业机会的出现。

首先,创业机会具有创新性。根据德鲁克的观点,创业者学会通过发现和追求机遇来实践系统化的创新,这就是创业形成的过程。变化为创业者创造了一种机遇,不但能创造个人财富,而且能间接地为整个社会创造价值。德鲁克认为:"创新是体现创业的特定工具,是赋予了资源一种新的能力,使之成为创造财富的活动。实际上,创新本身就创造了一种资源。"因此,德鲁克对于创业的定义有其特定的侧重——创新。他将创业企业分为有创新的和没有创新的。例如,一个开发并营销新产品的人是有创新性的创业者,而一个街角的杂货店老板则不是。

其次,创业机会具有价值性。创业机会除了要具有创新性,更重要的是要具有价值性。价值性有多个层面:一是能给客户带来价值,给客户带来价值的关键是要能为客户解决问题,如果这些问题对客户来说非常重要,而且可能困扰客户很久了,那么其将非常具有价值。当然,这些问题也可能是客户现在没有遇到,但未来将要面对的重要问题。二是能给其他创业相关者带来价值,首先是要给创业者自身带来价值,此外对参与实现这些创业机会的相关组织和个人也应具有价值,如外部供应商等合作者。三是应具有一定的社会价值,从整个社会来看,越是具有价值的创业机会将具有越大的发展潜力,即使在短期内可能对部分利益相关者造成利益损害,但只要对社会发展有价值,这些创业机会最终可能会被挖掘出来。

最后,创业机会具有风险性。与价值性相对应的就是创业机会的风险性。首先,风险可能来自创业环境的不确定性。例如,①市场风险是由于市场情况的不确定性导致创业者或创业企业损失的可能性;②技术风险是由于技术方面的因素及其变化的不确定性而导致创业失败的可能性;③政治风险是由于战争、国际关系变化或有关国家政权更迭、政策改变而导致创业者或企业蒙受损失的可能性;④经济风险是由于宏观经济环境发生大幅度波动或调整而使创业者或创业投资者蒙受损失的风险。这些风险主要是由于外部客观环境的不确定性带来的。其次，风险也可来自创业者或创业企业的资源与能力的束缚。例如：①资源短缺风险。在大多数情况下，创业者不一定也不可能拥有所需的全部资源，如果创业者没有能力获得创业所需的相应资源，那么创业要么无法起步，要么在创业途中因弹尽粮绝而倒下。②管理能力风险。这是因创业企业管理不善产生的风险，如在战略规划上不具备出色的才能，或不擅长运营企业而效率低下，从而带来企业经营风险。此外，由于创业者的身体与心理素质等主观方面的因素也有可能导致创业失败。没有风险的创业机会在现实中是很少存在的，相反，高价值的创业机会往往越会伴随着高风险。

（二）创意、商机与创业机会

创业机会有其特定的内涵特征，但是有时容易把创业机会与其他的概念混淆，如创意和商机，下面介绍它们的关系。

1. 创意与创业机会的关系

创意起源于人类的创造力、技能和才华，创意来源于社会又指导着社会发展。创意被认为是逻辑思维、形象思维、逆向思维、发散思维、系统思维、模糊思维和直觉灵感等多种认知方式综合运用的结果。

但创意本身并不是创业机会，只有那些具有商业开发价值的创意才可能成为创业机会。能成为创业机会的创意需具备以下一些特征。

首先，具有新颖性。创业的本质是创新，创意的新颖性可以是新的技术和新的工艺，可以是差异化的解决方案，也可以是更好的措施。另外，新颖性还意味着一定程度的领先性。不少创业者在选择创业机会时，关注国家政策优先支持的领域就是在寻找领先性的项目。不具有新颖性的想法不仅将来不会吸引投资者和消费者，而且对创业者本人也不会有激励作用，同时新颖性还可以加大模仿的难度。

其次，具有价值性。有价值的创意绝对不会是空想，而要有现实意义，具有实用价值，简单的判断标准是能够开发出可以把握机会的产品或服务，而且市场上存在对产品或服务的真实需求，或可以找到让潜在消费者接受产品或服务的方法。有潜力的创意必须具备对用户与创业者的价值。创意要发展成为创业机会，其价值特征是最根本的，好的创意要能给消费者带来真正的价值。创意的价值要靠市场检验，好的创意需要进行市场测试。同时，好的创意必须给创业者带来价值，这是创业动机产生的前提。

2. 商机与创业机会的关系

商机是指商业机会，是我们在企业经营中经常听到的一个词语，那么商机是否就是创业机会呢？商机是一个含义较为广泛的词，实际上，对有商业价值的机会，我们都可以统称为商机。因此，商机是一个含义更为广泛的概念，因为它能包括创业机会这个概念，大多数创业机会都应具有商业价值。但是，不是说所有的商机都是创业机会。例如，精明的商人往往能发现市场中的套利机会，如果这种套利机会仅仅能帮商人赚上一笔钱，而不能让商人为此创建一家企业或一个较为稳定的组织，使之具有自我生存和发展的能力，则这就仅仅是一个商机，而不能视之为一个创业机会。

美国学者罗伯特·巴隆（Robert A. Baron）和斯科特·谢恩（Scott A. Shane）两位教授通过对创业机会深入研究后还发现，有些创业机会较为适合既有企业，有些创业机会较适合于新企业，这些研究观点在他们的著作中进行了详细的阐述，如表 4-1 所示。

表 4-1 适合于不同企业的创业机会

机会的特点	有利于谁	理由	例子
非常依赖于信誉	既有企业	人们更愿意从他们了解和信任的企业那里购买产品	珠宝商店
具有很强的学习曲线效应	既有企业	既有企业能够沿着学习曲线移动，更善于生产和销售产品	汽车制造商
需要大量资本	既有企业	既有企业可以使用已有现金流来生产新产品或服务	喷气式飞机制造商
需求规模经济	既有企业	当规模经济存在时，随着生产数量的增加，生产产品或服务的平均成本下降	钢厂
在市场营销和分销方面需要互补性资产	既有企业	满足顾客需求的能力经常要求获得零售分销渠道	跑鞋生产商
依赖于对产品的逐步改进	既有企业	同复制其产品或服务的新企业相比，既有企业能够更容易和更便宜地对产品进行逐步改进	DVD 播放器制造商
利用能力破坏型创新	新企业	既有企业的经验、资产和流程受到威胁	以生物技术为基础的计算机生产商
不满足既有企业的主流顾客的需求	新企业	既有企业关注于服务它们的主流顾客，而不愿意引入不能满足那些顾客需求的产品或服务	计算机软驱制造商
建立在独立创新的基础上	新企业	新企业能够开发独立创新的产品或服务而不必复制既有企业的整个系统	药品生产商
存在于人力资本当中	新企业	拥有知识的人能够生产出满足顾客需求的产品或服务	厨师

资料来源：巴隆，谢恩. 创业管理：基于过程的观点[M]. 张玉利，谭新生，陈立新，译. 北京：机械工业出版社，2005.

（三）创业机会的类型

1. 葛佐斯的四分类

根据葛佐斯（Getzels）关于创造性的理论，可以按照机会的来源和发展程度来对机会加以分类，如图 4-1 所示。

市场需求可能是已识别的（已知的）或未能识别的（未知的），资源和能力可能是确定的或未确定的。确定的资源和能力包括一般的知识，对人力资源、金融资源情况

类型		市场需求	
		未识别	已识别
资源和能力	不确定	I 梦想	II 问题解决
	确定	III 技术转移	IV 企业形成

图 4-1 机会的类型

的了解或对自然资源（如产品/服务的技术条件）的情况了解。在这个矩阵中，市场需求表示存在的问题，资源和能力表示解决问题的方法。

（1）机会类型 I：梦想型。此类型处于矩阵左上方，市场需求未被识别且资源和能力不确定（问题及其解决方法都未知），表现的是艺术家、梦想家、设计师和发明家的创造性。他们感兴趣的是将知识的发展推向一个新方向和使技术突破现有限制。

（2）机会类型 II：问题解决型。此类型处于矩阵右上方部分，市场需求已识别但资源和能力不确定（问题已知，但其解决方法仍未知），描述了有条理地收集信息并解决问题的情况。在这种情况下，机会开发的目标往往是设计一个具体的产品/服务以适应市场需求。

（3）机会类型 III：技术转移型。此类型处于矩阵左下方部分，市场需求未得识别但资源和能力确定（问题未知，但可获得解决方法），包括我们常说的"技术转移"的挑战，如寻找应用领域和闲置的生产能力。这里的机会开发更多强调的是寻找应用的领域而不是产品/服务的开发。

（4）机会类型 IV：企业形成型。此类型处于矩阵右下方部分，市场需求已识别且资源和能力已确定（问题及其解决方法都已知），这里的机会开发就是将市场需求与现有的资源匹配起来，形成可以创造并传递价值的新企业。

从理论上来说，这个矩阵描述了一个发展的过程：从问题和解决方法都未知（左上方部分）到已知问题或解决方法（右上方和左下方部分），再到两者都已知（右下方部分）。从理论上来说，在问题及其解决方法有一个未知或两者都未知的情况下形成的企业，其成功的概率比两者都已知的情况下形成的企业成功的概率要小。

2. 毕海德的两分类

阿玛尔·毕海德（Amar V. Bhide）把新企业的形成分成两类，如表 4-2 所示，一类是由个别企业家创办的新企业，另一类是由大公司创新活动形成的新企业。两类公司在禀赋与约束、机遇的性质、对调整的依赖、获取资源等方面都有不同特征，且存在差异化因素。毕海德认为这两类代表了创业的两个极端，还有许多创业属于这两个极端之间，或者处于演化过程之中。

表 4-2　有前途的新企业与大公司的创新

因　素	有前途的新企业	大公司的创新
禀赋与约束	缺少创意，缺乏经验，严重的资本约束	资本充足，但是面临严格的制衡机制
机遇的性质	低的事前投资，低的可能利润，高的不确定性	高的事前投资，高的可能利润，低的不确定性
对调整的依赖	普遍依靠适应性调整，有限的事前计划和研究	详尽的事前计划和调整，有限的适应性调整
获取资源	企业家将风险转移，或者分摊给资源提供者	公司（也就是股东）承担风险，并做出承诺
差异化因素	企业家的调整能力，以及说服资源提供者的能力	众多员工和职能部门的合力，初始概念的合理性

资料来源：毕海德. 新企业的起源与演进[M]. 魏如山，马志英，译. 北京：中国人民大学出版社，2004.

二、创业机会的来源与识别

（一）德鲁克眼中的创新来源

德鲁克曾用一句话对创新的来源进行概括：所有的创新机会都来自外界环境的变化。这是对创新来源最清晰也最简单的界定。他进一步把"外界的变化"分成七个方面，每一个方面都是创新机会的一个来源，并逐一分析了每种来源的特点和利弊。在德鲁克看来，发现创新机会是一套有目的、有系统的办法，这套发现创新机会的办法是可以教授和学习的。

第一，出乎意料的事件或结果。出乎意料的成功意味着该组织趋向或转向一个新的或更大的市场。出乎意料的成功一开始往往被看作不合时宜或是有问题的。如果具备了成功的前提条件，但还是出现了出乎意料的失败，这种失败也意味着能通过创新将其变为机遇，因为失败的原因可能是出乎意料或是令人吃惊的，因此一般很难用分析和数据方法查找。一个出乎意料或是突然的外部事件可能创造一个重大的机遇。

第二，不一致之处。当事情与人们设想的不同时，当某些事情无法理喻时，这通常表明存在着一种有待认识的变化。不一致之处对圈内人士来说是很显眼的，但由于它们常与世人的观点不相称，故而常被忽略。对于生产集中的小型组织，如创业型公司，不一致之处产生的机遇往往巨大。

第三，来自流程的需要。流程需要通常十分明显，因此，创新者总在力图解决某流程中的一个瓶颈或薄弱环节。有时，针对流程的创新可以利用新技术知识，或用更好的流程代替原来较为烦琐的流程。评估流程需要时，须考虑三条要求：除非清楚地了解该需要，否则就无法满足需要；所需知识是能够获得的；解决的办法与操作者的期望是一致的。

第四，工业/市场结构中出乎意料的变化。一个稳定的工业或市场结构可能突然地、出乎意料地发生变化，这就要求其成员作出创新以适应新环境。这些变化为圈外成员创造了显而易见的巨大机遇，也对圈内成员构成威胁。要预见工业结构的变化，需要查看这一行业是否出现快速增长，领导者是否制定了不协调的市场细分战略，是否出现了技术趋同，业务做法是否有迅速变化等迹象。

第五，人口状况。人口规模和结构上的变化，如教育程度、年龄或某一群体数量上的增加，往往显而易见。这些变化能迅速发生，并对市场产生戏剧性的影响，但各公司却很少会密切监控或在日常决策中考虑到人口变化。由于人口变化易于出现却又常常被决策者忽视，它们为创新者提供了许多机遇。

第六，观念。人们对自己的看法若发生转变，也能创造机遇。立足已稳的公司往往难以认识到人们看法上的转变，因此，基于观念转变上的创新往往很少有竞争对手。出乎意料的成功或失败可能意味着观念上的变化，通过调查可以发现观念的变化以及其涉及多大的范围。德鲁克建议，由观念转变而创新应从具体化开始，并从小规模开始。

第七，新知识。许多组织在各种创新来源中强调新知识，因为它引人注目、令人兴奋，但同时它也难以管理、无法预见、花费较高，而且有生产准备时间长的特点。以新知识为基础的创新经常会失败，因为一个领域的突破经常需要其他各领域同时突破，新知识才能发挥其作用。因为新知识要求在技术和社会各领域都与其协调一致，所以一个组织难以成功地引进以新知识为基础的创新。

（二）《科学投资》期刊的调研观点

《科学投资》期刊研究了上千个创业案例，其中亲自走访的创业者有数百人，发现这些创业者的创业思路有几个共同来源。

第一，职业。俗话说，不熟不做。由原来所从事的职业下海，对市场与行业的运作规律、技术、管理等情况都非常熟悉，这样的创业活动成功的概率很大。这是最常见的一种创业思路的来源。

第二，阅读。包括阅读书、报纸、杂志等。比亚迪创立者王传福的创业灵感来自一份国际电池行业动态信息。1993年的一天，王传福在一份国际电池行业动态简报上读到，日本宣布本土将不再生产镍镉电池，王传福立刻意识到这将引发镍镉电池生产基地的国际大转移，意识到自己创业的机会来了。果然，随后的几年，王传福利用日本企业撤出留下的市场空隙，加之自己原先在电池行业多年的技术和人脉基础，做得顺风顺水，财富迅速积累，并于2002年进入《福布斯》中国富豪榜。另一位财富英雄郑永刚，据说将企业做起来后，已经不太过问企业的事情，每天大多时间都花在读书看报和思考企业战略上面。很多人将读书与休闲等同，但创业者一定要意识到，阅读就是工作，是工作的一部分。

第三，行路。俗话说："读万卷书，行千里路。"行路，即各处走走看看，是开阔眼界的好方法。《福布斯》中国女富豪之一的沈爱琴，说自己最喜欢的就是出国，出国不是为了玩，而是去增长见识，更好地领导企业。在《科学投资》研究的案例中，有两成以上创业者最初的创业创意来自他们在国外的旅行、参观和学习。如果你是一个创业者，开阔眼界意味着你不但在创业伊始可能有一个比别人更好的起步，有时候它甚至可以挽救你和你企业的命运。眼界的作用，不仅表现在创业者的创业之初，它会一直贯穿于创业者的整个创业历程。一个创业者的眼界有多宽，他的事业也就会有多大。

第四，交友。很多创业者最初的创业点子是在朋友启发下产生，或是由朋友直接提出的。因此，这些人在创业成功后，都会更加积极地与从前的朋友保持联系，并且广交天下朋友，不断地开拓自己的社交圈子。时尚蜡烛领头羊山东金王集团创始人陈索斌的创业点子，便来自一次在朋友家中的闲谈。昆明最大的汽车配件公司新晟源老板何新源，保持着和朋友在茶楼酒馆喝茶谈天的爱好，并称其为"头脑风暴"。这样他能够不断有新思路、新点子，生意越做越大、越做越好。

三、创业机会的评价与选择

（一）蒂蒙斯创业机会评价框架

美国百森商学院教授蒂蒙斯总结概括了一个评价创业机会的框架，其中涉及八大类53项指标。尽管蒂蒙斯也承认，现实中有成千上万适合创业者的特定机会，但未必能与这个评价框架相契合。但他的这个框架是目前包含评价指标比较全面的一个体系，如表4-3所示。

表4-3 蒂蒙斯创业机会评价框架

| 一、行业与市场
1. 市场容易识别，可以带来持续收入
2. 顾客可以接受产品或服务，愿意为此付费
3. 产品的附加值高
4. 产品对市场的影响力大
5. 将要开发的产品生命长久
6. 项目所在的行业是新兴行业，竞争不完善
7. 市场规模大，销售潜力达到1 000万～10亿元
8. 市场成长率为30%～50%，甚至更高
9. 现有厂商的生产能力几乎完全饱和
10. 在5年内能占据市场的领导地位，达到20%以上
11. 拥有低成本的供货商，具有成本优势
二、经济因素
1. 达到盈亏平衡点所需要的时间在1.5年以下
2. 盈亏平衡点不会逐渐提高 | 3. 投资回报率在25%以上
4. 项目对资金的要求不是很高，能够获得融资
5. 销售额的年增长率高于15%
6. 有良好的现金流量，能占到销售额的20%以上
7. 能获得持久的毛利，毛利率要达到40%以上
8. 能获得持久的税后利润，税后利润率要超过10%
9. 资产集中程度低
10. 运营资金不多，需求量是逐渐增加的
11. 研究开发工作对资金的要求不高
三、收获条件
1. 项目带来的附加价值具有较重要的战略意义
2. 存在现有的或可预料的退出方式
3. 资本市场环境有利，可以实现资本的流动 |

续表

四、竞争优势 1. 固定成本和可变成本低 2. 对成本、价格和销售的控制较强 3. 已经获得或可以获得对专利所有权的保护 4. 竞争对手尚未觉醒，竞争较弱 5. 拥有专利或具有某种独占性 6. 拥有发展良好的网络关系，容易获得合同 7. 拥有杰出的关键人员和管理团队 **五、管理团队** 1. 创业者团队是一个优秀管理者的组合 2. 行业和技术经验达到了本行业的最高水平 3. 管理团队的正直廉洁程度能达到最高水准 4. 管理团队知道自己缺乏哪方面的知识 **六、致命缺陷** 不存在任何致命缺陷 **七、创业家的个人标准** 1. 个人目标与创业活动相符合 2. 创业家可以做到在有限的风险下实现成功	3. 创业家能接受薪水减少等损失 4. 创业家渴望进行创业这种生活方式，而不只是为了赚大钱 5. 创业家可以承受适当的风险 6. 创业家在压力下状态依然良好 **八、理想与现实的战略性差异** 1. 理想与现实情况相吻合 2. 管理团队已经是最好的 3. 在客户服务管理方面有很好的服务理念 4. 所创办的事业顺应时代潮流 5. 所采取的技术具有突破性，不存在许多替代品或竞争对手 6. 具备灵活的适应能力，能快速地进行取舍 7. 始终在寻找新的机会 8. 定价与市场领先者几乎持平 9. 能够获得销售渠道，或已经拥有现成的网络 10. 能够允许失败

资料来源：蒂蒙斯，等. 创业学[M]. 周伟民，吕长春，译. 6 版. 北京：人民邮电出版社，2005.

（二）马林斯的创业机会测试模型

伦敦商学院创业学教授约翰·W. 马林斯（John W. Mullins）提出了一个创业机会评估的测试模型，该模型从 7 个方面对创业机会进行测试，如图 4-2 所示。创业者在创业前须对这 7 个方面进行测试，以考量创业是否可行，测试主要涉及宏观和微观方面的 30 个问题，如表 4-4 所示。

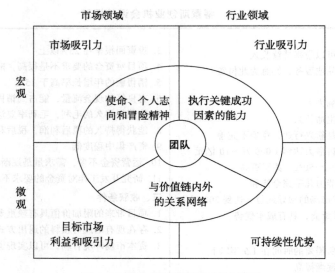

图 4-2　马林斯创业机会测试模型

表 4-4　马林斯创业测试模型的主要问题

测试阶段	测 试 内 容
第一阶段： 目标市场利益和吸引力	1. 你的产品或服务能解决消费者的什么难题？消费者购买的动机有多强烈？ 2. 你的产品能提供其他解决方案所不能提供的什么利益？ 3. 有难题的消费者是谁？能否清晰地描绘出消费者的特征？ 4. 你能提供什么样的证据来证明你的目标市场有发展的潜力？ 5. 其他什么样的细分市场能从相关产品获益呢？ 6. 你有开发出从一个细分市场转换到另一个细分市场的能力吗？
第二阶段： 市场吸引力	7. 你想要什么样的企业？一家具备成为大企业潜力的企业，还是一家服务于小市场的小店？ 8. 你要服务的市场有多大？ 9. 它在过去的几年（1年/3年/5年）里的发展速度如何？ 10. 什么样的经济、人口、社会文化、技术、规章制度或自然趋势将会影响你所在的市场？这些趋势将对你的企业产生什么影响？有利还是不利？
第三阶段： 行业吸引力	11. 你将进入什么行业里参与竞争？给它认认真真地下个定义。 12. 公司要进入这个行业是容易还是困难？ 13. 这个行业的供应商有没有能力来制定条款和细则？ 14. 购买者有没有能力来制定条款和细则？ 15. 替代产品容易窃取你的市场吗？ 16. 行业现有的竞争状况是激烈还是温和？ 17. 基于波特五力模型，你对本行业的整体评价如何？有多么吸引人或多么不吸引人？ 18. 如果你的行业整体表现不好，有没有让人信服的理由说明你为什么会不同？
第四阶段： 可持续性优势	19. 你是否具有其他公司不可能复制或模仿的专有因素？例如专利或商业秘密等。 20. 你是否具有其他公司很难复制或模仿的优越组织流程、能力或资源？ 21. 你企业的商业模式是否经济可行？
第五阶段： 使命、个人志向和冒险精神	22. 决定成立何种企业或服务于何种市场的使命是什么？ 23. 要追求何种程度的成就和个人志向？ 24. 你愿承担什么样的风险以及能何种程度的风险？
第六阶段： 执行关键成功因素的能力	25. 你所在行业的几个关键成功因素是什么？你有什么证据证明你已经准确地找到了它们？ 26. 你能证明你的团队能够执行每一个关键成功因素吗？ 27. 对于不能执行的关键成功因素，你如何处理？
第七阶段： 与价值链内外的关系网络	28. 你和你的团队认识价值链上游可能会成为你的目标企业和竞争对手的供应商中的什么人？认识其他行业提供替代产品的公司的供应商中的什么人？ 29. 你和你的团队认识价值链下游现在和将来要瞄准的消费者中的什么人？ 30. 你和你的团队认识价值链之外竞争对手和提供替代产品的公司中的什么人？

资料来源：马林斯. 创业测试：企业家及经理人在制定商业计划前应该做些什么[M]. 石建峰, 译. 北京：中国人民大学出版社，2004.

（三）创业机会的选择

创业者经常面临的一个诱惑是：创业机会太多。满眼看去都是市场机会，如何选择一个好的创业机会，往往不是一件容易的事。创业机会的选择没有一个量化的标准，但可以参考下面一些成功创业的经验。

（1）兴趣与激情。你对创业所做的事情从内心感兴趣和充满激情。

（2）需求与价值。你的产品或服务有可观的潜在消费需求与价值。

（3）能力与资源。你有相应的能力与资源来实现你的创业项目。

（4）趋势与潜力。你创业选择的项目顺应了未来的发展趋势，并具有非常大的潜力。

随着创业的人越来越多，创客们把"玩"变成了一个创业、创新产品的机会，这种"玩"的创业态度将是未来年轻创业者的一个趋势，"玩"不仅可以发现新的需求与机会，还可以让创业者自己的潜力和天赋得以发掘。因此，一项成功的创业机会选择往往具有上述四个特征。

拓展阅读 4.1　创客：把"玩"变成创新创业机会

四、创业风险的类型与识别

随着中国政府"大众创业、万众创新"号召的推出，人们普遍相信，在政府的大力支持和鼓励下，"创业"将成为 21 世纪中国经济的一个时代潮流，人们将会面对更多的创业机遇。但人们同时也担忧创业面临的风险，从历史和统计数据来看，创业成功毕竟是小概率事件，大多数的创业企业最终都以失败告终，因为一个创业企业的成功需要在很多的经营决策中选择正确的决策，而只要有一个重要决策失误往往就可能造成创业的失败。

大多数人之所以不敢创业，就是因为看到了创业所面临的巨大风险。从认知学的角度来看，创业者之所以采取风险行为，是因为他们感知到的风险比大多数人感知到的风险小。也就是说，大多数创业者进行创业，在其他人看来是在采取冒险行为，在他本人看来却没冒什么风险。在某种程度上这种认知偏差能更加促成创业活动的活跃和蓬勃发展。但同时，作为一个创业者，还是应该用客观的态度来认真审视创业要面对的各种风险，以减小创业失败的可能性。

（一）创业风险的类型

创业企业面临的风险是多方面的，其来源可能是多方面的：可能来自客观外部环境的不确定性，如经济、技术和政策环境的不确定；也可能来自创业者自身的主观因素，如创业能力、团队管理和法律纠纷等。从已有的创业案例分析来看，创业面临的主要风险有以下几个方面。

第一，资金风险。资金风险主要是指创业过程中融资不能满足创业投资需求而造成的创业失败，资金风险在创业的整个过程中都可能存在。商业运转时，若得不到足够的资金支持，很容易造成某个环节运转瘫痪，使整个创业项目暂停。尤其是大多数大学生创业启动资金不足，缺乏对财务的分析能力，没有足够的流动资金去应对企业的正常运转，导致创业中止。

第二，技术风险。技术风险是指由于技术方面的因素及其变化的不确定性而导致创业失败的可能性。造成技术风险的主要原因包括：一是技术成功的不确定性，一项创新技术从研究开发到市场化、产品化需要一个过程，而这一过程中任何一项障碍都可能导致产品创新前功尽弃，走向失败；二是技术前景和技术寿命的不确定性，如果赖以创新的技术不能在企业寿命周期内实现工业化，收回成本并产生利润，必然导致企业失败；三是技术效果的不确定性，一项高新技术，即使能成功地开发和生产，如果达不到预期的社会效果，也会给企业造成致命损失。

第三，团队风险。团队的力量越来越被现代企业所重视。创业团队一般是企业在初期或发展过程中最重要的力量来源。优秀的创业团队有助于企业的快速发展，同时也存在着风险。如果没有共同的愿望和目标，就不能形成和谐与共的创业团队；没有明确的制度规范和执行机制、团队角色分配不合理，都是导致创业团队最终走向分崩离析的重要因素。

第四，管理风险。管理风险是指创业者在创业期，由于管理、决策不到位而造成的不确定性和损失。在创业中期，管理的难度增加通常由人员剧增、生产规模扩大、市场区域拓展等因素造成。创业失败者往往是在管理方面出现了问题，如决策随意、理念不清、用人不当、盲目跟风、意志薄弱等。

第五，市场风险。市场风险是指因价格、利率、汇率等市场因素的变动而导致价值潜在损失的可能性。故市场风险又包括价格风险、权益风险、汇率风险、利率风险、商品风险等。从市场风险形成的原因来看，市场风险主要包括四个方面：一是市场需求的不确定性导致的风险，二是市场接受时间的不确定性导致的风险，三是市场价格的不确定性导致的风险，四是市场战略的不确定性导致的风险。市场突变，消费者购买力下降，市场份额急剧下降，汇率利率下降，出现反倾销、反垄断指控等都是市场风险存在的外在表现形式。

（二）创业风险的识别方法

风险的识别在不同的领域有许多较为实用可行的方法，创业企业可以充分借鉴。这里我们简单介绍几个创业企业可以有效应用的主要方法。

1. 流程分析法

流程分析法，又称生产流程图法。生产流程一般指在生产工艺中，从原料投入到成品产出进行加工的整个过程。该种方法强调根据不同的流程，对每一阶段和环节，逐个进行调查分析，找出风险存在的原因。流程分析法不仅可以对生产流程风险进行识别，也可以对服务流程涉及的风险进行识别。

2. 分解分析法

分解分析法是指将复杂的事物分解为多个比较简单的事物，将大系统分解为具体的组成要素，从中分析可能存在的风险及潜在的威胁。对于一些较复杂的项目，可以借助层次分析法，将风险由大到小、由高层到低逐层分解。

3. 风险专家调查列举法

借助风险专家人员的知识和经验，将创业可能面临的风险逐一列出，并根据不同的标准进行分类。专家的领域尽可能覆盖面广一些，充分涉及内部与外部、市场与非市场、财务或非财务、政治因素、经济因素或技术因素等方面。

第三节 创新的类型、过程与思维方法

一、创新的类型

创业的核心特征是创新，创业从本质上讲是一种创新行为。创新理论鼻祖熊彼特界定的五种创新类型，主要涵盖了企业的产品创新、生产工艺创新、市场创新、渠道创新和组织创新。实际上，现在企业创新行为的内涵与形式已大大拓展。随着经济和技术的发展，产业兴衰交替，不同产业的价值链也不断演化，新的经济形式和组织令人目不暇接，而且可以预计，随着社会经济和科学技术的不断发展，未来的创新将以人们难以想象和预测的速度出现。因此，创业也将会在更大范围和领域中成为一种必然。

德布林咨询公司在研究了近 2 000 个最佳创新案例后发现，历史上所有伟大的创新都是十种基本创新类型的某种组合，并由此开发出"创新的十种类型"框架，引领企业向更有序、更可靠的创新迈进了一大步。

（1）盈利模式创新。盈利模式创新是指公司寻找全新的方式将产品和其他有价值的资源转变为现金。这种创新常常会挑战一个行业关于生产什么产品、确定怎样的价格、如何实现收入等问题的传统观念。

（2）网络创新。在当今高度互联的世界里，没有哪家公司能够独自完成所有事情。网络创新让公司可以充分利用其他公司的流程、技术、产品、渠道和品牌。

（3）结构创新。结构创新是通过采用独特的方式组织公司的资产来创造价值。它可能涉及从人才管理系统到重型固定设备配置等方方面面。结构创新的例子包括建立激励机制、鼓励员工朝某个特定目标努力、实现资产标准化从而降低运营成本和复杂性，甚至创建企业大学以提供持续的高端培训。

（4）流程创新。流程创新涉及公司主要产品或服务的各项生产和运营活动。这类创新需要彻底改变以往的业务经营方式，使得公司具备独特的能力、高效运转、迅速适应新环境，并获得领先市场的利润率。流程创新常常构成一个企业的核心竞争力。

（5）产品性能创新。产品性能创新指的是公司在产品或服务的价值、特性和质量

方面进行的创新。这类创新既涉及全新的产品，也包括能带来巨大增值的产品升级和产品线延伸。产品性能创新常常是竞争对手最容易效仿的一类。

（6）产品系统创新。产品系统创新是将单个产品和服务联系或捆绑起来创造出一个可扩展的强大系统。产品系统创新可以帮助你建立一个能够吸引并取悦顾客的生态环境，并且抵御竞争者的侵袭。

（7）服务创新。服务创新保证并提高了产品的功用、性能和价值。它能使一个产品更容易被试用和享用，它为顾客展现了他们可能会忽视的产品特性和功用，它能够解决顾客遇到的问题并弥补产品体验中的不愉快。

（8）渠道创新。渠道创新包含了将产品与顾客和用户联系在一起的所有手段。虽然电子商务在近年来成为主导力量，但是诸如实体店等传统渠道还是很重要——特别是在创造身临其境的体验方面。这方面的创新老手常常能发掘出多种互补方式以将他们的产品和服务呈现给顾客。

（9）品牌创新。品牌创新有助于保证顾客和用户能够识别、记住你的产品，并在面对你和竞争对手的产品或替代品时选择你的产品。好的品牌创新能够提炼一种"承诺"，吸引买主并传递一种与众不同的身份感。

（10）顾客契合创新。顾客契合创新是要了解顾客和用户的深层愿望，并利用这些了解来发展顾客与公司之间富有意义的联系。顾客契合创新开辟了广阔的探索空间，帮助人们找到合适的方式把自己生活的一部分变得更加难忘、富有成效并充满喜悦。

二、新产品开发过程

尽管创新的形式会以很快的速度不断拓展，但产品和服务的创新依旧是创新的一个主阵地，了解和掌握产品和服务开发管理是创业企业创新发展的基础。美国雷鸟商学院的创业学教授罗伯特·赫里斯（Robert D. Hisrich）等人提出新产品开发过程有五个主要阶段：创意阶段、概念阶段、产品开发阶段、市场测试阶段和商业化阶段，商业化阶段涵盖产品生命周期。如图 4-3 所示。

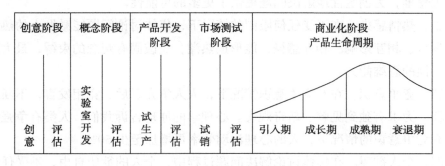

图 4-3　产品计划与开发过程

资料来源：赫里斯，等. 创业管理[M]. 北京：机械工业出版社，2009.

（1）创意阶段。应选择有发展潜力的新产品或新服务创意，剔除不切实际的创意，使企业的资源得到最大限度的利用。

（2）概念阶段。通过与消费者交流，对在产品构思阶段确定有潜力的新产品创意进行测试，确定新产品是否能被消费者接受。

（3）产品开发阶段。把制造的样品发给一组潜在的消费者，让他们对其使用情况进行记录，并对其优缺点加以评价，以确定消费者对新产品或服务的反应。

（4）市场测试阶段。选择一部分市场进行测试，以了解消费者对产品的接受程度，提高商业化成功的可能性。

（5）商业化阶段。产品正式投放市场，同时，也意味着产品生命周期的开始。产品开始经历引入期、成长期、成熟期和衰退期。

三、创新的思维方法

创新的思维方法有很多，如逆向思维法、想象法、组合法、模仿法和移植法等。以下我们主要阐述头脑风暴法和德尔菲法，它们在激发团队的创新思维上具有优势。

（一）头脑风暴法

头脑风暴法可分为直接头脑风暴法（通常简称为头脑风暴法）和质疑头脑风暴法（也称反头脑风暴法）。前者是由专家群体决策尽可能激发创造性，产生尽可能多的设想的方法，后者则是对前者提出的设想、方案逐一质疑，分析其现实可行性的方法。采用头脑风暴法组织群体决策时，要集中有关专家召开专题会议，主持者以明确的方式向所有参与者阐明问题，说明会议的规则，尽力创造融洽轻松的会议气氛。主持者一般不发表意见，以免影响会议的自由气氛，由专家们"自由"提出尽可能多的方案。头脑风暴激发创新思维有以下要点。

第一，联想反应。联想是产生新观念的基本过程。在集体讨论问题的过程中，每提出一个新的观念，都能引发他人的联想，相继产生一连串的新观念，产生连锁反应，形成新观念堆，为创造性地解决问题提供了更多的可能性。

第二，热情感染。在不受任何限制的情况下，集体讨论问题能激发人的热情。人人自由发言、相互影响、相互感染，能形成热潮，突破固有观念的束缚，最大限度地发挥创造性的思维能力。

第三，竞争意识。在有竞争意识情况下，人人争先恐后、竞相发言，不断地开动思维机器，力求有独到见解、新奇观念。心理学的原理告诉我们，人类有争强好胜心理，在有竞争意识的情况下，人的心理活动效率可增加至少 50%。

第四，个人欲望。在集体讨论解决问题过程中，个人的欲望自由，不受任何干扰和控制，是非常重要的。头脑风暴法有一条原则：不得批评仓促的发言，甚至不许有任何怀疑的表情、动作、神色。这就能使每个人畅所欲言，提出大量的新观念。

运用头脑风暴法有以下五个核心步骤。

第一步：准备阶段。在开会前要做好准备工作。①主持人应事先对所议问题进行一定的研究，弄清问题的实质，找到问题的关键，设定所要达到的目标。②确定参加会议人员，一般以 8～12 人为宜。会议人数太少不利于交流信息、激发思维；而会议人数太多则不容易控制，并且每个人发言的机会相对减少，也会影响会议现场气氛。③将会议的时间、地点、要解决的问题、可供参考的资料和设想、需要达到的目标等事宜一并提前通知与会人员，让大家做好充分的准备，以便其了解议题的背景和外界动态。④布置会议现场，座位排成圆形的环境往往比教室式的环境更为有利。

第二步：热身阶段。这个阶段的目的是创造一种自由、宽松、祥和的氛围，以便活跃气氛，使大家得以放松，进入一种无拘无束的状态，促进思维。主持人宣布开会后，先说明会议的规则，然后随便谈点有趣的话题或问题，让大家的思维处于轻松和活跃的境界。比如说说笑话、猜个谜语、听一段音乐等。

第三步：明确问题。主持人扼要地介绍有待解决的问题。介绍时须简洁、明确，不可过分周全，否则过多的信息会限制人的思维、干扰思维创新的想象力。

第四步：畅谈阶段。畅谈是头脑风暴法的创意阶段，为了使大家能够畅所欲言，需要制定一些规则。主持人首先要向大家宣布这些规则，如果时间允许，可以让每个人先就所需解决的问题独立考虑 10 分钟左右。随后引导大家自由发言、自由想象、自由发挥，使彼此相互启发、相互补充，真正做到知无不言、言无不尽。可以按顺序"一个接一个"轮流发表意见，如轮到的人当时无新构想，可以跳到下一个。在如此循环下，新想法便一一出现。与会人员每讲出一个主意、方案，由速记员马上写在白板上，使每个人都能看见，以利于激发出新的方案。经过一段讨论后，大家对问题已经有了较深程度的理解。为了使大家对问题的表述能够具有新角度、新思维，主持人或速记员要对发言记录进行归纳、整理，找出富有创意的见解，以及具有启发性的表述，供下一步头脑风暴时参考。

第五步：筛选阶段。通过组织头脑风暴畅谈，往往能获得大量与议题有关的设想。至此任务只完成了一半，更重要的是对已获得的设想进行整理、分析，以便选出有价值的创造性设想来加以开发实施，即设想处理。设想处理的方式有两种：一种是专家评审，可聘请有关专家及学员代表若干人（5 人左右为宜）承担这项工作。另一种是二次会议评审，即所有与会人员集体进行设想的评价处理工作。通过评审将大家的想法整理成若干方案，经过多次反复比较，最后确定 1～3 个最佳方案。

（二）德尔菲法

德尔菲法最初产生于科技领域，后来逐渐被应用于任何领域的预测，如军事预测、人口预测、医疗保健预测、经营和需求预测、教育预测等。此外，还用来进行评价、决策、管理沟通和规划工作。

德尔菲法也称专家调查法，是一种采用通信方式分别将所需解决的问题单独发送到各个专家手中征询意见，回收汇总全部专家的意见，并整理出综合意见，再将该综合意见和预测问题分别反馈给专家，再次征询意见，各专家依据综合意见修改自己原有的意见，然后再汇总，这样多次反复，逐步取得比较一致的预测结果的决策方法。

德尔菲法依据系统的程序，采用匿名发表意见的方式，即专家之间不得互相讨论，不发生横向联系，只能与调查人员发生关系，通过多轮次调查专家对问卷所提问题的看法，经过反复征询、归纳、修改，最后汇总成专家基本一致的看法，作为预测的结果。这种方法具有广泛的代表性，较为可靠。

德尔菲法的具体实施主要有以下六个步骤。

（1）组成专家小组。按照课题所需要的知识范围，确定专家。专家人数的多少，可根据预测课题的大小和涉及面的宽窄而定，一般不超过20人。

（2）向所有专家提出所要预测的问题及有关要求，并附上有关这个问题的所有背景材料，同时请专家提出还需要什么材料。然后，由专家做书面答复。

（3）各个专家根据他们所收到的材料，提出自己的预测意见，并说明自己是怎样利用这些材料并提出预测值的。

（4）将各位专家第一次判断意见汇总，列成图表，进行对比，再分发给各位专家，让专家比较自己同他人的不同意见，修改自己的意见和判断。也可以把各位专家的意见加以整理，或请身份更高的其他专家加以评论，然后把这些意见再分送给各位专家，以便他们参考后修改自己的意见。

（5）将所有专家的修改意见搜集起来汇总，再次分发给各位专家，以便做第二次修改。逐轮搜集意见并为专家反馈信息是德尔菲法的主要环节。搜集意见和信息反馈一般要经过三四轮。在向专家进行反馈的时候，只给出各种意见，但并不说明发表各种意见的专家的具体姓名。这一过程重复进行，直到每一个专家不再改变自己的意见为止。

（6）对专家的意见进行综合处理。最后将专家基本一致的意见汇总后作为最终预测结果。

【本章小结】

创业需要有好的机会，而对创业机会的发现与把握又来自创业的梦想。因此，本章首先关注对创业梦想的唤醒，因为梦想不仅是创业的原动力，还能凝聚创业团队，帮助创业者克服走出许多困境。同时，优秀的创业公司往往会提炼出令人激动或向往的创业愿景。其次，对创业机会的评价与选择做了较为全面的阐述，包括创业机会的特征与类型，以及其来源与识别，通过深入阐述让我们知道机会的识别是有迹可循的。并进一步对机会的评价与选择、风险识别与防范进行了讨论，创业机会的选择与把握既有科学的一面，也有艺术的一面。最后，对创业最本质的内容创新问题进行了探讨，不仅讨论了创新的类型，还对新产品开发过程的五个主要阶段进行了分析，从创意阶段、概念阶段到产品开发阶段、市场测试阶段和商业化阶段，让我们相信创业本身是一个科学严谨的过程。

1. 确定一个你喜欢的企业家，总结他/她的创业历程，分析他/她是怎样找到创业机会的。

2. 找到一家你喜欢的创业公司，看这家公司是否有创业愿景，如果没有，尝试着为这家公司描述一个创业愿景。

3. 观察你学习生活的环境，看看有哪些没有满足的需求，其中是否存在创业的机会。

4. 选择一个创业机会（可以从相关创业项目网站获得），运用头脑风暴法对该机会的优势和劣势进行分析。

5. 找到一个创业中的实际问题，运用德尔菲法对该问题的解决方案进行讨论。

创业梦想家：艾伦·马斯克

成功的创业往往源自年少时的一个梦想，艾伦·马斯克认为自己的创业选择就是源自年少时的梦想。

少年创业小试牛刀

艾伦·马斯克出生在南非一个普通家庭，12岁时，他写了一个名为"Blastar"的游戏软件，卖了500美元，挖掘到人生"第一桶金"。1992年，21岁的马斯克离开加拿大，前往宾夕法尼亚大学攻读商业和物理学位，他就读的沃顿商学院是全球顶尖的商学院之一。拿到经济学和物理学双学位后，马斯克前往硅谷试图修读斯坦福大学的应用物理学博士学位，但他很快对修读学位失去了兴趣，在硅谷浓厚的创业氛围熏陶下，马斯克决定以乔布斯、比尔·盖茨等为榜样，开始创业。1995年，马斯克和弟弟金巴尔·马斯克一起开始编写一个为新闻出版机构进行线上排版的软件：Zip2。该软件在1999年卖出了307万美元的价格，这是马斯克创业掘到的第一笔巨资。

硅谷创业一鸣惊人

初到硅谷，马斯克就已经决定了人生的创业目标：网络、永续能源和太空。在他看来，人类极端的脆弱，网络将彻底改变人们的生活方式；而永续能源则是人类得以在地球上存续的前提；只有移民太空，人类才能避免像恐龙那样因为一颗小行星撞击地球而灭绝。1999年，马斯克拿着卖软件拿到的钱创立了X.com，并开始实现人生第一个梦想：在互联网领域大干一场。马斯克认为，P2P支付方式拥有巨大的应用前景，他研发了一套名为PayPal的在线支付系统。除了技术上的创新，马斯克还显示出了惊人的营销天赋，他首创了"病毒式营销"：每个使用PayPal的用户和将PayPal推荐给他人使用的用户都免费获得10美元，这种策略令PayPal滚雪球似的膨胀。2002年，易趣公司支付15亿美元，买断了PayPal，马斯克本人大约拿到1.8亿美元。

不断寻找更大的创业梦想

在PayPal的收购尘埃落定后，马斯克前往里约热内卢的海滩享受假期，在度假期间，他开始阅读《火箭推进基本原理》，因为这时候，他已经决定实现自己人生第二个梦想：进军太空。在当时，航天工业在任何国家都是国家战略层面的，一个企业家想从白手起家涉足这一行业，无异于痴人说梦。

马斯克似乎天生就拥有"狗一般灵敏的商业嗅觉"。事实上，当时美国政府在航天领域面临两个窘境：缺钱、缺飞船。马斯克的切入点就是研发低成本商用火箭和航天器，这就像为政府造"太空的士"，一旦产品研发成功，其后续的商业价值不可限量。马斯克将这家公司命名为Space X。在Space X还一无所有的时候，马斯克就把诸如制造出世界上最大的发动机引擎的专家蒂姆·布扎、火箭结构设计师克里斯·汤普森等招致麾下，热火朝天地开始"二次创业"。

Space X在2006年、2007年、2008年的三次试射中，均告失败，马斯克个人投资的1亿美元血本无归，公司濒临破产。这时候，马斯克又展现出神奇的"忽悠"功力，他跑到国会发表演讲，让政客们相信私人发射火箭的可行性，从美国国家航空航天局成功拿到了16亿美元的大合同。2008年9月28日，发射11分钟之后，猎鹰1号成功地进入地球轨道。

2010年，马斯克邀请奥巴马参观了Space X的发射基地，彼时，Space X最新一代的猎鹰9号和龙飞船已经研发成功，马斯克需要说服美国国家航空航天局将Space X列为向国际空间站运输货物的第一家民营企业，而奥巴马的参观让马斯克的创业又一次取得突破。2012年5月25日，龙飞船成功与国际空间站对接，马斯克和他的Space X一起，成为历史上继美国、欧盟和日本后，第四个拥有与国际空间站对接能力的实体。

创业梦想造就的钢铁侠现实版

在Space X之外，马斯克也从未忘记自己的第三个梦想：永续能源。2003年，他以公司创始人和首席产品设计师的身份，创立了特斯拉（Tesla）电动汽车公司。在创立之初，马斯克和联合创始人马丁·艾伯哈德就喊出了"让燃油车绝迹"的口号。

拥有"狗一般灵敏的商业嗅觉"的马斯克对特斯拉的商业定位是：先笼络富人，然后在他们的言传身教下，逐步让普通民众接受电动车。从目前来看，他的这一策略出奇制胜，在31个国家总共卖出约2 500辆电动车，单价高达11万美元。其用户包括各行各业的名人，这车简直一下成为超级富豪的一个玩具。但特斯拉也饱受争议，有人褒奖有加，有人视之为骗局，特斯拉的创业成长过程也是跌宕起伏。2010年6月，特斯拉在纳斯达克上市，融资2.26亿美元。而就在上市前几天，《纽约时报》还爆出马斯克已经濒临破产。

特斯拉的另一大创新是完全基于网络支付的直营模式。这与马斯克对于P2P支付模式的深刻理解密不可分。购买Model S只能通过向特斯拉官网发送邮件，待邮件确认后支付定金，然后特斯拉才会生产，并在约两个月后将Model S送到顾客手中。这种模式等于直接砍掉了几级经销商，保证了特斯拉几乎可以做到"零库存"，极大地降低了生产储存成本，将Model S的购买成本最小化。同时，特斯拉在核心商圈开设有"城市体验店"，通过讲解、切身体验甚至是前卫的装修，令消费者对特斯拉的产品和文化产生认同感并最终购买。

2013年第一季度的财报，特斯拉10年来首次实现盈利，过硬的产品、新奇的营销外加马斯克那张"化腐朽为神奇"的嘴，让特斯拉股价狂飙猛进，一度突破千亿美元市值。而在新冠肺炎疫情肆虐的2020年，特斯拉的市值更是狂涨8倍多，一度接近9 000亿美元。

马斯克就像电影中的钢铁侠，说的话和做的事一开始不被世俗所接受，但到了最后你会惊奇地发现，这个"钢铁侠"总能把不可能变成可能。

资料来源：根据"梦想家艾伦·马斯克[J]. 视野（26）"的内容编写。

思考题：
1. 你认为是什么驱动马斯克不断地做出非常冒险的创业决策？
2. 请对马斯克创建的几家创业企业做出评价。你最看好哪家企业？为什么？

第五章

商业模式创新

【名言集锦】

变则新，不变则腐；变则活，不变则板。

——李渔《闲情偶寄》

故善用兵者，屈人之兵而非战也，拔人之城而非攻也，毁人之国而非久也。

——孙武《孙子兵法》

【本章学习目标】

1. 了解商业模式提出的背景；
2. 理解商业模式的内涵与定义；
3. 理解商业模式的主要构成要素；
4. 掌握商业模式要素模型及运用；
5. 熟悉一些典型商业模式的特点；
6. 了解商业模式创新的思路与方法。

盛景网联的商业模式创新

公司成长背景

盛景网联咨询培训公司（以下简称"盛景网联"）成立于2007年，作为中国领先的企业服务平台，盛景网联是中国最具有成长性的管理咨询培训公司之一。集团致力于为中国成长型企业提供全面、专业、系统的企业培训整体解决方案和高端咨询，并逐步成长为中国领先的一站式智力服务平台，为成长型企业提供培训、咨询、资源整合、软件与信息化服务、营销推广服务等综合性智力服务。

虽然中国的经济发展速度很快，但国内的咨询业却并没有获得相应的成长，特别是没有产生真正具有国际竞争力的咨询机构。整个咨询行业经过了多年的整合，并没有进入一个有序的发展轨道，目前的状态甚至还可以用"混乱"这个词来形容，主要表现为：①咨询价格混乱，爱打价格战。咨询公司为了生存和拿到项目，在项目投标上往往采取简单的低价策略,这使得整合咨询行业的利润率水平低下。②咨询水平低下,缺乏创新性。目前国内绝大多数的咨询公司规模很小,往往就是一个强将带领几个兵,有什么项目做什么项目,没有太多经验和知识的积累,更缺乏以客户为导向的创新性。③客户满意率低,一棒子买卖。目前国内对咨询行业普遍缺乏信任感,对咨询服务的满意度较低,大多咨询是一棒子买卖,很少出现回头客。

商业模式创新

盛景网联看到了行业的不足,大胆创新咨询商业模式,对传统的咨询和培训进行整合,提出了创业创新服务的平台型商业模式,实现了"培训+咨询+投资"的完美结合,以咨询培训为入口,以投资基金为放大,将已有的1万家传统产业中小企业和即将形成的1万家创业创新企业,与全球顶尖 VC(风险投资)、PE(私募股权投资)、券商等企业服务商紧密地连接和协同起来,致力于构建全球化创新生态系统。

盛景网联坚持"易懂、可行、系统"的核心研发与授课原则,突破商学院和培训机构的传统单一授课模式,运用交互式和全工具化等多种创新教学模式,培训成效显著提高,让企业家获得最新的理念和知识。在培训的基础上,盛景网联进一步从客户中精挑细选,并聚焦于创业企业成长最需要的咨询服务,如商业模式、客户需求洞察、资本运营、股权激励等关键性决策咨询,助力创业企业规避风险、把握机会、高效创新,以实现企业的健康高速成长。

培训使得创业企业管理者获得新的管理理念和知识,咨询可以进一步为企业的成长梳理经营思路、理顺发展方向和提升管理效率。在盛景培训咨询服务的帮助下,盛景网联成立了嘉成投资基金,并联合国内外数十家顶尖创投公司,来对自己的客户进行投资和资本运行。在盛景网联咨询机构的帮助下,近10家学员企业登陆主板创业板,超过200家学员企业挂牌和申报新三板,企业创新力和市值普遍大幅提升。

公司的成长

2014年,盛景网联正式成为由财政部、国家发展改革委、商务部、科技部和北京市政府所评定的"国家级现代服务业试点单位",盛景网联作为咨询培训投资行业的创新者成为中小企业创新的推动者。2015年1月,由盛景网联主办的"全球创新大奖暨国际创业节2015"全球启动仪式在北京正式举行,盛景全球创新大奖通过联合全球超过100家顶尖的创新孵化器、加速器以及风险投资机构,共同发掘、培育和投资顶尖"创新"企业,充分发挥中国资本和中国市场的优势,真正构建出"全球创新、全球资本"的全球化创新生态系统。

盛景网联不仅提供商业模式的培训和咨询,还用自己的实践革命性地创新了传统咨询业的商业模式,从而获得高速成长。

案例启示

盛景网联在洞悉传统咨询行业现状与问题的基础上,抓住行业痛点问题,大胆创新商业模式,不仅为客户带来了新价值,自身也因此获得了高速成长。商业模式创新不仅是互联网等新兴行业与企业的制胜之招,传统行业与企业也有广阔的创新空间。

案例告诉我们，中国企业只要勇于创新，即使在看似没有国际竞争力的传统行业中，商业模式创新依旧可以赋予新创企业成长的强大动力。

第一节 商业模式概念内涵

一、商业模式的提出

对商业模式概念的较早关注是在20世纪50年代。当时的施乐公司开发出了高质量的复印机，但是由于价格昂贵，很难打开销路，后来公司采用了租赁服务的商业模式，从而培养出一个巨大的市场，并让施乐公司迅速成长为一家知名大公司。管理学大师彼得·德鲁克也曾断言："当今企业之间的竞争，不是产品和服务之间的竞争，而是商业模式之间的竞争。"随着20世纪90年代互联网新经济的兴起，德鲁克的预言得到验证，目前商业模式就和战略管理一样，已成为创业者、投资者和企业经营变革者不得不深入思考和设计的一个环节。

商业模式创新已成为技术创新与组织创新之后企业创新的一种新趋势。相对于传统的创新类型，商业模式创新有几个明显的特点：第一，商业模式创新更注重从客户的角度来思考和变革企业的经营行为。商业模式创新逻辑思考的起点是客户的需求，是如何从根本上为客户创造新的价值。这点与许多传统的技术创新逻辑不同，其主要是从技术特性出发来寻找潜在的客户和市场。第二，商业模式创新往往更具系统性，它一般不是单一因素的变化。它常常同时涉及商业模式多个要素的实质性变化，需要企业有较大的战略与组织调整，涉及的因素较多，往往是一种集成创新。第三，内外部的影响力更为广泛和深远。商业模式创新有可能开创了一个全新的产业领域，即便提供的产品或服务没有太大变化，也可能重新改写行业的游戏规则，并给企业带来更持久的盈利能力与更大的竞争优势。因此，商业模式创新的影响力不仅仅局限在企业自身，往往会传递到整个价值链，对企业内外部的整个联盟网络产生影响。

研究还发现，尽管美国企业创新成功有60%是商业模式的创新，但全球企业对新商业模式的开发投入，在创新总投资中所占的比例不到10%。这其中一个重要原因是人们对商业模式的了解还很有限。因此，商业模式的内涵是什么？什么是好的商业模式？商业模式包括哪些要素？如何来设计一个商业模式？对这些问题的了解和回答将更有助于创业成功。

施乐公司的商业模式

20世纪50年代中期，美国商业复印市场上有两种成熟的复印技术，一种叫光影湿法，另一种叫热干法。这两种复印方法产生的复印品的质量都很低，平均每台复印机每天只能复印15～20张复印件，复印件也不能持久保存。当时复印机厂家盛行的做法是采用"剃须刀—刀片"模式：对复印机设备用成本加上一个适当的价格卖出，目的是吸引更多的客户购买，而对配件和耗材则是单独收费，并且通常会在其成本之上加很高的价以获取高额利润。当时典型的办公用复印机的售价为300美元，而且市场上90%的复印机每个月的复印量都少于100张。

后来有一个叫切斯特·卡尔森（Chester Carlson）的人发明出一项在当时可以称得上是令人惊奇的复印新技术，这项被叫作"静电复印术"的新技术的基本原理就是利用静电把色粉印在纸上。用这种技术复印出来的复印件是干的，并且页面既干净又整洁，复印的速度也非常快，每天可以达到数千张，远远高于当时采用前两种技术的复印机。卡尔森找到了当时哈洛德（Haloid）公司的总裁乔·威尔逊（Joe Wilson），并希望他能够将这项技术商业化。威尔逊认为这种新技术在办公复印市场上具有极大价值和远大前景，于是两人一起发明了一台利用静电复印技术复印的样机。但后来两人发现虽然每张复印件的可变成本与其他技术生产的复印件的可变成本（配件成本、耗材成本等）可以保持相同，但每台复印机的生产成本却高达2 000美元！如何才能让客户为这种全新却又是高质量的技术支付这么高的费用呢？

经过一番思考，威尔逊决定为这台被命名为914型号的复印机寻找强有力的市场合作伙伴。其条件相当优惠：如果合作伙伴提供制造和营销服务的话，他们将提供这种新的技术作为回报。他们向包括柯达、通用电气、IBM在内的大公司发出邀请。有趣的是，IBM公司还为此专门委托了一家享有盛誉的咨询公司——ADL公司进行了认真负责并且具有高度专业精神的市场分析。其基本结论是：尽管静电复印技术在很多方面都很先进，但是"以更高的成本获得更好的质量"并不是一个可以取胜的诉求；"因为914型号复印机具有很多种功能，所以与其他同类设备相比，要想判断出它通常最适合的用途是非常困难的……也许缺乏特定用途是914型号复印机最大的缺陷，也是唯一的缺陷。"前两家公司也都独立给出了相似的结论。这三家领导型公司都认为静电复印技术没有多大的商业价值，回绝了该邀请。但威尔逊凭感觉认为这三家公司的判断是完全错误的，经过努力他最终设计出了一种全新的模式来展现914型号复印机的价值。

为了克服复印机高昂价格问题，哈洛德公司于1959年9月26日开始以提供租赁服务的方式把914型号复印机推向了市场。消费者每个月只需支付95美元就能租到一台复印机，在每个月内如果复印的张数不超过2 000张的话，则不需要再支付任何其他费用，超过2 000张以后，每张再支付4美分。哈洛德公司则同时提供所有必需的服务和技术支持，如果客户希望中止租约的话，只需提前15天通知公司即可。

令人难以置信的事情发生了：用户的办公室一旦安装了914型号复印机，由于复印质量很高而且使用方便，其不像光影湿法复印技术那样会在复印品上弄上脏手印，也不像热干法那样（热干法使用的热敏会慢慢变黄甚至卷曲起来），结果是用户每天复印数量就可能达到 2 000 张！这种用量意味着从出租的第二天起，绝大多数复印机每多复印一张，就可以为哈洛德公司带来额外的收入。在随后的十几年里，这种模式使公司的收入增长率一直保持在 41%，其股权回报率（ROE）也一直长期稳定在 20%左右。到了 1972 年，原本一家资本规模仅有 3 000 万美元的小公司已经变成了年收入高达 25 亿美元的商业巨头——施乐公司（哈洛德公司后来不久就改名为施乐公司）!

资料来源：切萨布鲁夫. 开放式创新：进行技术创新并从中赢利的新规则[M]. 金马，译. 北京：清华大学出版社，2005.

二、商业模式的定义

虽然实践界对商业模式的应用越来越普遍，但是理论界并没有给商业模式形成一个非常统一完整的定义。一些学者对这些定义进行了归纳总结，如表 5-1 所示，并希望从中得出具有一致性的结论。鉴于商业模式的表述不尽相同，迈克尔·莫里斯等（2003）通过对 30 多个商业模式定义的关键词进行内容分析，指出商业模式定义可分为三类：经济类、运营类和战略类。经济类定义将商业模式看作企业的经济模式，用以揭示企业"赚钱"的根本原因，即利润产生的逻辑，构成要素包括收益来源、定价方法、成本结构和利润等；运营类定义关注企业内部流程及构造问题，构成要素包括产品或服务交付方式、管理流程、资源流、知识管理等；战略类定义涉及企业的市场定位、组织边界、竞争优势及其可持续性，构成要素包括价值创造形式、差异化、愿景和网络等。

表 5-1 商业模式的定义

定 义	作 者
1. 商业模式就是赚钱的方式	Colvin（2001）
2. 商业模式是说明企业如何运作	Magretta（2002）
3. 商业模式清楚地说明一个公司如何通过价值链定位赚钱	Rappa（2002）
4. 商业模式描述了复杂商业的结构和结构要素之间的关系，以及它如何对真实世界做出反应	Applegate（2000）
5. 商业模式是产品、服务和信息流的体系，描述了不同参与者和他们的角色以及这些参与者潜在利益和最后受益的来源	Timmers（1998）
6. 商业模式是关于公司和它的伙伴网络，给一个或几个细分市场顾客以产生有利可图的可持续的收益流的体系	Pigneur（2000）
7. 商业模式让在一个公司的消费者、联盟、供应商识别产品流、信息流、货币流和参与者主要利益的角色和关系	Weil&Vital（2002）
8. 商业模式是利用商业机会的交易成分设计的体系，是公司、供应商、辅助者、伙伴以及雇员连接的所有活动的整合	Amit&Zott（2001）

续表

定义	作者
9. 商业模式定义为一个公司架构体系及合作伙伴网络的价值，公司创造、营销、传递这些价值和关系资本是为了产可持续的收益流	Alexander Osterwalder & Yves Pigneur（2002）
10. 商业模式不是对复杂社会系统以及所有参与者关系和流程的描述，相反，一个商业模式描述了存在于实际流程后面一个商业系统创造价值的逻辑	Patrovic et al.（2001）
11. 商业模式是一种简单的陈述，说明了企业如何通过对战略方向、运营结构和经济逻辑的一系列具有内部关联性的变量进行定位和整合，以便能够在特定的市场中建立竞争优势	Morris et al.（2003）
12. 商业模式就是企业为了最大化企业价值而构建的企业与其利益相关者的交易结构	魏炜和朱武祥（2006）
13. 为了实现客户价值最大化，把企业运行的内外各要素整合起来，形成高效率的具有独特核心竞争力的运行系统，并通过提供产品和服务，达成持续盈利目标的组织设计的整体解决方案	彭志强、刘捷、胥英杰（2009）

基于国内外学者对商业模式内涵的阐述，我们把商业模式定义为：**公司形成的一种交易结构体系，该体系能有效地整合内外合作伙伴的资源与能力，为特定的目标客户创造和传递新的价值，从而获得持续的市场竞争力和赢利能力。**

第二节　商业模式的要素与模型

一、商业模式的构成要素

要能正确地理解商业模式的概念，最好是能深入地分析商业模式是由哪些要素构成。美国哈佛大学教授约翰逊（Mark Johnson）、克里斯坦森（Clayton Christensen）和SAP公司的总裁孔翰宁（Henning Kagermann）三人共同编撰的《商业模式创新白皮书》将商业模式的构成归纳为三个方面。

（1）客户价值主张（what can we provide）。客户价值主张是指企业通过其产品和服务所能向消费者提供的价值和意义，其实质就是满足客户怎样的需求。

（2）盈利模式（how to make money）。盈利模式是指企业如何盈利，怎样实现为股东赚得经济价值的方式。

（3）资源和能力（how to achieve）。资源和能力是指能够支持客户价值主张和盈利模式的关键可调配资源。

同时，也有些学者总结的商业模式要素会更多和更复杂一些。例如，蒂斯（2010）把商业模式的构成要素分为五个：选择嵌入产品或服务中的技术和特征、顾客从消费使用产品或服务中获利、进行市场细分并选定目标市场、确保可行的收入流和设计价值获取的机制，并认为这五个要素之间具有逻辑上的递进关系。

总结来看，商业模式的构成要素在不同学者的研究中存在较大差异，数量从3个到 12 个不等，如表 5-2 所示；同时，即使相关学者所识别的要素数量相同，其内容也不尽相同，而不同学者在对商业模式要素的研究过程中，选择了不同的切入点，采用了不同的分类方法，同时所选取的行业范围也不尽相同，因而在对商业模式要素的描述中会在角度、层次、广度等方面产生一些差异。我们对商业模式可能构成的要素了解得越多，将越有助于我们理解和设计一个合理的商业模式。

表 5-2 商业模式的构成要素汇总表

序号	作者	数量/个	构成要素
1	Timmers（1998）	4	价值主张（供应商）、收入/价格、信息流、产品/服务流
2	Kim & Mauborgne（2000）	7	价值网络（供应商）、顾客（目标市场/范围）、价值主张、能力、收入/价格、成本、利润
3	Amit & Zott（2001）	10	资源/资产、功能/能力、信息流、产出（提供）、产品/服务流、商业机会、价值创造、交易内容、交易治理、交易结构
4	Chesbrough & Rosenbloom（2002）	11	价值主张、价值提供、目标市场、收入、价值网络、价值链、成本结构、利润、竞争战略、竞争对手、价值创造
5	Hoque（2002）	12	价值网络（供应商）、顾客（目标市场/范围）、资源/资产、竞争对手、战略、品牌、差异化、使命、文化、环境、企业身份、企业声誉
6	Hedman & Kalling（2003）	7	价值网络（供应商）、资源/资产、功能/能力、流程/活动、竞争对手、产出（提供）、管理
7	Voelpel, Leibold & Tekie（2004）	3	新的顾客价值主张（也包括新的顾客基础）、为价值创造而进行的价值网络重构、确保利益相关者满意的领导能力
8	Yip（2004）	8	价值主张、投入的性质、如何运输投入品（包括技术）产出的性质、垂直一体化的范围、水平范围、地理范围、顾客的性质、如何组织等
9	Osterwalder, Pigneur & Tucci（2005）	9	产品（价值主张）、客户界面（目标顾客、客户渠道、顾客关系）、架构管理（价值结构、核心能力、伙伴网络）、财务方面（成本结构、收入模式）
10	Johnson, Christensen & Kagermann（2008）	4	顾客价值主张、利润公式、关键资源、关键流程
11	Yunus, Moingeon & Lehmann-Ortega（2010）	3	价值主张、价值定位和利润方程
12	Teece（2010）	5	选择嵌入产品/服务中的技术和特征、顾客从消费/使用产品/服务中获利、进行市场细分并选定目标市场、确保可行的收入流、设计价值获取的机制
13	Amit & Zott（2012）	3	内容、结构、治理

二、商业模式的要素模型

（一）商业模式九要素模型

对商业模式的理解，不仅需要了解商业模式的构成要素，还需要理解这些要素之间的关系。因为构成要素虽然可以让我们了解商业模式会涉及哪些主要因素，但是商业模式并不是各个构成要素的简单相加,还应包括各要素间的互动作用关系,正是这些互动作用关系让一个商业模式拥有强大的竞争力。因此,在研究商业模式构成要素的同时,还期望表达出这些要素之间的关系,而图形是表示这种关系的一个有用的方式。

亚历山大·奥斯特瓦德(Alexander Osterwalder)和伊夫·皮尼厄(Yves Pigneur)提出了一个九要素的商业模式,他们从产品/服务、客户界面、架构管理、财务结构四个方面和九个要素来构建商业模式,九个要素的内涵及之间的关系如表 5-3 和图 5-1 所示。

表 5-3 商业模式九要素

主要组成部分	商业模式要素	描　　述
(一)产品/服务	1. 价值主张	企业的产品和服务能够提供给客户的价值概况
	2. 目标客户	企业在市场细分基础上锁定的群体
(二)客户界面	3. 客户关系	企业与消费者建立的一系列联系
	4. 渠道通路	企业与消费者接触的方式
(三)架构管理	5. 核心资源	企业的活动与资源配置
	6. 关键业务	企业执行一系列可重复的创造价值的活动
	7. 合作伙伴	企业为了创造价值自发地与其他企业建立的合作网络
(四)财务结构	8. 成本结构	商业模式中所有被使用的工具和方法的货币体现
	9. 收入模式	企业通过一系列收入流创造财富的方式

资料来源:奥斯特瓦德,皮尼厄. 商业模式新生代[M]. 北京:机械工业出版社,2012.

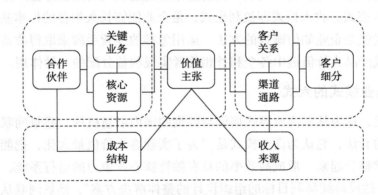

图 5-1 商业模式九要素模型

资料来源:奥斯特瓦德,皮尼厄. 商业模式新生代[M]. 北京:机械工业出版社,2012.

(1)价值主张。价值主张是指企业希望为客户提供满意的产品和服务所实现的价值。价值主张体现了企业对于消费者的实用意义,不仅包含产品或服务所带给消费者的利益,也囊括了企业或产品对整个社会的意义和愿景。企业或产品的价值主张的确定,就使得企业的所有行为都要围绕着这个价值主张体现和进行。

（2）目标客户。目标客户就是企业所重视的消费者群体。这些群体在某些方面具有共性，企业可以探索这些共性并针对这些共性创造价值。目标客户是商业模式的基础，通过了解目标群体需求，根据自己的现有或潜在资源来选择目标客户群体。

（3）客户关系。客户关系是指企业与消费者群体所形成的某种关系。良好的客户关系可以形成顾客的依赖度，维护市场份额并且可以得到社会的认可，对于企业最终价值的实现是非常重要的一点，现在也越来越受到企业的重视。

（4）渠道通路。渠道通路是要知道公司是如何沟通的，接触其细分客户而传递其价值主张，提升公司产品和服务在客户中的认知，帮助客户评估公司价值主张，协助客户购买特定产品和服务，向客户传递价值主张，提供售后客户支持。

（5）核心资源。核心资源是企业所掌握的用以达到其商业模式核心的资源或能力。商业模式的各个部分都非常重要，但其中有一点或几点直接决定了该商业模式能否成功，也就是和其他商业模式的主要区别。

（6）关键业务。关键业务是描述企业为实现商业模式而必须做的事情，就是指让核心资源能充分发挥其特点和优势的行为。这些行为往往是商业模式取得成功的主要因素。

（7）合作伙伴。合作伙伴是指两个企业为能更好地实现自我价值而形成的合作关系。经济全球化下，任何两个企业都会存在某种联系，而利用这些联系可以达到各自的目的，实现双方的互赢。

（8）成本结构。成本结构是用来表达企业运作商业模式所产生的每一项成本。企业获得和拥有资源、维护客户关系、营销运作和创造收入的过程都会产生成本。

（9）收入模式。收入模式即盈利模式，是企业能够长久生存的根本基础。简单来看，收入模式就是企业如何赚钱的方法，运用怎样的经营手段来取得收益，也是企业提供的服务或产品为价值链中各个利益相关者实现利益分配的一种体现。

（二）商业模式的六式

如前所述，作为从事商业模式培训与咨询的国内创新机构，盛景网联也提出自己对商业模式的看法，它认为商业模式是"为了实现客户价值最大化，把能使企业运行的内外各要素整合起来，形成高效率的具有独特核心竞争力的运行系统，并通过提供产品和服务，达成持续赢利目标的组织设计的整体解决方案"。盛景网联认为商业模式有六个核心内容或要素，并称为"商业模式六式"，内容如下。

第一式：客户价值与需求创新。第一式的核心就是精准地描述和定位目标客户，满足目标客户的隐性核心需求。他们认为做企业最怕的一句话就是"老少皆宜，产品或服务适合所有人"。企业在一开始发展就需要找一些精准的客户群切入，这样企业承担的风险会非常小，成本低，扩张速度快，反之亦然。分众传媒满足了企业主"能让消费者广告强制收看"的隐性核心需求，王老吉满足了老百姓"怕上火"的隐性核心需求，因此这些产品和服务都获得了成功。

第二式：收入突破模式。即需要考虑收入以哪种产品或服务、从哪个阶段、以哪种方式来获得，收入的可持续性（黏性）和爆炸性增长潜力如何。盈利是企业生存和发展的基础，盈利倍增是企业更快发展的主要途径和推动力，同时帮助企业不断拉开与竞争对手之间的距离。创业企业可以考虑以下几个阶段，第一，盈利产品的重组和改变，通过不同产品和产品组合赚钱。第二，盈利环节的重组和改变，重点关注盈利的时间点、阶段和环节等。第三，利润扩张阶梯，重点是抛开产品、盈利时间点和运营模式，而要在盈利模式上进行突破性的创新，达到盈利倍增的效应。例如，麦当劳通过汉堡这个"开门性产品"，带动薯条、可乐的销售，最终通过房地产盈利；腾讯QQ通过即时通信软件这个"开门性产品"获得海量用户群，赚取其他增值业务收益。

第三式：革命性降低成本。即通过合理手段，革命性地降低企业经营过程中的各种成本。如果企业的成本下降20%，那是优化流程、提升效率的结果。而在商业模式层面谈的成本降低，不是下降20%，而是彻底去除成本或者是将成本降低到只剩20%，同时保持客户满意度，这样才称为革命性。85度咖啡带来"咖啡可以打包带走"的概念，革命性地降低了咖啡厅昂贵的店面装修成本，成为星巴克的强劲对手；如家酒店没有豪华的大堂，没有昂贵的娱乐会议设施，但房间的档次不降低，从而获得了市场的青睐。

第四式：可复制性与可扩张性。即通过快速的自我复制，突破发展瓶颈，达到规模倍增的效果。如何成功地复制自己，突破自身成长瓶颈，是成功商业模式有效促进企业成长的关键。遇到成长问题和瓶颈是创业企业成长的必经之路。在商业模式设计层面，关键是事先发现问题和瓶颈，然后提前采取有效的模式避免或突破潜在的瓶颈，这是企业的关键能力，它决定了我们的商业模式能走多远，我们的企业能走多快。例如，美国阿波罗凤凰城大学通过网络教育降低了对老师的依赖，实现标准化和可复制，最后成功上市。

第五式：控制力和定价权。企业一旦获得成长，就要提高竞争门槛，掌控核心资源，使得他人不容易复制，从而取得行业或产品的"定价权"。有了控制力就有了高进入门槛，就意味着有了定价权，而定价权意味着高利润和可持续利润。既然是一个企业的核心资源，就应该具有独占性，其他企业在相当长时间内很难拥有，即使知道这样的核心资源，也没有能力在短时间内建立。这种资源可能是先天性，也可能是后天建立；可能是与生俱来，也可能是通过并购整合获得。例如，东阿阿胶控制了全国90%的驴养殖和东阿水，阿胶和驴胶成分类似，价格却远远地把驴胶甩在了后面，让九芝堂懊恼不已；分众传媒控制了全国80%以上高端楼宇的电梯广告悬挂权，成功实现了同行业的控制力与定价权，让后来者无法居上，望尘莫及。

第六式：产业布局与系统性的价值链。通过对产业价值链的合理布局和设置，企业保持稳定和高速发展的生命力。其主要围绕企业自身展开，作为完整的商业模式设计，不得不考虑整个生态系统的价值链。我们可以通过系统性价值链的整合，进一步提升商业模式的竞争力和独特性。例如，苏宁电器因为拥有供应、库存、物流、销售、服务、房地产等一体化系统性价值链，形成对供应商的超低进价，同时又为消费者带来实惠，一度成为家电连锁行业的翘楚。

第三节　典型商业模式与创新

一、典型商业模式分析

（一）平台模式

1. 平台模式的构建要素

平台商业模式（platform-based business model）可以吸引大量关键资源，实现跨界整合，并能以最快的速度整合资源，使企业家将眼光从企业内部转向企业外部，思考行业甚至跨行业的机遇和战略。我们可以看到许多建立了平台型商业模式的企业，如苹果公司，其不断研发和推出一些创新的产品。作为一个电子消费品企业，苹果公司始终坚持不变的是满足消费者的体验需求，不断推出能更好满足消费者体验的产品。这些产品是苹果成功的重要基石，但让苹果成功的最重要原因还是它独特的平台商业模式，即通过硬件切入客户后，苹果应用 iTunes 和 App Store，打造了一个软硬件服务"三位一体"的平台型商业模式，完全变革了音乐和软件产业的传统运作模式。

基于平台型企业的案例实践，在《平台战略》一书中，研究者认为企业运用平台型商业模式需要注意几个关键要素：第一，要有吸引客户的王牌产品或服务。用客户难以拒绝的产品或服务作为切入点，是打造平台商业模式的第一步，这可以称为"流量入口"。第二，平台必须吸引到足够多的用户数量。平台模式具有网络效应，每个新用户都因为别人的加入而获得更多的交流机会，导致信息交互的范围更加广泛，交互的次数更加频繁，平台的价值随着用户数量的增加而迅速增加。第三，明确游戏规则。用无限生产满足无限需求，不仅可以革命性地降低成本，还实现了收入倍增和盈利倍增。平台型商业模式的企业需要设计一套使得生产和需求双方能够互动运转起来的游戏规则和算法。例如苹果公司对于自己不能有效满足用户无限需求的瓶颈，实施开放策略，实现客户共享，用无限的生产满足了无限的需求。但是需求和供给都是根据设定好的游戏规则和算法自动完成匹配。在这个平台上，服务和产品被无限延展。第四，重构整个生态系统。由于海量的产品和企业在平台上大规模、生态化聚集，大幅度降低了企业的协作成本，并创造出一个竞争力足以与大企业相比拟，但是灵活上更胜一筹的商业生态集群。在这种协同模式下，商业的进入成本和创新成本都得到了明显的降低。

2. 平台模式的成功因素

虽然成功的平台模式非常具有竞争力，但是平台战略要获得成功也并非易事，平台战略的实施充满挑战。首先，选择平台战略的企业需要有能力累积巨大规模的用户。至少需要获得同行中规模第一的用户，这是一个非常大的挑战。要在一个大市场中做到用户规模第一，不仅需要产品过硬，还需要正好契合用户强烈需求的市场机缘，甚至需要找到行之有效的市场推广手段，从某种角度说是可遇而不可求的。其次，选择平台战略的企业需要提供给用户有着巨大黏性的服务。一般而言，只要为用户提供一个强需求产品就足以使企业成功，但是如果想做成平台，仅仅靠给用户提供产品是远远不够的，这类企业必须服务于用户的硬需求，实际上这类服务是屈指可数的，竞争之激烈可想而知。最后，选择平台战略的企业需要有合作共赢、先人后己的商业模式。希望产业链上下游都由自己做，所有利润自己通吃，这种思路是做不成平台的。所谓平台，是为别人搭建的，让别人来赚钱的。只有在平台上经营的合作伙伴良性成长，平台才能生存和壮大；只有让合作伙伴赚大头、自己赚小头，才能做成所有合作伙伴的平台。如果没有这个理念，便不可能做成平台。

3. 平台模式的网络效应

从经济学上看，平台战略具有网络效应。如果平台中只有少数用户，他们不仅要承担高昂的运营成本，而且只能与数量有限的人交流信息和使用经验。随着用户数量的增加，这种不利于规模经济的情况将不断得到改善，因此，所有用户都可能从网络规模的扩大中获得更大的价值。此时，网络的价值呈几何级数增长，即某种产品对一名用户的价值将取决于使用该产品的其他用户的数量，在经济学中被称为网络效应。

平台商业模式的精髓，在于打造一个完善的、成长潜能强大的"生态圈"。它拥有独树一帜的精密规范和机制系统，能有效激励多方群体互动，达成平台企业的愿景。纵观全球许多重新定义产业架构的企业，我们往往就会发现它们成功的关键——建立起良好的"平台生态圈"。

拓展阅读 5.1 "平台"或成全新商业模式

（二）免费模式

1. 免费模式的兴起

人类有一种根深蒂固的本能，总想获得免费的午餐。许多网络企业家都认识到了这一点，他们纷纷采用古老的销售招数——免费赠送，企图以此打响品牌、扩大市场份额，在群雄纷争的网络战场上获胜。其背后的思维方式是这样的：网络好比一块等待开垦的新大陆,现在赶紧去跑马圈地,无论为此付出的短期代价有多大,日后自然会有好报。

在《免费——激进价格的未来》一书中,克里斯·安德森(Chris Anderson)试图解释为什么免费模式越来越成为一种有效的商业模式。数字化技术的基础经济学决定了免费模式在数字世界比在现实世界中更容易大行其道。这是因为,信息产品和服务具有"非常特别"的成本结构。它们是高固定成本、低边际成本的。生产第一份信息产品的成本非常高,但是此后生产(或复制)的产品的成本可以忽略不计。

独特的成本结构决定了免费经济的诞生。谷歌为了让其庞大的搜索引擎启动运行,需要在软件和基础设施上投入数以十亿计的美元,但其后递增的搜索行为成本极低。

拓展阅读 5.2 谷歌的免费战略

2. 免费模式的盈利方式

免费的商业模式,建立在"交叉补贴"上,这也就是为什么你订购一个移动运营商的长期服务计划,就可以得到一部"免费"手机。类似的情形还有,数字电视公司免费送机顶盒,为的是让你订阅付费频道。免费加收费模式现在是在互联网企业中一种常见的商业模式,也就是说,把服务分成从免费到昂贵收费的各种不同等级。例如,有些网站和软件如果付费的话,可以享用比免费版功能更多的"专业版"。这叫作价格歧视,即对那些给你的信息产品估价甚高的消费者,不妨出高价,而对那些偶尔购买、不愿意掏腰包的客户,可以杀价销售。甚至可以免费向大众派发产品,因为产品散发得越广,越有可能把更多的付费客户吸引过来。

免费加收费模式的核心是,在免费服务上赔钱,但在溢价的付费服务上赚钱,同时把前者作为一种廉价的推广手段。举个例子,海量的网络电话(Skype)用户在网上进行声音和视频通话却无须付一分钱,原因是一小部分用户为了得到额外的功能而付出的费用补贴了免费用户。通常而言,一家网站会遵循"百分之五定律",也就是说5%的付费用户是网站的所有收入来源。这种模式之所以能够运转下去,是因为给其余95%的用户提供服务的成本是相当低廉的。

当前这个时代,正经历种种的商业模式"异化",或者叫"升级"。很多东西可以白拿,很多服务可以白享受,但这不是"免费午餐",商家会由此得到我们的信任,让我们交付更有价值的东西给它。而一般人都抵御不住这个诱惑,一旦咬下诱饵,后面就自然被绑。

免费模式不是不赚钱,而是实现了"盈利点的偏移"。这是一个趋势。未来,免费模式会让行业之间的界限变得越发模糊,尤其是边缘行业之间。随着时间的推移,会彻底颠覆我们对原有行业的认知。免费模式的核心是"设计企业隐性的利润空间",即延长企业的利润链条,通过设计免费的项目,最大限度地吸引客户,而后在下一个阶段实现企业的盈利。

(三) 长尾模式

1. 长尾模式的提出

克里斯·安德森系统研究了亚马逊、狂想曲公司、谷歌、易趣、奈飞公司等互联网零售商的销售数据，并与沃尔玛等传统零售商的销售数据进行了对比，观察到一种符合统计规律（大数定律）的现象。这种现象恰如以数量、品种二维坐标上的一条需求曲线（图 5-2），拖着长长的尾巴，向代表"品种"的横轴尽头延伸，由此提出了长尾理论（long-tail theory）。

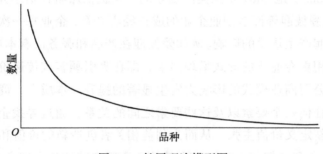

图 5-2　长尾理论模型图

长尾理论认为，由于成本和效率的因素，过去人们只能关注重要的人或重要的事，如果用正态分布曲线来描绘这些人或事，人们只能关注曲线的"头部"，而将处于曲线"尾部"、需要更多的精力和成本才能关注到的大多数人或事忽略。例如，在销售产品时，厂商关注的是少数的大客户，无暇顾及在人数上居于大多数的普通消费者。而在网络时代，由于关注的成本大大降低，人们有可能以很低的成本关注正态分布曲线的"尾部"，关注"尾部"产生的总体效益甚至会超过"头部"。商业和文化的未来不在于传统需求曲线上那个代表"畅销商品"的头部，而在于代表"冷门商品"的经常被人遗忘的长尾。举例来说，一家大型书店通常可摆放 10 万本书，但亚马逊网络书店的图书销售额中，有 1/4 来自排名 10 万以后的书籍。这些"冷门"书籍的销售比例正以高速成长，预估未来可占整个书市的一半。这意味着消费者在面对无限的选择时，真正想要的东西和想要取得的渠道都出现了重大的变化，一套崭新的商业模式也跟着崛起。

2. 谷歌公司的长尾模式

搜索网站谷歌也是一个最典型的"长尾"公司，其商业模式是把广告商和出版商的"长尾"商业化的过程。数以百万计的小企业和个人，此前他们从未打过广告，或从没大规模地打过广告。他们小得让广告商不屑，甚至连他们自己都不曾想过可以打广告。但谷歌广告联盟（AdSense）把广告的门槛降下来了：广告不再高不可攀，它是自助的、价廉的，谁都可以做的。同时，对成千上万的博客站点和小规模的商业网站来说，在自己的站点放上广告已成举手之劳。谷歌目前有一半的生意来自这些小网站，而不是搜索结果中放置的广告。数以百万计的中小企业代表了一个巨大的长尾广告市场。

二、商业模式的创新

（一）商业模式创新的类型

爱彼迎（Airbnb）是2007年在美国创建的一家提供旅游住宿中介服务的网站（案例详见后文），从爱彼迎等许多创业企业的成长经历来看，企业每一次的商业模式创新都有可能会对利润产生重要的影响。例如爱彼迎在产品和服务没有本质变动的情况下，仅把房源的照片用更专业化的形式呈现出来，即在吸引顾客或传递价值主张上做了一些创新，就使得公司商业模式的影响力发生显著的提升。本质上，商业模式创新可以涉及商业模式的任何一个要素以及这些要素之间的关系，通过寻找企业经营的新商业逻辑，为客户重新定义价值主张，从而为利益相关者创造新的价值和获取回报。

林德（Linder）和卡佩尔（Cantrell）从核心逻辑变革的程度把商业模式分为四类：现实模式、更新模式、扩展模式、旅途模式。第一，现实模式是所有变革模式中改变最少的一种模式，公司应用现实模式来探索当前商业模式的潜力，以获得成长与盈利；第二，更新模式指公司通过持续更新，有意识地强化它们的产品、服务平台、品牌、成本结构和技术而进行的变革；第三，扩展模式指公司把业务扩展到新的领域，这类公司把其运营模式进行延展，包括延伸到新的市场，扩展其价值链、产品和服务线等，包括前向集成与后向集成；第四，旅途模式则把公司带到一个新的商业模式中，但是与扩展模式不同，旅途模式中的公司经过深思熟虑地、有目的地移动到一个新的运营模式中。在这四种变革模式中，现实模式并不改变一个公司所运营的商业模式，其他三种可能改变公司的商业模式，但各个企业核心逻辑的改变程度可能有着显著的不同。

在对前人研究基础上，吉森等（2007）提出三种商业模式创新类型：第一种是行业模式创新。这种方式主要通过重新定义与整合当前的"行业价值链"来实现。例如戴尔通过直销的模式重新整合了电脑行业的价值链，大大地降低了电脑成本。苹果公司通过iTunes的创新重新定义了音乐消费行业，直接淘汰了传统的唱片租赁业。当然，行业模式创新也包括创造出全新行业或者新的细分行业，如互联网行业中出现的搜索引擎行业。第二种是收入模式创新。收入模式创新就是改变一个企业的客户价值定义和相应的利润方程或收入模型。这种方法包括公司如何通过重新架构产品或服务，或者通过创新定价模式来产生收入。例如太阳马戏团的商业模式创新就是一个典范，该公司在保留帐篷、杂技等马戏的基本元素的同时，将剧场表演中的某些元素融入马戏节目中，由此重新定义了马戏表演的价值主张，并由此走出马戏表演市场衰退的困境，成长为全球最大的马戏公司。收入模式创新需要从更宏观的层面重新定义用户需求，即去深刻理解用户购买你的产品需要完成的任务或要实现的目标是什么。第三种是企业模式创新。这种方法包括创新企业的结构、创新企业在价值链中的角色。企业模式创新一般是通过垂直整合策略或出售及外包来实现。例如谷歌在意识到大众对信息的获得已从桌面平台向移动平台转移，自身仅作为桌面平台搜索引擎会逐渐丧失竞争力时，就实施垂直整合，大手笔收购摩托罗拉手机和安卓移动平台操作系统，进入移动平台领域，从而改变了自己在产业链中的位置及商业模式，由软变硬。

埃森哲咨询公司对70家企业的商业模式做了研究分析后，总结了再造商业模式的六种方法类型：第一，扩展现有商业模式。在原有商业模式的基础上将业务引向新的地域、增加客户数量、调整价格、增加产品线和服务种类等。这些都属于通过量的改变，在原有商业模式基础上增加回报。第二，更新已有商业模式的独特性。这种途径注重更新的是企业向客户提供的价值，借以抵抗价格战带来的竞争压力。第三，复制新领域的成功模式。有些情况下，企业用现成手法向新市场推出新产品，等于在新条件下复制自己的商业模式。例如Gap用品牌营销优势和商品管理知识，复制全新的"酷品牌"零售模式，如其旗下的Baby Gap、Banana Republic、Old Navy Clothing等。第四，通过兼并增加新模式。相当多的公司是通过购买业务来重新为自己的商业模式定位的。第五，发掘现有能力，增加新的商业模式。有些公司围绕自身独特的技能、优势和能力建立新的商业模式，以实现增长。第六，根本改变商业模式。一些公司的产品逐渐失去了往日的优势，此时它们所面对的挑战就是根本再造商业模式。这意味着对整个企业进行改造——从组织、文化、价值和能力等方面着手，用新的方式创造价值。

（二）商业模式创新的过程

商业模式的创新并不是一蹴而就的，往往会经历一个不断改进与完善的过程，特别是对一些创新与变革程度较大的商业模式创新，这是一个反复试错和调整的过程。一个新商业模式的酝酿到最终成功实施需要经历一些不同的阶段，每个阶段解决不同的问题。

肖特嘉（Schaltegger）等把商业模式创新分为四个阶段。

（1）商业模式的调整。商业模式的调整主要指只有一个（或最小量的）商业模式要素产生变化，不包括价值主张，如修改顾客关系、企业基础或单独的财政支柱构成的调整。

（2）商业模式的采用。商业模式的采用是指变革主要集中于和竞争对手的价值主张相匹配之处，这要求变革产品或服务，但有时也要求变革部分顾客关系支柱和企业结构，因为这些要素可以是价值主张的一部分。

（3）商业模式的改进。商业模式发生改进，简单地说，是当绝大多数商业模式要素都变化了的时候，也就是说，一系列主要因素同时发生变化，如顾客关系、基础要素（如商业网络）和金融逻辑。

（4）商业模式的再设计。商业模式的再设计一般发生在一个改进导致产生了一个彻底全新的价值主张时。

布赫雷尔（Bucherer）等则把商业模式创新过程分为分析、设计、实施和控制四个阶段。分析阶段可能持续几年，如当经理们观察到他们的传统商业模式逐渐处于压力之下时。在设计阶段，各种替代的解决方案不得不被开发出来，随后的可行性研究被认为是非常关键的。整体上讲，设计阶段是一个迭代的过程，但这个阶段看起来是一个连续的、耗时较少的阶段。实施阶段一般时间较短，此时老的商业模式被替代。这个阶段必须快速发生，以避免在市场中引起混乱。最后是控制阶段，包括成功的控制和所有的内外部变革的监督，是一个持续的活动。

拓展阅读 5.3　大数据驱动商业模式的创新

他们认为，创新过程中一个反复出现的核心要素是试验。如果新模式成功了，它将被逐步推出。商业模式创新过程（分析、创新设计、执行和成功控制）和产品创新管理过程是相类似的。但是，因为商业模式创新建立在不同核心元素（价值主张、运营模式、财务模式和顾客关系）的变革上，在这些阶段中具体的活动绩效是有显著的差别的。例如，当分析创新的影响因素时，商业模式创新需要像产品创新一样宽广的视角，而且商业模式创新过程看起来绝非严格的线性和顺序性，更多体现的是杂乱和重叠，特别是当创新是破坏性的时候。

【本章小结】

本章对创业的商业模式进行了深入的探讨。首先，对商业模式的概念与内涵进行界定，在对国内外诸多商业模式研究的基础上，提出了商业模式定义，即公司形成的一种交易结构体系，该体系能有效地整合内外合作伙伴的资源与能力，为特定的目标客户创造和传递新的价值，从而获得持续的市场竞争力和盈利能力。其次，对商业模式的要素模型进行了分析。商业模式并不是各个构成要素的简单相加，还应包括各要素间的互动作用关系，正是这些互动作用关系让一个商业模式拥有强大的竞争力。本章主要介绍了国外学者亚历山大和伊夫提出的一个九要素的商业模式，以及国内机构提出的商业模式六个核心要素。最后，深入分析了三种商业模式——平台模式、免费模式和长尾模式。三种模式都是在互联网技术下产生的典型商业模式。并在此基础上讨论了商业模式创新的方法与过程：商业模式创新的方法类型，如"行业模式创新、收入模式创新、企业模式创新"三种类型；以及商业模式创新的过程，如"商业模式的调整、商业模式的采用、商业模式的改进、商业模式的再设计"四个阶段。

1. 选择 2~3 种商业模式的定义，比较一下它们内涵上的异同。
2. 选择一家你熟悉的公司，试着把公司的商业模式描述一下。
3. 组成小组讨论云计算与大数据未来会给商业模式带来怎样的变革。
4. 选择一家传统行业的企业，尝试对其商业模式进行改造。
5. 选择一个你喜欢的行业，对该行业中几种典型的商业模式进行归纳。

爱彼迎商业模式的创新

2016 年，爱彼迎在全球 190 个国家和地区拥有超过 200 万个房源，超过了所有国际酒店集团总和。同时，它的成长速度也非常惊人，200 万个房源中，有 120 万个是在 2014 年和 2015 年两年间完成的。管理这些房源，爱彼迎只使用了 2 000 多名员工，而希尔顿酒店为管理全球 60 多万间房间使用了 16 万人。

然而，爱彼迎在创业初期并不是很顺利，甚至主要收入还得靠卖麦片来维持，"租别人家里的房间睡觉"似乎并不是一个受欢迎的点子，公司最终能够得到投资者和资本市场的青睐，最重要的是能够不断完善商业模式并创新。

初期创业模式不被认可

爱彼迎的创建最早源自创始人布莱恩·切斯基（Brian Chesky）和乔·格比亚（Joe Gebbia）付不起房租。为了分摊房租，这两位年轻的设计师在客厅里放了三张充气床垫出租，并为租客提供早餐，每晚 80 美元。这个服务也被很诚实地命名为 airbed and breakfast（气垫床和早餐，后来改成 Airbnb，即爱彼迎）。那是 2007 年的年底。这一服务虽然听起来非常廉价，但在开始并没有得到市场的太多认可，营业收入一个月仅仅能维持在几百美元。

爱彼迎第一次出现起色是 2008 年。当时适逢美国总统大选，公司在美国总统候选人奥巴马的演讲地点丹佛市做推广，因为丹佛酒店很少，但是去看奥巴马的人又很多，所以它一下火了。但这种火热的状态在大活动之后很快就偃旗息鼓了。为了让公司运转下去，切斯基和格比亚只能做些副业来维持。他们俩采购了大量麦片，重新设计了麦片的包装，然后放到线下的展会去销售，每盒 40 美元。没想到麦片的销售情况倒比切斯基预计的要好，在卖出了 1 000 盒麦片后，切斯基和格比亚赚到了 3 万美元——这也是爱彼迎创业早期最重要的一笔资金来源。

2008 年底，切斯基团队终于找到了和硅谷创业孵化器 Y Combinator 创始人面谈的一个机会，但是令人沮丧的是，Y Combinator 的创始人保罗·格雷厄姆（Paul Graham）不太认可他们的创业想法，但他还是决定给爱彼迎提供 2 万美元的启动资金，让这个初创团队加入 Y Combinator 的孵化项目。

回想起来，在创业初期能够接受爱彼迎创业模式的人确实不多。切斯基喜欢用一个故事来描述当时的窘况。切斯基在 2009 年想要为团队招一名设计师，于是先找到了自己的朋友谈创业点子。但他的朋友拒绝了他的邀请，并且给了他非常委婉的建议："布莱恩，我希望这不是你正在做的唯一一件事。"

纽约著名投资人弗雷德·威尔逊（Fred Wilson）也曾拒绝过爱彼迎的创业团队。威尔逊在写给保罗·格雷厄姆的一封邮件中提道："我相信他们能在气垫床和早餐的市场扩大规模，但我不确定他们能进入酒店市场。"实际上，威尔逊也在质疑爱彼迎的商业模式。

2009 年 4 月，这个互联网房租分享服务因为没有得到其他投资人认可，其种子轮 60 万美元的投资方之一还是 Y Combinator。但是切斯基还是认为他们从保罗·格雷厄姆那里获得了一个最重要的建议："拥有 100 个热爱你的人，胜过拥有 100 万个对你有点好感的人。"这个建议最终促使切斯基开始思考如何改变自己创业的商业模式。

商业模式的两次重要转变

虽然创业初期的折腾没有赚到钱，但是在这个过程中，创业团队逐渐意识到用户的需求：他们不仅想要一个简陋的床垫和早餐，他们也喜欢漂亮的房子。

如果说最初爱彼迎想做的事情类似于沙发客（Couchsurfing）这样的廉价的住宿服务，那么从 2009 年下半年开始，切斯基和格比亚开始利用他们最擅长的能力——设计。

设计师出身的两位创始人花费 5 000 美元租了一台摄像机，来为他们最初位于纽约准备出租的房间拍照，这些经过巧妙构图和光线控制的照片对住客有着很强的吸引力，拍过照的房间预订量上升了 2～3 倍。

受到鼓舞后的切斯基和格比亚决定免费为房东提供出租房间的专业拍照服务，这一政策保留至今。房间是爱彼迎服务的核心产品，因此需要对产品进行包装，这种观念上的转变推动爱彼迎由沙发客模式开始向线上旅行住宿模式转变。

爱彼迎商业模式的第二次重要转变是将爱彼迎上的房源向着本地化的、个性化的、富有人文气息的非廉价住房转型，他们的价格跟当地的廉价酒店差不多甚至稍高一些，但是主打有设计感的当地体验。这一转变使得爱彼迎对客户的吸引力完全超越了廉价酒店。

爱彼迎的收入模式主要来自中介费用，它向租客要收取 6%～12% 的服务费，同时向房东收取3%的服务费。这就意味着每间房屋能够出租的价格直接决定了爱彼迎公司的收入，而对于其平台上的民宿来说，除了提升服务品质外，获取高溢价的最佳方式就是创造出美的差异化。

2014年5月底，爱彼迎开始测试一个被称作"local companion"的服务，该服务可以让游客与当地人进行提问交流，让当地人为你提供购物、旅行指导，协助买票，租车，婴儿照顾等服务。同年7月16日，爱彼迎官方更新了一篇名为《家在四方》的博文，其中提到爱彼迎为用户提供归属感，形成四海一家的共同价值观。

这些都表明了爱彼迎试图通过本地化来与传统酒店业的标准化竞争，通过为每一处民宿注入人文价值来实现更高的溢价。如今，爱彼迎的官网依照"价格实惠""居家体验""特色奇居""融入当地"将房屋分成了四类产品，后三种都是通过一定手段来实现"价格昂贵"。

爱彼迎商业模式的成功之处

市场研究公司Millward Brown发布的调查报告显示，2015年将近一半的商务旅行旅客希望能够对当地进行探索。"探索发现"比"逃离"和"放纵"排名更高，越来越多的人想要摆脱"与外部隔绝的避风港一般的"酒店。品尝当地美食、购买当地特产、参与当地人的社区生活、拥抱当地文化成为旅客普遍的旅行需求。

爱彼迎的服务能同时满足旅客"住当地人的房子"和"参与当地人社交"的需求。而且爱彼迎还顺势推出了一站式的"房东向导"服务，让房东为住客提供有偿的向导服务，正解决了旅客普遍需要的"和当地人一起感受当地生活"的需求。这些都是"华丽而与世隔绝"的传统酒店无法提供的。

分享经济的社会趋势也显示，大众开始愿意充分利用手边资产创造收益，通过租赁多余的房屋空间来增加个人收入。同时，数以百万计的年轻人虽然不富裕，但是渴望旅行，并且可以与当地的房东交流。爱彼迎的模式可以盘活大量闲置的房屋资源，调动起房东主动分享房源的意愿，和传统酒店相比，节省了大笔的房屋维护成本。

与传统社会的信任关系相比，现代人建立社会关系过程快速和流畅，渴望接触他人，又对来去轻松随意的流动关系更加宽容。爱彼迎通过评分机制建立了信任，而用户也擅长通过社群来了解和评估对方，并根据网友的评估来建立信任。网上评分一般会永久地跟随着个人，因此个人就会有一种提高自己网上声誉的动力。现在，人们已经敢于把自己的私车租给陌生人，把自己的宠物寄放在陌生人处，把自己的电动工具出租给陌生人。爱彼迎商业模式的创新之处在于创造了新的生活与消费模式，并实现了社会信任机制的转型。

思考题：

1. 请问爱彼迎在商业模式上做了哪些重要的创新？你如何评价？
2. 如果将爱彼迎的商业模式运用到国内市场，你会如何来设计一个创新的商业模式？

第六章

创业成长战略思维

【名言集锦】

　　夫运筹策帷帐之中,决胜于千里之外。

　　　　　　　　　　　　　　　　　　——司马迁《史记·高祖本纪》

　　夫未战而庙算胜者,得算多也;未战而庙算不胜者,得算少也。多算胜,少算不胜,而况于无算乎?

　　　　　　　　　　　　　　　　　　——孙武《孙子兵法》

【本章学习目标】

1. 了解创业企业成长的一般战略思维;
2. 洞悉创新在创业成长中的重要性;
3. 掌握价值创新与蓝海战略的核心逻辑;
4. 理解创业竞争的常规与非常规思维;
5. 探讨创业战略的创新思维与方法。

诸葛亮:未出茅庐而运筹天下

　　公元207年冬至208年春,在徐庶的建议下,实力尚弱小的刘备三顾茅庐,见到了隐居卧龙岗的诸葛亮。诸葛亮高瞻远瞩地分析了当时全国的战略形势,并为刘备制定了一份如何打天下的战略构想:《隆中对》。诸葛亮的这份战略规划对协助刘备团队创立基业、从弱小变得逐渐强大,并最终形成三足鼎立之势,起到了至关重要的作用。

　　《隆中对》的精华如下:"自董卓以来,豪杰并起,跨州连郡者不可胜数。曹操比于袁绍,则名微而众寡。然操遂能克绍,以弱为强者,非惟天时,抑亦人谋也。今操已拥百万之众,挟天子而令诸侯,此诚不可与争锋。孙权据有江东,已历三世,国险而民附,贤能为之用,此可以为援而不可图也。荆州北据汉、沔,利尽南海,东连吴会,西通巴、蜀,此用武之国,而其主不能守。此殆天所以资将军,将军岂有意乎?益州险塞,沃野千里,天府之土,高祖因之以成帝业。刘璋暗弱,张鲁在北,民殷国富而不知存恤，智能之士思得明君。将军既帝室之胄，信义著于四海，总揽英雄，思贤如渴，若跨有荆、益，保其岩阻，西和诸戎，南抚夷越，外结好孙权，内修政理；天下有变，则命一上将将荆州之军以向宛、洛，将军身率益州之众出于秦川，百姓孰敢不箪食壶浆以迎将军者乎？诚如是，则霸业可成，汉室可兴矣。"

虽然只有寥寥300余字，却对刘备面临的外部环境、竞争局势、创业资源、发展战略等一系列问题进行了深入分析，为刘备后来创立基业指出了一条可行的发展路径。

第一是创业环境分析。《隆中对》开篇便指出："自董卓以来，豪杰并起，跨州连郡者不可胜数。"在这种群雄纷争的乱世中，作为处于艰难创业初期的"小企业"，刘备团队是否有创立宏图伟业的可能性呢？这是诸葛亮首先要为刘备解答的重要问题。诸葛亮用曹操的例子给了刘备信心："曹操比于袁绍，则名微而众寡。然操遂能克绍，以弱为强者，非惟天时，抑亦人谋也。"诸葛亮把曹操集团取得的成功很大程度上归因于"人谋"，这在一定程度上鼓舞了刘备的创业信心，让他相信只要大家愿意一起奋斗努力，就一定会有机会。

第二是竞争对手分析，明确自己的竞争策略。刘备要想实现匡扶汉室的宏图，面临两个主要竞争对手，一个是曹操，一个是孙权。如何应对这两个对手？诸葛亮给出的策略是对曹操"诚不可与争锋"，对孙权"可以为援而不可图也"。诸葛亮解释了采取这种竞争策略的理由：曹操"拥百万之众，挟天子而令诸侯"，而孙权"据有江东，已历三世，国险而民附"。诸葛亮非常精准地总结了两者的核心优势——前者军事实力雄厚，又有天子这块招牌；后者地理环境险峻，百姓团结拥戴。

第三是找到创业的突破口。诸葛亮将眼光瞄向了荆州："荆州北据汉、沔，利尽南海，东连吴会，西通巴、蜀，此用武之国，而其主不能守。"荆州的市场地位重要，且地头蛇势力较弱，可以作为战略突破口。有了突破口之后，市场就会出现曙光，就有了占据一方的可能性："益州险塞，沃野千里，天府之土，高祖因之以成帝业。刘璋暗弱，张鲁在北，民殷国富而不知存恤，智能之士思得明君。"这一创业突破口让刘备的创业发展思路豁然开朗，犹如在摸索的黑夜中见到灯塔，即创业之初一定要寻找市场缝隙，千万不要与市场中的强大竞争对手硬碰硬，而要找到合适的市场环境，养精蓄锐，壮大自己。

第四是挖掘自己的竞争优势。在这场竞争中，刘备具有什么优势能让自己获得最终的胜利呢？诸葛亮指明，刘备"既帝室之胄，信义著于四海，总揽英雄，思贤如渴"。作为皇室亲族，刘备起而发难名正言顺，是正义之举，具有足够的声望和号召力。也就是说，作为"企业领导人"，刘备具有成为领袖的资本与品牌。再加上"总揽英雄，思贤若渴"的美德，团结一切可以团结的力量，刘备集团就一定能够达成愿景。现在最缺少的只是一个平台，如果占据了荆州、益州，"企业"有了立足之地，未来的发展就有了一个良好的基础。

第五是企业发展策略。形成三足鼎立之势是第一个阶段的创业目标，那么从长期来看，"企业"又该如何发展，获取更大的疆土和市场份额？需要采取何种正确的策略？

诸葛亮的方案是："保其岩阻，西和诸戎，南抚夷越，外结好孙权，内修政理。"西边和南面都要安抚少数民族，结成稳固的战略联盟，以安固后方；外面与孙权集团交好，组成松散战略联盟，共同抵抗强大的曹操集团；刘备集团内部则要做好制度建设，修炼自身的实力和核心竞争力。

诸葛亮的这份战略规划可谓高瞻远瞩和韬光养晦，一下就打动了刘备，并得到了刘备的重视，《隆中对》也成为整个刘备团队的创业战略指南。从三国的后期发展形势来看，刘备团队几十年的创业历程基本按照这个规划发展，这不得不让人惊叹诸葛亮超群的战略能力。

资料来源：根据《三国演义》等相关资料整理。

案例启示

诸葛亮的战略性思维充分地展现了创业者如果能够以更大的空间视野和更长的时间视角来规划自身的成长，即使在看似充满挑战的环境中，也能把握成长机遇，以弱胜强，取得巨大的成功。在中国文化的智慧中，特别注重战略性思维，无论是开创一个国家，还是创建一家新企业，要想获得巨大的成功，战略性思维都具有非常重要的作用。

第一节 企业成长战略思维

一、一般成长战略思维

战略管理之父安索夫（Ansoff）于1975年提出了安索夫矩阵（Ansoff matrix），并得到广泛传播。如表6-1所示，该矩阵以产品和市场作为两大基本维度，将企业的成长战略分为四种类型。

表6-1 安索夫矩阵

产品	原有市场	新市场
旧产品	市场渗透 （market penetration）	市场开发 （market development）
新产品	产品开发 （product development）	多元化经营 （diversification）

（一）市场渗透

市场渗透即以现有的产品面对现有的顾客，以其产品市场组合为发展焦点，力求增大产品的市场占有率。采取市场渗透的策略，借促销或是提升服务品质等方式来说服消费者改用不同品牌的产品，或是说服消费者改变使用习惯、增加购买量等。

市场渗透使用的条件主要有以下几个方面：①特定的产品与服务在当前市场中尚未达到饱和状态；②当前顾客对产品或服务的使用率有可能获得显著提高；③整个产

业的销售总额在持续增长,而主要竞争对手的市场份额处于持续下降中;④从历史数据来看,该产品或服务的销售额同营销费用高度相关;⑤可以借助规模经济效应的提高获得较大的竞争优势。

(二)市场开发

市场开发即提供现有产品开拓新市场。企业必须在不同的市场上找到具有相同产品需求的顾客,其中往往产品定位和销售方法会有所调整,但产品本身的核心技术则不必改变。

市场开发战略的使用条件主要有:①存在着新的、企业可以获得的、可靠的、要价不高的、高质量的分销渠道;②企业在其经营的业务领域非常成功;③存在着新的、未开发或未饱和的市场;④企业拥有管理扩大的业务所需的资金和人力资源;⑤企业生产能力过剩;⑥企业的主营业务处于正在迅速全球化的产业中。

(三)产品开发

产品开发即推出新产品给现有顾客,采取产品延伸的策略,利用现有的顾客关系来借力使力。通常是以扩大现有产品的深度和广度,推出新一代或是相关的产品给现有的顾客,提高该产品的市场占有率。

产品开发的使用条件主要有:①企业拥有的产品非常成功,但处于生命周期中的成熟阶段;②企业在技术进步迅速的产业中竞争;③主要竞争对手以适当的价格提供质量更优的产品;④企业在高速增长的产业中参与竞争;⑤企业具有很强的研发能力。

(四)多元化经营

多元化经营即将新产品提供给新市场。由于企业的既有专业知识能力可能派不上用场,因此会采用更激进和冒险的多元化战略。多元化经营主要有三种类型。

1. 同心多元化

同心多元化(concentric diversification)是指企业增加新的、相关的产品和服务的战略。同心多元化的条件主要有:①企业在零增长或缓慢增长的产业中竞争;②增加新的、显著相关的产品,能够促进现有产品的销售;③企业能够以富有竞争力的价格水平提供新的、相关的产品;④新的、相关的产品的销售具有季节性波动的特征,这一波动正好可以弥补企业现有产品的波动;⑤企业现有产品处于生命周期的衰退阶段;⑥企业拥有强有力的管理团队。

2. 水平多元化

水平多元化(horizontal diversification)是指为现有顾客增加新的、不相关的产品或服务的战略。水平多元化战略使用的条件主要有:①增加新的、不相关的产品,会带来企业现有产品和服务收入的显著提高;②企业在高度竞争的产业中参与竞争,或者企业在不再增长的产业中竞争，产业的利润率和投资收益率很低；③企业当前的分销渠道可以用来向现有顾客推销新产品；④和企业现有产品相比较，新产品的销售波动能够产生一定的互补效应。

3. 复合多元化

复合多元化（conglomerate diversification）是指企业增加新的、不相关的产品或服务的战略。复合多元化使用的主要条件有：①企业主营业务所在产业正经受着年销售额和利润下降的冲击；②企业拥有在新的产业中成功开展竞争所需的资金和管理人才；③企业拥有收购一个不相关但有诱人投资价值的企业的机会；④在收购企业与被收购企业之间，存在着财务上的协同；⑤企业现有产品所在的市场已经饱和；⑥对于历史上一度在某个单一产业中经营的企业来说，需要避免受到反垄断法案的指控。

二、价值创新思维

欧洲工商管理学院的教授金伟灿（W.Chan Kim）和勒妮·莫博涅（Renee Mauborgne）对全球30多家公司研究后发现，高速增长与业绩逊色的创业企业在成长的战略思维和逻辑上有所不同。业绩较为逊色的公司在战略思维上往往被一种思想所支配，这种思想就是在竞争中保持领先地位。与此形成鲜明对比的是，高增长的公司对于赶超或打败对手并不感兴趣。相反，它们通过利用被作者称为"价值创新"的一种战略逻辑，让竞争对手变得无关紧要。这两种战略逻辑的区别体现在五个方面：行业假设、战略重点、顾客、资产与能力、产品和服务，如表6-2所示。

表6-2　传统战略逻辑与价值创新战略逻辑的区别

战略维度	传统战略逻辑	价值创新战略逻辑
行业假设	行业条件已经给定	行业条件可以改变
战略重点	公司应该培养竞争优势，其目标是在竞争中获胜	竞争不是基准，一个公司应该在价值上追求创新以主导市场的发展
顾客	公司应该通过进一步的市场分割和营销手段来保持和扩大其顾客群。它应关注顾客评价的差异	价值创新公司的目标是赢得大多数的顾客，并愿意为此放弃一些原有的顾客。它注重顾客评价的基本共同点
资产与能力	公司应该平衡其现有资产和负债	公司一定不能受其过去的约束。管理层要思考如果重新开始该怎么做
产品和服务	行业的传统界限决定了公司提供的产品和服务。公司的目标是使其提供的产品和服务的价值最大化	价值创新者根据顾客的要求来考虑其提供的产品和服务，即使这样做可能会使公司超越该行业的传统界限

（1）行业假设。一般公司将行业状况看作是给定的，相应地来制定战略。价值创新者不是这样。无论行业中的其他人如何，价值创新者总是寻求非凡的创意和价值量上的飞跃。

（2）战略重点。一般公司听任竞争对手影响自己的战略思考，它们和竞争对手比较优势与劣势，重点构建自己的优势，战略思维被动地由竞争对手牵着鼻子走。而价值创新者则不把竞争对手当作比较基准。

（3）顾客。一般公司通过保持和扩大顾客基础来寻求增长，这经常导致更详细的市场细分以及满足特殊需求的更有针对性的服务。价值创新者遵循的是不同的逻辑。价值创新者没有将注意力放在顾客之间的差异上，而是把精力集中于顾客认为有价值的、重要的共同特征上。

（4）资产与能力。许多公司是根据自身现有资产和能力来评价商业机会的，它们会这样问："根据我们现有的资产与能力，怎样做才是最好的？"而价值创新者会问："如果重新开始，该如何去做？"

（5）产品和服务。传统的竞争发生在依照产品和服务内容而建立的清晰的行业界限内。价值创新者经常会超越这种界限，他们依据消费者的全部需求进行思考，努力突破行业界限。

三、蓝海战略思维

以价值创新思维作为基石，金伟灿和莫博涅又提出了蓝海战略（blue ocean strategy）。蓝海战略认为，聚焦于红海等于接受了商战的限制性因素，即在有限的土地上求胜，却否认了商业世界开创新市场的可能。运用蓝海战略，视线将超越竞争对手移向买方需求，跨越现有竞争边界，将不同市场的买方价值元素筛选并重新排序，从给定结构下的定位选择向改变市场结构本身转变。

蓝海战略共提出六项原则：四项战略制定原则——重建市场边界、注重全局而非数字、超越现有需求、遵循合理的战略顺序，两项战略执行原则——克服关键组织障碍、将战略执行作为战略的一部分。

原则一：重建市场边界。重新界定市场边界需要创新的思维模式，蓝海思维认为可以从产业、战略集团、买方群体、产品或服务范围、功能情感导向、时间等方面进行创新思考，如表6-3所示。

表 6-3 蓝海战略思维

视角	创新思维	观点比较	
		红海	蓝海
产业	跨越他择产业看市场	人云亦云为产业定界，并一心成为其中最优	一家企业不仅与自身产业对手竞争，而且与替代品或服务的产业对手竞争
战略集团	跨越产业内不同的战略集团看市场	受制于广为接受的战略集团概念（如豪华车、经济型车、家庭车），并努力在集团中技压群雄	突破狭窄视野，弄清楚什么因素决定顾客选择，如高档消费品和低档消费品的选择

续表

视角	创新思维	观点比较	
		红海	蓝海
买方群体	重新界定产业的买方群体	只关注单一买方,不关注最终用户	买方是由购买者、使用者和施加影响者共同组成的买方链条
产品或服务范围	跨越互补性产品和服务看市场	用雷同方式为产品和服务确定范围	互补性产品或服务蕴含着未经发掘的需求,简单方法是分析顾客在使用产品之前、之中、之后都有哪些需要
功能情感导向	跨越针对卖方的产业功能与情感导向	接受现有产业固化的功能情感导向	挑战现有功能与情感导向能发现新空间(如果在情感层竞争,可否去除哪些元素使之功能化?)
时间	跨越时间参与塑造外部潮流	制定战略时只关注现阶段的竞争威胁	从商业角度洞悉技术与政策潮流如何改变顾客获取的价值,如何影响商业模式

资料来源：金,莫博涅. 蓝海战略：超越产业竞争 开创全新市场[M]. 北京：商务印书馆,2005.

原则二：注重全局而非数字。 一个企业永远不应将其眼睛外包给别人,伟大的战略洞察力是走入基层、挑战竞争边界的结果。蓝海战略建议绘制战略布局图将一家企业在市场中现有战略定位以视觉形式表现出来,激发企业中各类人员的创造性,把视线引向蓝海。

原则三：超越现有需求。 通常,企业为增加自己的市场份额,努力保留和拓展顾客,常常导致更精微的市场细分。然而,为使蓝海规模最大化,企业需要反其道而行,不应只把视线集中于顾客,还需要关注非顾客。不要一味通过个性化和细分市场来满足顾客差异,应寻找买方共同点,将非顾客置于顾客之前,将共同点置于差异点之前,将合并细分市场置于多层次细分市场之前。

原则四：遵循合理的战略顺序。 以此建立强劲的商业模式,确保将蓝海创意变为战略执行,从而获得蓝海利润,合理的战略顺序可以分为买方效用、价格、成本、接受四步骤。

原则五：克服关键组织障碍。 企业经理们证明执行蓝海战略的挑战是严峻的,他们面对四重障碍。一是认知障碍,沉迷于现状的组织;二是有限的资源,执行战略需要大量资源;三是动力障碍,缺乏有干劲的员工;四是组织政治障碍,来自强大既得利益者的反对。

拓展阅读 6.1 太阳马戏团的蓝海战略

原则六：将战略执行作为战略的一部分。 执行蓝海战略,企业最终需要求助于最根本的行动基础,即组织基层员工的态度和行为,必须创造一种充满信任和忠诚的文化来鼓舞人们认同战略。当人们被要求走出习惯范围,改变工作方式时,恐慌情绪便会增长,他们会猜测这种变化背后真正的理由是什么。想在基层建立信任与忠诚,鼓舞资源合作,企业需要将战略执行作为战略的一部分,需要借助"公平过程"来制定和执行战略。

第二节 创业竞争战略思维

一、波特的一般竞争战略

被誉为"竞争战略之父"的美国学者迈克尔·波特(Michael E.Porter)于1980年在其出版的《竞争战略》一书中提出了企业通常采用的三种竞争战略,它们是总成本领先战略、差异化战略和聚焦战略。

(一)总成本领先战略

总成本领先战略是指企业通过降低自己的生产和经营成本,以非常低的单位成本向对价格敏感的顾客提供标准产品的战略。以低于竞争对手的产品价格,获得市场占有率,并获得同行业平均水平以上的利润。其中,成本优势的来源因产业结构不同而异,包括追求规模经济、学习经验曲线、生产能力利用率、原材料的优惠待遇、人工成本、企业内部分担成本和共享知识的潜力等。

总成本领先战略存在一些风险,如:竞争者很容易模仿,以至于使得整个产业的利润率降低;所有产业的重大技术突破可能导致该战略失效;购买者可能将兴趣转移到价格以外的其他特色上。

拓展阅读 6.2 格兰仕的成本领先战略

(二)差异化战略

差异化战略是指为使企业产品、服务、企业形象等与竞争对手有明显的区别,以获得竞争优势而采取的战略。其突出向对价格相对不敏感的顾客提供产业范围内的独特产品与服务。产品差异化可以表现在很多方面,如服务、配件的可获得性、工程设计、产品性能、使用寿命、能耗、使用的方便性等方面,以及服务的差异,包括送货、安装、顾客培训、咨询服务等方面。

差异化战略的风险在于顾客并没有给某种特色产品价值以很高的评价,从而使他们不能接受该产品的高价位。

(三)聚焦战略

聚焦战略是指向特定的顾客群体提供所需要的产品和服务的战略。该战略集中向特定的消费者群体、特定的地域市场提供产品或服务,或者只生产特定的产品,从而比服务于广大市场的竞争者更能为准确界定的狭窄市场提供优质的产品或服务。该战略需要所聚焦的市场具有足够的规模、良好的增长潜力,且产业的特征对其他主要竞争对手的成功并非至关重要。

聚焦战略追求的目标不是在整体市场上获得一个较小的市场份额,而是在一个或几个细分市场上占有领先的市场份额。其优点是适应了本企业资源有限这一特点,可以集中力量向某一特定子市场提供最好的服务,而且经营目标集中、管理简单方便,使企业经营成本得以降低,有利于集中使用企业资源,实现生产的专业化,实现最优的经济效益。

聚焦战略也会存在风险,如引起了其他竞争者的注意,进而出现众多竞争者的仿效;或者消费者的偏好产生变化、购买兴趣转移等,企业就有可能陷入困境。

二、新创企业竞争战略思维

(一)中小企业的成长战略

新加坡国立大学的李凯盛等三位学者对波特的竞争战略进行了分析,发现其并不完全适合中小企业。因为现存的战略框架都是为那些拥有足够资源的大公司设计的。中小企业不能照搬照抄这些战略框架来解决其问题,因为它们缺少足够的资源。正是资源紧缺影响到了中小企业可以选用的竞争战略。在《别让大象踩扁你:中小型企业成长战略》一书中,他们提出了中小企业可以采取四种可行的竞争策略。如表 6-4 所示。

表 6-4 中小企业的竞争战略

中小企业产品		大企业的反应	
		容忍	反对
大企业忽视的新市场	差异性	填补战略	
大企业服务的已有市场	可替代性	替代战略	威慑战略
	一致性	搭便车战略	

资料来源:李凯盛,林源华,谭苏娟. 别让大象踩扁你:中小型企业成长战略[M]. 北京:中信出版社,2003.

(1)填补战略。填补战略是指集中资源来满足被已有竞争对手忽视的一些选定的细分市场(或利基)的潜在需求。采用填补战略是因为利基市场被现有竞争者忽视,或市场内现有竞争者较弱小,同时利基市场规模足够大,市场供应有营利性,而且有未来成长潜力。只有创业企业拥有超过大企业的可持续竞争优势,才能采取提供差异性产品的填补战略。中小企业应该避免采取提供完全不同的产品,除非它们能有效地威慑大企业的进入。

(2)替代战略。成功地实施替代战略需要中小企业在进入目标市场时,能提供既有差别化又有替代性的产品,这样才能迫使大企业妥协。关于产品差别化,可以采取不同的形式来实现,如提供更好的售前和售后服务,包括提供更好的质量保证。中小企业在进入市场时，可以成功地应用替代战略，是因为大公司在应对这种战略时，反击中小企业进入的代价很高，而这样会降低大公司别的细分市场的利润。由于大公司会对中小企业的进入采取妥协策略，因此对于中小企业来说，在应用替代战略和大公司竞争时，没有必要采取成本领先的策略。

（3）搭便车战略。中小企业也可以提供和大公司一样的产品，降低价格，鼓励客户购买他们的产品。通过这种办法，中小企业也可以瓜分大公司所占有的一部分市场份额。这就是所谓的搭便车战略。通过平行进口以及生产和销售相似产品，使中小型企业成功进入市场。这些就是搭便车策略的例子。通过采取这种战略，中小企业不用花费任何市场开发成本就可以进入那些成熟的市场。这样做是很有意义的，因为中小企业没有很多资源，很难承担起开发市场的巨额成本。它们可以跟随大公司进入已开发成熟的市场，而省去了开发市场的成本。这种战略只适合于那种已经培育成熟的市场，这样中小企业才可以提供相同的产品，并以较低的价格来瓜分大公司的市场份额。

（4）威慑战略。假如我们预期大企业比较好胜，它们将会不惜一切代价，"疯狂地"反击。中小企业应该采取先发制人的办法——威慑战略，来制止这种疯狂反击。假如大企业采用威慑战略，中小企业应该发出信号，让好胜的大企业明白，它们有信心，也有能力保住市场份额，这样做非常重要。中小企业可以通过组建战略联盟或参与对市场进行开发的投资来传达这种必胜的信心。

（二）柔道战略

在《柔道战略：小公司战胜大公司的秘密》一书中，美国学者大卫·B. 尤费运用日本柔道功夫的技术特点，提出了一些以小胜大、以弱胜强的战略思维，并称为"柔道战略"。柔道战略就是要求企业在竞争中避其锋芒，放弃硬碰硬的竞争思维模式。其目标不是帮助企业在市场中仅仅争夺立足之地，而是要使企业成长为一家大企业。柔道战略有三个核心的原则：移动——让自己处于最佳位置；平衡——梳理进攻思路，保持进攻的姿态；杠杆借力——将竞争对手的力量转化为自己的竞争优势。其核心观点如下。

（1）移动原则。移动原则就是不要引发冲突，要界定竞争范围，并快速进入阵地。它有三个层次的意思：首先，要界定好自己的竞争领域。市场永远都有机会，关键是要去寻找适合自己发展的领域。作为中小企业，产业选择和市场定位是最重要的。分析竞争对手，找出它们的薄弱环节，这些薄弱环节一般都是由于对核心力量的过多投入和保护而产生的。在选择竞争领域时，要努力做到市场与自身的最好匹配。在自己的"主场"作战，往往胜利就多了一分把握。其次，不要轻易引发冲突。当企业还比较弱小时，要学会韬光养晦，尽量避免招惹强大的竞争者，这样就能给自己赢得时间和空间。许多中小企业尝试引起公众和竞争对手的注意，但这往往容易招来围攻和打击。最后，全力以赴，快速发展。在找到目标和独特的领域之后，中小企业就要全力以赴，快速发展。在竞争对手尤其是大的竞争对手察觉之前，尽可能地成长壮大，增强自身实力，要充分利用合作去盘活控制范围之外的资源为己所用，展开竞争。

（2）平衡原则。企业的快速发展迟早会遭到竞争对手的察觉和攻击。因此，最佳的选择是适当地退让以保持自身的平衡。平衡就是要在竞争中努力处于一种既能反击又能进攻的状态。所以说，适当退让不是投降。简单地说，平衡原则有三种技巧：一是抓住对手。给对手施以小惠，防止对手大举进犯；和潜在的或现实的对手展开不同层次的合作，或者是做出一定程度的退让，限制对手的活动范围。二是避免针锋相对。针锋相对会将弱势企业拖入一场拉锯战的消耗中，同时，要研究对手的每一次进攻，找到可以利用的地方，不必回击对手的每一次进攻。三是推拉制衡，学会将计就计，利用对手的攻势，找到能够将对手的势能转化为自身优势的方法，这样就可以削弱对手的攻势。

（3）杠杆借力原则。通过移动原则，赶在对手察觉之前，利用自己的快速进入，建立先行者优势。接下来，平衡技巧的运用使企业牵制了对手，延缓了对手的进攻，巩固了自己的优势。但要赢得最终胜利，中小企业还必须向前一步，利用杠杆借力原则，以最小的努力发挥最大的效率。杠杆借力原则有三个技巧：以对手的资产为杠杆——挟天子以令诸侯，资产可以是进攻的武器，也可以是前进的障碍；以对手的合作伙伴为杠杆——离间对手的攻守同盟，或者让对手的伙伴变成鸡肋；以对手的竞争者为杠杆——不是坐观其变，也不是螳螂捕蝉，黄雀在后，而是火上浇油。

柔道战略是一个理论上简单，但是实用而又系统的战略。就像在柔道比赛中一样，任何一个高手要赢得胜利，都不能只靠其中的一个或两个原则和技巧取胜，他必须将柔道中的三个原则和所有技巧系统有机地结合起来，融会贯通，才能最终击败竞争对手。现实中的企业，尤其是中小企业也一样，仅凭单个原则也是难以胜出的。

弱势企业如何以小博大

强攻硬拼，弱势企业难以挑战强势对手。柔道战略则可以化解掉强大对手的优势——通过快速运动造成对手无的放矢、推拉牵制诱使对手失去平衡、借力打力导致对手进退维谷，是为移动原则、平衡原则和杠杆借力原则。易趣、淘宝、蒙牛……这些曾经在巨人影子下生存的公司，是如何成为柔道高手的？

美国连锁折扣卖场鼻祖凯马特（Kmart）因自己的市场份额不断被沃尔玛抢夺，毅然发动了一场针尖对麦芒的价格战。凯马特推出成百上千种特价品，声称价格低于对手。卧榻之侧，岂容他人酣睡？沃尔玛立即对这些特价品打折，使它们的价格再次低于或持平于凯马特。

随后，双方开始比拼谁的运营成本更低。凯马特很快就捉襟见肘了。那些特价品由于供货不足，经常缺货，冲着它们而来的顾客开始不满。同时，由于不少货品都是赔钱赚吆喝，凯马特的亏损直线上升，很快便不能支撑。反观沃尔玛，由于运营成本和供应链管理优于凯马特，价格战虽然代价不菲，但尚能承受。这样，孰胜孰败，从凯马特发动正面进攻那一刻就已经注定了，结果凯马特的总裁只能辞职，公司进入破产程序。

一家叫塔吉特（Target）的折扣卖场远比凯马特聪明。美国折扣卖场的目标顾客多为女性。塔吉特发现，中等或中等以上收入的女性对折扣商场（如沃尔玛）有些抵触，因为那里的商品、环境、服务难以令她们满意，而环境舒适的百货公司商品价格又过于昂贵。看到了两者中间的空档，塔吉特把自己定位为"高级商品的折扣店"，不但购物环境好于沃尔玛，产品也普遍高出一个档次，为中产阶级提供了很好的性价比，成为美国曾经发展最快、规模居第二的零售巨头。

凯马特的失败和塔吉特的成功说明，相对弱势的企业要成功挑战行业领袖，靠强攻硬拼是不行的。那么，该如何以柔克刚？

柔道是一种将对手的体能和力量为己所用、借力打力、击败对手而获胜的武术，它使弱者或体重处于劣势的人能够战胜身体方面占优势的对手。柔道战略主张企业避开对手锋芒，放弃硬碰硬的思维，以巧取胜，四两拨千斤。

柔道和中国的太极推手一样，带有浓烈的东方色彩，吻合东方的哲学思想。这种以柔克刚的思路，强调"柔"的力量。比如道家认为："天下柔者莫过于水，而能攻坚者又莫胜于水。"老子有"柔弱胜刚强""天下之至柔，驰骋天下之至坚"的话。《老子》里另一句名言是："上善若水，水善利万物而不争。"其实不是不争，而是不摆出争的态势，因为"夫唯不争，故天下莫能与之争"。看来，柔道战略可能天生适合于中国人使用。

资料来源：滕斌圣. 弱势企业如何以小博大？[J]. 东方企业文化，2008（8）：10-12.

第三节 创业战略的创新思维

创新思维是对传统战略思维的挑战，但这并不是说完全抛弃或否认传统战略思维。因为在企业竞争越来越激烈的趋势下，创新思维往往能使企业找到一个以小胜大、以弱胜强的理想方式。创业企业尤其需要这种创新思维，是因为在资源和技术方面中小创业企业没有优势，要战胜已占据市场地位的大企业，创新思维尤其显得重要。

一、创业企业成长的创新基因

达尔文曾说过："能够生存下来的，既不是最强壮的，也不是最聪明的，而是最能够适应变化的物种。"恐龙曾经是地球上最强大的统治者，但最终因适应不了环境的变化而灭绝了。而地球上一些看似微不足道的细菌，不论其生存的环境如何恶劣，都能一直生存繁衍下来，成为地球上真正的"永生"物种。其中一个重要的原因，就是这些细菌能够不断地通过变种来适应外部环境的变化。观察一下商界的一些百年老店，其生存下来的一个重要法则，就是能够通过不断的创新来应对外部环境的变化。如果企业的变革速度赶不上外部环境变化的速度，被时代抛弃也只是个时间问题。

经济学家熊彼特认为创新是创业的本质和手段。他赋予创业者以"创新者"的形象，认为创业者的职能就是实现生产要素新的组合。熊彼特对创新重新进行了解读，认为创新就是创业者把一种从来没有过的生产要素和生产条件实行新的组合，从而建立一种新的生产函数。

拓展阅读 6.3 创新无处不在——来自 IBM 的创新案例

熊彼特的创新思想获得创业者和管理者的认可，激励和指引了全球高科技企业的创新成长。但实际上，创新不仅发生在高科技企业，在任何行业和任何企业，创新都可以有效地促进企业成长。创新不仅发生在科学实验室和研发中心，创新可以以任何形式在任何场所发生，创新行为在具有优秀创新基因的企业中无处不在。21 世纪的创业企业已越来越认知到，创新应该成为成长型企业的一种思维模式、行为导向或文化氛围。

在企业的各种创新行为中，战略创新对创业企业的成长尤为重要。小企业通过战略创新，往往能获得广阔的成长空间。日本"尼西奇"公司原是一家仅有 30 多人的生产雨衣的小公司，因产品滞销，公司陷入困境。一天，董事长多博川先生从人口普查材料中发现，日本每年出生婴儿有 250 万人，这一信息立即引起他的深思，尿布这一不显眼的小商品，大企业不屑为之，但却是婴儿的必需品，就算每个婴儿每年最低限度只用两条，一年就是 500 万条，何况还有广阔的国际市场，于是他当机立断转产婴儿尿布。果然尿布投入市场后备受年轻父母的青睐，并很快遍及全球，其销量占世界尿布销量的 1/3。

具有创新基因的公司不会满足于公司的现状，它们总是心存高远，对未来充满期望，并希望能获得更好的成长。它们能不断地对现有的战略进行调整，制定出多套战略方案和决策流程，并持续地进行比较和权衡，激励员工为公司的成长贡献智慧。因此，这些公司总是会引领变革、走在时代的前沿，它们总是做好准备进行改变和创新。

二、创业成长战略的创新思维

企业战略主要回答两个关键性的问题：第一，企业为什么市场提供什么产品或服务。其关注的是"做什么"，即让企业选择做正确的事。第二，企业应如何在选定的市场上开展经营活动，其关注"如何做"，即把事做正确，在正确战略方向选择的基础上有效进行经营。

创业企业如何才能进行有效的战略创新呢？其中，跳到盒子外思考是一种有效的思维方法。所谓跳到盒子外思考，也可以说是非限制性思考。它的反面是盒子内思考。盒子内思考是一种自然且习惯的思维，所以大多数人大多数时候都是进行盒子内思考。从这个角度上说，跳到盒子外思考也可以理解为非习惯性思维或非传统性思维。如果所有企业都按照传统战略思维进行思考，则意味着战略趋同。战略创新就意味着要反思这些传统战略的前提和基础，用一种不同的思维来重新制定自身的战略。

很多知名咨询机构经常指导企业管理人员学习盒子外思考，因为进行盒子外思考，常常能让人产生一些有创意的想法。创业成长的经验表明，新创企业要想在强大的竞争对手面前取得巨大成功，就必须敢于打破行规，进行战略创新，改变原来的竞争规则。

拓展阅读 6.4 冲出思维牢笼

但是，我们的思维很容易受到现有"盒子"的束缚，这些"盒子"可能来自对外部环境的认知，也可能来自对自身企业的认知，还可能来自习惯性思维导致的行动束缚。

（一）对行业边界的不同界定

传统竞争战略认为行业结构决定行业的盈利性。传统观念认为行业分析是战略的核心，这要求能够对行业边界有清晰的界定。但是随着技术的融合，很多行业的边界变得越来越模糊，而且很多创新往往在边界之外和边界之间。未来的挑战是要洞悉边界之外和边界之间正在发生的变化。如果用常规思维来观察和思考边界以内的战略决策，就容易导致战略上的趋同。对很多行业来说，真正的竞争不一定在行业边界以内，一旦跨越行业产品的边界，将会发现广阔天地大有可为。

（二）对企业能力的认知局限

核心能力理论认为构建独特的核心能力是企业竞争的关键，并且特别强调核心能力的"价值性、独特性、稀缺性和不可模仿性"。核心能力的思维是要求企业在行业价值链中，必须培养出超越其他竞争对手的绝对优势，从而确保自己在市场竞争中的优势。因此，如何培养和发展自身的核心能力是企业战略管理中的重点。

但是，随着商业竞争的升级和复杂化，仅局限在单个企业之间的竞争思维已是一种"盒子内"思维。不论企业是否愿意，未来的竞争将是生态圈的竞争，即企业之间竞争不仅要看自身的核心竞争力，还要看企业所处的生态系统是否具有竞争力。因此，企业未来管理的不仅是自己所拥有的能力，还需要规划和管理生态系统中其他企业的能力。

生态系统的战略思维意味着核心竞争力的管理由单方变成多方，由内部转向外部。生态系统是一个共生、互生和再生的概念,企业共同创造价值,互相依赖,推动整体生态系统向更高的价值曲线前进。

(三)突破成长战略的习惯思维

大脑思维科学研究表明,一种思维模式一旦形成和固化,就会对人未来的思维和行动产生长期的影响。在组织中,一种战略思维模式一旦形成,就会变成一种难以摆脱的习惯性思维。例如,传统的竞争战略强调三种不同的定位:成本领先战略、差异化战略、聚焦战略。该思维要求企业一旦做出战略定位,就应集中资源在该战略上,不断强化自身的优势,而不是左右摇摆不定。

但是在创新战略思维中,并不是一定要单纯强调低成本或差异化,还可以进一步对客户价值要素进行细化,选择关键要素加以强化,而弱化甚至舍弃非关键要素,从而成功跨越传统的战略定位思维。例如,如家连锁酒店最初创业的思考角度很独特,就是找出那些出差在外的人最关心的要素,并对这些被关心的要素进行提升,而把其他不重要的要素往下调整。比如人们最关注的是要睡好觉、洗好澡,就将所有跟睡觉和洗澡有关的元素都强化,做到中等偏上水平。而大堂装饰、按摩、吃饭这类不太重要的元素都简化甚至舍弃。如此一来,原来住星级酒店的商务出差或短途旅游的顾客会被吸引,因为洗个好澡、睡个好觉就能满足需求。如家的这种战略定位没有在低成本差异化上采取习惯性的思维,而实现了一个突破传统习惯思维的创新思考,将不同的竞争要素重新组合,最终实现低成本和差异化的同步强化,从而获得竞争优势。

三、跨行业边界寻求创业成长

传统的战略思维认为,竞争市场就像一场你死我活的角斗场,要赢得这场角斗,首先要有效地界定行业的竞争边界,波特的五力竞争模型(直接竞争对手、潜在进入者、替代品、卖方和买方)能帮助界定行业边界和评估竞争现状,并对未来行业的竞争定位做出预判。传统的竞争思维要求把行业边界界定清楚,看清谁是客户、谁是对手、谁是合作伙伴,这是我们制定战略的前提和基础。但是,创新思维对行业边界的界定却很模糊,许多创新往往来自行业之外,尤其在行业与行业边界之间,我们能找到许多创新的机会。战略创新不仅要考虑谁是我们的客户,还要考虑谁不是我们的客户,从而找到一种方式让那些非客户变成我们的客户。

在互联网技术和经济兴起的今天,跨界竞争与成长已让一些新兴企业成为颠覆行业的黑马。就像中国移动公司说的,与其他运营商竞争了这么多年才发现,原来腾讯才是我们真正的竞争对手。360免费杀毒软件出现后,曾雄霸杀毒软件行业的金山毒霸一夜间就失去了霸主地位。阿里巴巴支付宝的推出,竟然能让银行界思考未来最危险的竞争对手可能根本不是来自金融行业。未来几十年,这种跨界竞争也许还会不断上演,来不及变革的企业,必定遭遇前所未有的难题。

互联网革命这种几百年一遇的商业革命，给新的创业者带来了前所未有的机会。互联网似乎带来了一种颠覆和整合的魔力，碰到谁就改造谁的基因。其实，互联网只是一种新科技工具，关键是掌握这种科技的新生代，他们思考未来和观察行业的眼光都是跨越现有边界的。

四、战略创新的生态系统思维

商业竞争已经从单个企业之间的竞争转变成它们所在的商业生态系统的竞争，企业之间的竞争演变为生态系统之争。企业战略创新生态系统可以定义为：企业以开创新的发展领域、实现新的顾客价值为共同战略目标，以一定的利益机制为纽带，形成相互依存、共同进化的企业战略创新体系。正是因为动态的和高不确定性的市场竞争环境，企业已经不能单独完成一项战略创新行动。在同一价值系统中的不同企业可以通过市场机制，为实现共同的战略目标而形成一个企业战略创新生态系统。

扬西蒂（Iansiti）和莱维恩（Levien）发现商业系统就好比生物生态系统一样运行，沃尔玛、微软公司等都运用"网络核心企业"战略积极主动地塑造和调控着它们各自的商业生态系统。而在这样做的过程之中，它们在极大地改进了自己的绩效的同时也为其他企业提供了可利用的"平台"，促进整个生态系统改进生产率、增强稳定性，并有效地激发创新。成功的企业利用它们的"关键优势"，通过整个商业网络的合作获得竞争力，并通过超乎于自身公司范围的更广泛的环境而成功，那就是它们各自的创新生态系统。

战略创新生态系统是战略创新和商业生态系统的复合体。战略创新生态系统指引了企业战略创新方向，提供了新的发展目标和路径。企业战略创新生态系统能够推动企业发展，是企业获得竞争优势、在激烈的竞争环境中脱颖而出的有力保障，是企业为自身和顾客创造价值的必要条件。

企业战略创新生态系统不仅是对企业内外部战略创新资源的整合和利用，而且是对所使用或开发的各种战略创新资源进行耦合并达到的一种动态平衡体系。这样的企业战略创新体系具有类似于自然生态系统的一般特征。越来越多的企业已经意识到在一个生态系统中开展创新的重要性，因为这样可以降低企业战略创新的成本，提高企业战略创新的效率，共担企业战略创新的风险。

飞利浦、索尼等公司 20 世纪曾投入数十亿美元，用于高清电视战略项目的开发。但是，该项目最终没有获得预期的战略目标，不是因为产品本身存在缺陷，而是因为影像制作设备、信号压缩技术和广播电视标准等关键性相关因素，未能及时配套开发或应用。造成此类战略创新失败的原因是企业没有整合战略创新系统内成员。相关案例一再表明，即使一家企业有能力完成自己的战略创新，有能力满足并超越客户的需求，有能力成功地排除竞争对手，市场也未必能形成。因此，企业若想成功地完成战略创新，单靠企业自身的创新能力是不可能实现的，必须与各种利益相关者如生产者、供应商、竞争对手、政府、高校、科研机构、相关社会群体等形成相互合作的网络系统，这样才能使成员更容易感知战略创新。同时，企业在网络系统内更容易得到所需要的资本、技术、人力等资源，实现创新资源共享、能力价值互补和战略要素流动。企业要加强系统网络聚集力，在弥补自身不足的同时，创造并不断完善整个创新生态系统，最终使其系统具有网络竞争优势。

【本章小结】

本章围绕创业企业的成长战略思维进行探讨，主要从企业成长战略思维、创业竞争战略思维和创业战略的创新思维三个方面展开。首先，在安索夫成长战略思维的基础上，介绍了价值创新的战略思维逻辑，并重点阐述了蓝海战略思维，共提出六项原则，分别是重建市场边界、注重全局而非数字、超越现有需求、遵循合理的战略顺序、克服关键组织障碍、将战略执行作为战略的一部分。其次，介绍了迈克尔·波特的一般竞争战略，并进一步分析了新创企业运用波特竞争战略的利弊，在此基础上探讨了创业企业可以运用的填补战略、替代战略、搭便车战略、威慑战略，以及以弱胜强的柔道战略。最后，探讨了创业的战略创新思维：要能够通过不断的创新来应对外部环境的变化；能够跳出盒子外思考，敢于打破行规，改变原来的竞争规则；不要被行业边界所限定，要善于从行业之外，或行业与行业边界之间找到许多创新的机会；需要以共同战略目标和利益机制为纽带，形成相互依存、共同进化的企业战略创新体系。

1. 比较波特的竞争战略与蓝海战略之间存在的区别。
2. 如何理解创新在创业战略中的重要性？是否可以用一些案例来说明你的观点。
3. 收集和总结一下利用互联网技术和思维来实现跨界竞争的案例，并尝试归纳这些案例成功的核心逻辑。
4. 选择一家创业型企业并收集相关资料，深入分析和评价其每个成长阶段的战略及实施情况，并尝试讨论其未来成长战略创新的可能选择。
5. 右图有九个黑点，要求画四条直线把九个点都连接起来，画线的时候笔不能离开纸面。并在完成后分享个人体会。

暴风集团：为什么在"风口"上飞不起来

作为互联网经济浪潮下的创业明星，曾经前途似锦的暴风集团，为什么会在短短

4年多的时间就由盛及衰,一步步陷入经营窘境?回顾一下公司走过的14年创业之路,是否可以让我们从中获得一些值得思考的地方?

一、公司创建与前期发展

(一)公司的创建

2005年,冯鑫决定出来创业。在此之前,他全面统计在个人计算机上广泛传播的各种软件:操作系统、浏览器、搜索、输入法、即时通信、下载、播放、音乐、安全等,最终结论是总共有11个领域存在创业机会。最后,基于各种考虑和评估,他决定专注于桌面视频软件的开发,并在2005年8月创立酷热科技,于2006年向市场推出酷热影音。

2006年9月1日,公司作出重要决定,购买暴风影音相关知识产权。虽然酷热影音经过一段时间的开发、推广和运营,已拥有一定的技术积累及用户基础,但暴风影音当时是在市场占有率上处于领先的桌面视频播放软件。为了扩大业务规模、提升市场占有率,创业团队决定将酷热科技原有的技术积累和"暴风影音"品牌相结合,以利用其已取得的市场占有率及品牌优势。

公司于2007年开始向用户提供免费使用为主的暴风影音软件及本地视频播放服务。随着用户需求从本地向在线、从电脑端向无线端的转移,公司逐步推出暴风影音系列软件产品,并不断丰富产品类型及功能,改善用户体验。

暴风影音的业务模式是互联网行业典型的"免费+广告"模式,即主要以免费方式提供给用户使用,满足视频用户从本地到在线、再到多终端的视频需求;同时,公司凭借业内领先的用户规模,充分发挥暴风影音平台作为互联网媒体的广告投放价值,为商业客户提供互联网广告服务。在2012—2014三年中,广告收入在公司业务收入中分别占比89.5%、95.45%、88.72%。

(二)产品创新:推出暴风魔镜

公司主要专注于视频技术的研发与产品创新。视频技术创新方面,暴风影音系列软件通过视频播放核心集成技术(即"万能播放")的综合运用,可支持的播放格式多达680种。经过多年的技术积累,公司在视频播放、视频压缩、视频传输与内容分发四项关键视频技术领域积累了相应的技术成果。

在深耕细作"暴风影音"系列软件的基础上,公司积极探索视频应用的新兴领域,于2014年12月发布智能可穿戴设备"暴风魔镜"第二代产品及配套App。产品功能设计包括"近景IMAX影院效果呈现""360度图片及视频观看"及"沉浸式游戏体验"等。

二、IPO后的战略调整:持续寻找"风口"

(一)DT大娱乐战略

上市两个月后,2015年5月18日,冯鑫在发布会上宣布"暴风科技将从一家网络视频企业全面转型,成为 DT 时代的互联网娱乐平台"。在"DT 大娱乐"平台战略引导下,公司从上市前单一的互联网视频平台逐步发展为集互联网视频、虚拟现实(VR)、智能家庭娱乐、在线互动直播、影视文化、互联网游戏和 O2O 等业务于一体的互联网综合娱乐平台。为了实施 DT 大娱乐战略,暴风在原有视频业务的基础上进行了一系列布局。

(1)虚拟现实平台。冯鑫对 VR 抱以大期待,曾表示"VR 虽然是在全球 DT 大娱乐布局中的一个很重要的环节,但是 VR 本身就是跟 DT 大娱乐战略级别平行的平台,因为 VR 是整个互联网的迁移,不限于娱乐,包括了社交、电商等。暴风魔镜选择移动 VR 和尽快规模化作为早期战略被证明是非常正确的,到目前为止魔镜用户规模突破 100 万台,并将率先达到 1 000 万的用户规模,同时帮助很多 VR 内容相关的产业链在与我们的合作中得到收益"。2015 年,暴风在硬件和内容等方面开始发力,暴风魔镜 App 注册用户数达到 100 万,日均活跃用户数达到 7 万。

(2)智能家庭娱乐平台。公司 2015 年 12 月推出暴风超体电视,计划通过"秀场 + 游戏 + VR + 超级 IP + 互联网影视 + 线下服务 + 互联网技术 + 互联网开放平台"来满足用户多样化需求,同时兼具 IP(知识产权)、CP(内容提供商)、SP(服务提供商)三重模式支持,成为拥有开放内容生态的新一代互联网电视品牌。暴风超体电视采取了开放式采购模式,其内容不仅来源于暴风影音海量优质资源,同时还与爱奇艺等内容提供商达成战略合作,内容全面覆盖 95%以上院线热门大片,并牵手美国派拉蒙、狮门影业等业界巨头,联合推广进口热门商业大片。

(3)布局在线互动直播平台。在线互动直播业务依托于公司整个联邦生态业务板块,是公司全球"DT 大娱乐"战略的一个重要环节。2015 年,风秀科技完成了秀场产品 2.0 的升级,在 PC 端和手机上均已上线,尤其是 PC 端,在业界率先使用 3D 引擎来进行开发,因此,在视觉特效和互动效果方面均有一定的领先地位。而除此之外,其 3D VR 直播也完成了 1.0 阶段的研发工作,手机版本也即将全面升级,这将进一步强化主播和粉丝之间沟通的渠道。

(4)积极投入内容,并购优质资产。公司同时在内容上进行投入,积极布局上游优质内容。通过版权采购、对外合作、暴风出品及自制,实现对新热剧全方位的内容覆盖。与此同时,公司推出"微电影扶持计划",公司自制《牛人传》《暴风明星汇》《消失的中国味道》《搏击俱乐部》《卡拉看世界》等涵盖文化、娱乐、美食多个领域的精品节目。冯鑫表示:"全球 DT 大娱乐战略的目标是构建一个内容、服务和商业的大娱乐生态,每天服务超过 1 亿娱乐消费者。此次重大资产重组项目,是全球 DT 大娱乐战略落地的重要环节,开辟了公司在影视、游戏和海外市场的三个业务平台,结合暴风已有业务,在娱乐内容、服务和商业价值三个维度可产生有效的生态协同。"

(5)DT 大数据中心。上市后,公司内部重点组建大数据中心,并将利用 2016 年 3 月公告的重组项目中的配套融资进行 DT 大数据平台建设,进一步提高大数据挖掘分析的技术水平，进而使公司的互联网娱乐产业更具有竞争力。

（二）N421战略：新娱乐平台的领导者

2016年9月25日，公司又提出了N421的战略组织形态，即公司以"电脑、手机、电视和虚拟现实"四块屏幕为获取用户的核心平台，以"体育+影业"为内容增长点，以DT作为技术手段提升公司的运营和变现效率，通过"N"个触角布局互联网业务，构建暴风泛娱乐联邦，实现公司"DT大娱乐"战略。

（1）在线视频。根据艾瑞咨询统计，2016年我国在线视频付费用户已达5 441.8万人，同比增幅高达88.7%；市场规模已达96.2亿元，同比增长90.8%；2016年用户付费占比19.3%，其增速超过广告业务的增速。预计到2019年，用户付费将占比38%，成为视频行业第二大收入来源。暴风公司通过推出暴风影音10周年版、优化UI设计、视频播放中加入特高清功能、打通用户系统等一系列措施，使得公司用户黏性进一步增强，VIP付费用户数较上年增长近70.94%。

（2）互联网电视。相对于传统电视产业，互联网电视产业的盈利模式更加多样化，除硬件销售外，内容收费、广告、应用分发、游戏、电商等互联网行业的典型盈利手段使互联网电视企业在实现规模化后盈利能力大幅提高。2016年，暴风电视不断丰富产品线，通过线上、线下相结合的销售策略，年内实现80万台的销量，占公司总营业收入的50%以上，取得了2016年度互联网品牌电视销量第二、增长速度第一的佳绩，同时斩获2016年天猫"双11"电视品类销量冠军。互联网电视已成为公司最主要的收入来源之一。公司通过战略投资设立暴风影业、暴风体育布局内容端业务。暴风TV采取了开放的合作模式，与暴风影音、爱奇艺和奥飞等内容供应商深度合作，与暴风魔镜共享VR的内容资源，形成强大的内容提供能力，在内容覆盖面及内容更新速度方面具备明显竞争优势。

（3）虚拟现实。VR行业自2015年开始备受资本和媒体追捧，2016年下半年开始逐渐降温。从基础设施来看，2016年，VR芯片及系统标准等问题都初步得到了解决。2016年，高通推出的"骁龙820芯片"针对VR作出了大量优化，支持ATW和FrontBuffer等技术大幅降低系统延时，从而减少眩晕感。2016年，谷歌正式发布了DayDream系统，在Android底层开始支持VR，微软也发布了Holographic，在Windows底层支持VR。它们对软件、硬件的交互做了标准化的定义，并且开放给整个产业链。

（4）暴风体育。公司战略投资了暴风体育，进一步完善战略布局。2016年9月，暴风体育就发布了第二代产品，产品发布3个月，取得了2016年度综合体育App第六名、体育平台App第三名的成绩。

（三）AI+战略

在2017年9月6日至9日的暴风集团风迷节上，冯鑫表示，暴风集团上市以来，战略一直在升级和聚焦：从2015年的DT大娱乐战略，到2016年的N421战略，升级到如今的AI战略，即由"N421战略"升级为"AI+2块屏"，以用户平台为基础，从

"DT"升级到"AI",核心业务聚焦 TV 和 VR 两块新视频入口。产品则围绕"升级"开展,从视频、电视、VR 三个业务推动行业升级,持续创造娱乐新体验。

三、在风口上突遇"风暴"

2019 年 7 月 31 日,暴风集团突然发出公告,称公司实际控制人冯鑫因涉嫌对非国家工作人员行贿,被公安机关拘留。据知情人士透露,冯鑫此番被批捕,主要涉及三年前暴风集团的一桩并购案。2016 年,光大证券旗下全资子公司光大资本联合暴风集团等设立浸鑫基金,出资 2.6 亿元,外加杠杆 52 亿元,跨境并购全球体育赛事版权公司(MPS)65%股权。由于并购没有进行完善的尽职调查,在被收购之后,MPS 的很多体育赛事直播版权陆续到期,短短一年间,公司就变成了空壳。而 MPS 三大创始人拿到大量现金后集体离职,因为根本没有任何的竞业限制协议。2018 年,MPS 被破产清算,光大资本由于身为普通合伙人,变为此次事件的兜底方。随后,光大证券以暴风集团和冯鑫不履行回购义务为由,一纸诉状,将昔日合作伙伴告上了法庭,要求赔偿金额 7.5 亿元。

思考题:
1. 暴风集团创业过程中把握了哪些重要的风口?
2. 请评价暴风集团每一次的战略转型。

第七章

创业成长周期与管理

【名言集锦】

万物必有盛衰,万事必有弛张。

——韩非子《韩非子·解老》

舟循川则游速,人顺路则不迷。

——马冯《意林·唐子》

【本章学习目标】

1. 了解影响企业寿命的不同因素;
2. 掌握典型的企业生命周期理论;
3. 理解企业成长的经济学解释;
4. 了解阻碍创业企业成长的主要困境;
5. 探讨促进创业企业成长的管理模式。

海尔:没有成功的企业,只有时代的企业

海尔集团(以下简称"海尔")创立于1984年,从开始单一生产冰箱起步,拓展到多个领域,成为全球领先的美好生活解决方案提供商。回顾海尔的成长历程,海尔总是能抓住市场的脉搏,大胆创新,勇于变革,不断创造出一个个成长奇迹,令人叹服。即使如此,海尔总裁张瑞敏依旧保持"如履薄冰,战战兢兢"的心态来迎接未来的挑战。面对汹涌而来的互联网浪潮冲击,张瑞敏由衷地发出感慨:"没有成功的企业,只有时代的企业。"

阶段一:以做名牌为核心的差异化战略

1984年,张瑞敏出任青岛电冰箱总厂厂长,当时国内的电冰箱生产厂家林立,家电市场处于供不应求的状态,许多厂家为了抢占市场份额,积极扩展生产规模。但海尔并没有跟随当时大众战略思维,而是采取了做名牌的战略。中国第一台宽气候带电冰箱、中国第一代保湿无霜电冰箱、中国第一台全无氟电冰箱等都是在海尔产生。这些有功能上创新的产品，不断创造出新的市场和消费群体，一定程度上引领了冰箱消费市场的发展。1989年，我国冰箱市场发生"雪崩"时，许多品牌出现了库存积压，纷纷大幅降价以求生存，但是海尔产品价格不但不降，反而提高10%，仍供不应求。

此外，服务创新也是海尔差异化战略的重点内容。从1994年的无搬动服务，1995年"三免"服务，1996年先设计后安装服务，1997年的24小时服务到位，1998年全国星级服务网络连锁，1999年整机3年保修、压缩机6年保修，2000年的服务网络通过ISO 9002认证、星级服务一条龙和零距离服务，到2001年的无尘服务，8年间实现了全部行业领先的10次服务升级。

正是在产品和服务上一系列差异化战略的成功实施，使得海尔成为国内最具竞争力的家电品牌，同时在家电品牌林立的国际市场也获得了认可和知名度，并为其后的多元化扩展战略奠定了基础。

阶段二：多元化成长战略

1992年，海尔首先开始进入冰柜和空调等相关行业，随后，又进入其他白色家电行业（如洗衣机、热水器、小家电、微波炉、洗碗机等）。1997年开始进军以电视为代表的黑色家电和以电脑为主的米色家电等领域。此后的十多年间，海尔多元化战略涉及业务非常广泛，除了相关的家电行业外，还进入生物、医疗设备、软件、旅游、数字家庭、物流、通信、家居、金融、房地产、IT等十几个行业。

海尔的多元化战略并非盲目进行，而是秉承"东方亮了再亮西方"的理念。并且，在多元化过程中，张瑞敏提出了吃"休克鱼"的并购创新战略，以充分利用自身的品牌效应和管理能力来进行并购扩张。以家电产业为例，从1995年兼并青岛红星电器厂开始，短短几年内海尔在全国共兼并了15家家电企业，只花了7 000多万元，但却盘活了15亿元的资产，使海尔得到了快速的成长和发展。海尔从1992年开始走多元化策略，通过多元化成长战略创造了连续14年平均增长速度82.8%的成长奇迹。

阶段三：先难后易的国际化战略

海尔在实施多元化发展的同时，开始实施国际化战略。海尔国际化战略的目标是实现内销、出口和海外生产"三个三分之一"，为此海尔积极开展资本和技术输出，在海外建立制造和销售基地。1990年，海尔首次向德国出口2万台冰箱，吹响了向欧洲家电市场进军的号角。2005年，海尔已经在全球建设15个工业园，冰箱、空调、洗衣机等主导产品的产能达到或接近世界第一的规模。海尔品牌已经有了一定的知名度、信誉度和美誉度。2010年，海尔在白色家电中，有8种产品销量全国第一，其中，变频冰箱在全球名列第二，洗衣机全球第三。

海尔在实施国际化战略的过程中，采取了不同寻常的"先难后易"战略，即先进入市场竞争激烈的欧美发达国家市场。但同时在进入的方式上，又会采取更加灵活的策略。以美国为例，美国市场是非常成熟的市场，也是世界上最难进入的市场，亚洲许多公司都在这个市场上栽了跟斗。海尔的产品进入美国市场的方式就遵循了"先易后难"的渐进模式。从进入方式来说，它采用的是先出口然后再直接投资，即"出口→联合设计→设立贸易公司→当地生产"的模式。

阶段四：全球品牌化战略

2005年12月，"海尔创业21周年暨海尔全球化品牌战略研讨会"在北京召开，张瑞敏宣布启动全球化品牌战略。从2006年开始，海尔以效率打造全球第一竞争力，在全球化品牌战略和"人单合一"模式下，海尔把不同的SBU（战略业务单元）团队经营成独立核算的公司，为每个人提供创世界级品牌的舞台和空间。在设计领域，海尔吸引了200多家国际化企业与海尔联合开发；在制造领域，有17个国际合作工厂为海尔品牌加工制造；在营销领域，许多品牌利用海尔的品牌美誉和全球化营销网络，海尔品牌走向全球市场；在物流领域，海尔与进入中国的多家外资企业合作发展物流；在配套领域，海尔吸引了74个国际化供应商到海尔工业园周边建厂；在售后服务领域，海尔品牌吸引了全球众多著名专业化服务商和呼叫中心为海尔品牌服务。目前，海尔已在世界160多个国家中形成自己的品牌。

阶段五：互联网趋势下的战略新探索

互联网时代的全面到来，其影响的深刻性和全面性早已波及各大传统企业，突围和转型成为传统行业蜕变的关键所在。"没有成功的企业，只有时代的企业，在互联网时代，智能家居是传统家电红海中的蓝海"，这是张瑞敏对互联网时代传统家电行业的独特解读。

作为行业的先行者，海尔率先推出以"U+智慧生活平台"为核心的七大生态圈。海尔家电生态系统的发布，改变了以往厂家仅生产一款或几款智能家电的"小打小闹"，展现出系统化的智能家居所带给人类生活的巨大改善。海尔领先行业推动智慧生活全面落地的举动赢得了行业和世界的一致认可。欧洲权威认证机构TüV向海尔颁发了对用户最佳生活体验的TüV认证，而海尔也成为家电行业内第一家也是唯一一家获TüV认证的企业。

作为中国工业的排头兵，海尔的工业4.0战略也在实施，而其核心实践就是构造互联工厂。"在全球范围内，海尔对工业4.0战略的探索和实践是非常超前的，"德国弗劳恩霍夫物流研究院首席科学家房殿军教授指出，"中国制造业转型升级的关键是制造逻辑的重塑，海尔互联工厂用开放平台的方式将用户、模块商和工厂等要素聚集到一起，这种制造逻辑给家电行业甚至其他行业的转型升级带来启示。"

资料来源：根据"刘拓. 海尔集团的互联网战略大转型[J]. 家用电器：绿色家电，2015（4）：76-78."等相关资料整理。

案例启示

海尔是中国改革开放中成长起来的优秀企业，其之所以能够在竞争激烈且复杂多变的家电行业中脱颖而出，在于其能够持续地进行战略创新与管理变革。"没有成功的企业,只有时代的企业"这句话充分地阐释了海尔领导人对公司持续成长的核心洞察,即外部环境一直在变化,企业的成功是因为能够通过变革来顺应这些变化,所以成功总是暂时的,只有不断跟上时代的变化,企业才能获得持续发展。

第一节 企业生命周期理论

一、企业寿命与影响因素

据美国《财富》杂志报道,美国大约62%的企业寿命不超过5年,只有2%的企业存活达到50年,中小企业平均寿命不到7年,大企业平均寿命不足40年;一般的跨国公司平均寿命为10~12年;世界500强企业平均寿命为40~42年,1000强企业平均寿命为30年。

2011年,成立满100年的IBM公司在《华尔街日报》《华盛顿邮报》和《纽约时报》上刊载了长达4页的广告,其中有一段话写道:"许多我们祖父祖母那一辈知名的公司已不复存在。1961年全球500强公司中的前25家公司,如今也只剩下6家。"广告的初衷也许是弘扬百年老店IBM坚韧不拔的精神,但同时也反映了一个残酷的事实,即使是全球最好的公司,其寿命也是非常短暂的。曾经雄霸行业的柯达和诺基亚等全球一流公司,在科技新浪潮的冲击下轰然倒塌的场景,就足以让任何创业企业——不论是初生牛犊的新创企业还是羽翼已丰的行业翘楚——都对未来的成长和命运保持一份警醒。

调查显示中国中小企业平均寿命仅2.5年

中小企业是国内最活跃的经济体之一,但其存在的平均寿命却不长。《中国中小企业人力资源管理白皮书》调查显示,我国中小企业平均寿命仅2.5年。

根据创智中国(CHINA HRKEY)研究中心的调查,目前我国注册登记的中小企业已超过1 000万家,占全部注册企业数的9成;中小企业工业总产值和实现利税分别占全国企业总数的60%和40%左右。中小企业提供了75%的城镇就业机会。近几年来,在全国每年1 500亿美元左右的出口总额中,中小企业占60%左右。中小企业如今已成为我国经济的主要层面。

中国企业平均寿命较短,据统计,中国中小企业的平均寿命仅2.5年,集团企业的平均寿命仅7~8年,与欧美企业平均寿命40年相比相距甚远。中国企业数量众多,但企业的生命周期短,重复走着"一年发家,二年发财,三年倒闭"之路,能做强做大的企业更是寥寥无几。

1 158万个中小企业,平均从业规模仅为13人。近8成中小企业主年龄为20~40岁,50%的企业主拥有专科以上学历。调查报告指出,从业人员的稀少反映出中小企业发展不足,本应是最大的就业渠道显得狭窄,就业问题极为突出。未来转移农村剩余劳动力和解决城镇新增就业及再就业的主要渠道是从数量上大规模发展中小企业。

经济发达地区是中小企业最密集和最活跃的区域。其主要行业为加工业、招商代理、经销批发和商业服务业,多数属于缓慢成长性企业。

资料来源:调查显示中国中小企业平均寿命仅2.5年[N]. 北京晚报,2012-09-03.

创业企业的成长总是展现某种固定的周期模式。创业团队先研制出产品或是服务,打入市场,吸引顾客。一旦过了这道坎,它们就会进入成长阶段,营业收入、市场份额和营业利润开始快速增长。在此之后就是平台期。团队继续研发和改善产品,但收入的增长幅度逐渐缩小,利润也会稳定在一个较低但还算不错的水平。当这些公司成熟之后,它们的成长会进一步放缓,直至停止。然而这时候公司的运营费用依旧只增不减,因为它们要与市场中的新手竞争。最后,公司没能跟上市场的步伐,营业额和利润逐渐陷入负增长,现金流紧张,负债率不断增高,开始资不抵债,直到公司破产、清盘。

企业的成长过程听起来就像一个生命过程一样,死亡似乎是一种不可逃脱的宿命。那到底是什么因素导致了企业的衰老和死亡呢?就像人类在探索生命衰老的原因一样,研究企业的兴衰过程一直吸引着许多人。研究众多的案例后发现,影响企业衰败的因素大致可以分为两个层面:外部环境因素和内部环境因素。

(一)外部环境因素

新创的企业往往都非常脆弱,很难经受住外部环境的剧烈变化,尤其是像经济危机这样的大灾难。例如,2008年的全球金融危机,就对全球的中小企业造成巨大冲击,包括中国的中小企业。以广东为例,数据显示2008年中小企业的亏损面扩大,当年前十个月广东停产、歇业、关闭和转移的中小企业有15 661家,其中,仅10月份停破产的就有8 513家,超过了前三季度的总和。金融危机使国外市场急剧缩小,中小企业面临出口订单锐减的困境,生产规模不得不降低,以减少产出,并且进一步导致生产成本的上升,在财务上出现现金流的困难,从而又导致信贷支持减少、融资渠道缺失、融资成本上升等一系列困难,这样很容易让中小企业陷入破产和倒闭的困境。

除了大的经济危机和经济动荡之外,外部环境因素还包括了宏观的政治法律、社会文化、经济发展和技术变革等诸多因素。政策环境的变化就可能对企业寿命有明显影响。例如,在企业经营困难的时候,如果有相应的政府扶持政策出现,就有可能延长企业的寿命;相反,如果又遇到紧缩的货币政策,如信贷政策突然收紧,也有可能直接迫使或加速企业的经营终止。此外,对于高技术行业的创业公司,技术环境的变化也是导致企业寿命缩短或终止的重要因素。

(二) 内部环境因素

影响企业寿命的内部环境因素非常多,每家企业都有自己的缺点和不足,尤其是创业企业,作为市场的新进入者经常存在诸多的能力缺陷和资源约束。例如,创业决策者由于经验不足,在战略决策与执行上就可能产生失误。

首先是来自战略层面的决策因素。所谓"一着不慎,满盘皆输",创业企业在成长初期的抗风险能力较弱,往往在某个重要的战略决策上出现错误,就有可能导致企业陷入困境。有些企业并不是一开始就遇到了经营困难,而往往是在取得了一些经营业绩后,就开始对自身的能力过度自信,认为创业并不像想象的那么难,赚钱也挺容易。这个时候,盲目扩张的想法会开始抬头,一些创业企业会开始进入许多其他的领域,使得有限的精力和资源迅速分散,慢慢使自己陷入经营的困境。因此,创业企业在进行多元化战略决策时,是需要非常慎重的。多元化容易导致企业主业不突出、市场形象和产品定位不清晰。经验表明,优秀的公司一般都是能够在某个领域做得非常专业或独占鳌头的公司,并且是在发展到一定程度才实行多元化,逐步扩展到其他产业,这些产业常常还是相关产业。不论是对于具有市场地位的大企业,还是对于初出茅庐的新创企业,在多元化等重大战略决策上都需要谨慎。

企业的管理执行能力也是影响企业寿命的重要因素。创业企业即使有了一个好的战略也并不能保证创业成功,更重要的是要有良好的战略执行能力。企业内部管理能力的提升是一个长期修炼的过程,广泛涉及开发新的产品、推出新的服务、降低产品成本、提高生产率、开拓新市场、广告宣传、组织结构调整、员工激励与培训等诸多方面。每个方面的短板都可能影响到企业的成长,创业初期的管理混乱是很多企业倒闭的重要原因之一。有些创业企业尽管营业额发展到一定规模,但内部的管理依旧低效,最终也以"温水煮青蛙"的形式走向衰败。只有优秀和有经验的创业者有意识和能力来应对此困境并采取果断措施,将企业扶上发展的正轨。

拓展阅读 7.1 史玉柱:兔子窝文化肯定要失败,必须重塑狼文化

二、五阶段企业生命周期

马森·海尔瑞(Mason Haire)在 20 世纪 50 年代提出"企业生命周期"的新观点,他认为企业的发展也符合生物学中的成长曲线。在此基础上,他进一步提出企业发展过程中会出现停滞、消亡等现象,并指出导致这些现象出现的原因是企业在管理上的不足,即一个企业在管理上的局限性可能成为其发展的障碍。1965 年,哥德纳(Gardner)在《如何防止组织的停滞和衰老》中主张一个组织在经历了停滞后完全可以持续不断地实现自我更新、恢复生机。企业生命周期与生物学中的生命周期相比具有其特殊性:①企业发展具有不可预见性;②企业发展过程中可能会出现一个既不明

显上升也不明显下降的停滞阶段；③企业的消亡可以通过企业的变革得以再生，从而开始一个新的生命周期。

企业成长周期理论就是把企业看成一个生命体，认为新企业也会经历孕育、出生、成长、成熟和衰退等生命阶段。创业者唯有对这些阶段的成长问题有正确的认识，并采取正确的管理措施，才能促进企业健康成长。一般来说，从最初创意的诞生到最终企业死亡的全部过程被称为企业生命周期，在每个阶段都有各自的问题和管理策略。

（1）孕育期。这一时期新创企业没成为现实，仍然是停留在创业者头脑中的创意或机会，创业者要合理评价商业机会，构建独有的商业模式，招募合适的企业核心人员，获取足够的有形资源和无形资源。此时，企业的技术或某一高新技术产品正处于酝酿和发展阶段，还远远谈不上商品化和市场规模，更不涉及组织结构。几个志同道合的创业者刚刚组成创业团队，进行相关技术的研究开发和前期的准备活动。一旦时机成熟，创业者就可以正式创立企业。新企业的建立，标志着创业者成功地度过孕育期。

（2）幼年期。处于幼年期的企业一般称为初创期。这一阶段，是企业生命最为脆弱的阶段。这一阶段新产品的雏形已经产生，组织结构初步形成。此时的企业市场占有率低，市场开拓极不稳定，企业没有稳定的销售和订单。管理上也不规范，多是靠创业者的个人直觉来进行管理。组织结构简单，创业者必须处理几乎所有的事务。由于缺乏良好的运营机制和充裕的资金支持，大量的新创企业不能赢得足够的顾客以获得企业生存必需的现金流。当企业的资金枯竭时，创业者只能选择出售企业或者选择破产。但是，初创期的企业往往显示出旺盛的生命力，创业团队斗志昂扬、富有创新精神，并对未来充满期望。

（3）成长期。经过初创期，企业步入创业的成长期。处于这一阶段的企业初步摆脱了生存困扰，开始考虑盈利。尤其是企业的市场开始开拓，市场份额逐步扩大，这一阶段的创业者可能略微感到轻松，有时还会带来兴奋的感觉。此时企业的组织规模开始快速成长，员工不断增加，企业的市场地位稳步上升，创业者开始尝到成长的甜头和成就感。但是，在快速成长的时候，如果对此期间的问题没有清醒的认识，企业仍然可能遭受意想不到的重大打击。例如，面对市场众多的投资机会，创业者往往目不暇接，开始多元化经营，在战略上容易采取冒进的冲动决策。面对潜在问题，创业者需要考虑建立一套合理的管理制度来应对。

（4）成熟期。随着企业逐步发展壮大，企业开始步入成熟期。企业的核心产品已在市场上占有较大份额，盈利快速增长，技术风险、市场风险大大降低，管理风险增加。这一阶段的企业往往会出现阻止创新的惰性和障碍。创业者需要考虑如何保持企业的竞争力，从公司战略的角度看，进行多元化经营管理是创业者面临的主要问题。尽管企业正在蓬勃发展，然而，经营中存在的潜在风险和管理者的一些失当举措，会使企业开始衰退。追求可持续成长的企业，会有效地利用成熟期获得的丰厚利润再投入新的经营领域中，因为现有的经营领域已到达一个增长的瓶颈，如果企业想要继续成长，必须寻找新的增长点，而在这个过程中，风险与机遇往往并存。

（5）衰退期。成熟期的企业如果不能成功蜕变，往往会沦落到衰退期的地步。处于衰退期的企业产品市场份额逐渐下降，新产品试制失败，或还没有完全被市场所接受；管理阶层的官僚主义、本位主义严重，部门之间相互推诿责任、士气低落；出现亏损，股票价格逐渐下跌。此时，被竞争对手接管、兼并的可能性增大，企业生存受到威胁。"创新"往往是衰退期企业走出衰退魔咒的重要利器。创新可以表现在很多方面：第一，企业可以通过对原有产品进行创新来延长其寿命，再次获得成长。第二，企业可以运用新技术研发全新的产品，这将彻底淘汰原有的产品，从而实现质的飞跃。第三，企业也可以在经营战略上实施创新，即跟随经济、社会和技术的新趋势，进入一个全新的领域，开辟一片蓝海。第四，企业在衰退期进行蜕变，往往还需要管理制度的创新，需要打破原有阻碍以上创新的组织管理障碍，才能实现真正的蜕变和重生。

三、爱迪思企业生命周期模型

在企业生命周期理论的基础上，许多研究对各个阶段进行了较为深入的细致研究，在企业生命周期理论模型中，又以美国咨询专家爱迪思的企业生命周期理论最为流行，因为该理论模型将企业生命周期划分得较为细致，并对每个阶段的管理问题进行了详细讨论。

爱迪思企业生命周期模型是爱迪思在 20 多年的管理咨询工作的基础上提出的。从大量的咨询案例和经验中，爱迪思把企业生命周期划分为十个阶段，它们分别是孕育期（courtship stage）、婴儿期（infant stage）、学步期（go-go stage）、青春期（adolescence stage）、盛年期（prime stage）、稳定期（stable stage）、贵族期（aristocracy stage）、官僚化早期（early bureaucracy stage）、官僚期（bureaucracy stage）、死亡期（death stage）。盛年期之前是成长阶段，盛年期之后是老化阶段。如图 7-1 所示。在每个阶段，企业都将面对不同的问题，并且需要采取不同的企业成长管理策略。

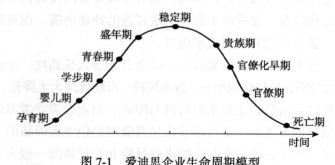

图 7-1 爱迪思企业生命周期模型

资料来源：爱迪思. 企业生命周期[M]. 赵睿，译. 北京：华夏出版社，2004.

（一）孕育期

这是企业创建前的阶段，可称之为梦想阶段。创业者在这个阶段开始有了一些创业的"奇思妙想"，并开始向周围的人推销自己的这些好想法，但这个时期还没有什么具体行动。这个阶段的重要任务，是需要创业者判断出创业的风险，确立自己将承担的责任与义务，并且这将一直伴随着创业者经历企业的全部生命周期。成功的企业不仅要有好的创意、市场和资金的支持，更需要创业者承诺把自己的全部热情和精力都投入该事业中。

孕育期的创业动机有重要影响，如果创业者的动机仅是赚钱，这种急功近利的狭隘观将不能支撑创业者建立真正的企业，即使取得了暂时的成功，也很难持续下去。真正的企业家要带点超凡脱俗的动机，如满足市场需求、创造附加价值、带来社会意义等。创业者应努力成为预言家，以产品为导向而不是以市场为导向，应该去满足某种未知的或者无法确切表达的需求，而不是对现有市场的跟进。产品导向还会培养狂热的责任心，这对于创业是必需的。如果他们把目光过早地投向市场，反而会冲淡自己的梦想。因此，孕育期的创业者不关心市场是正常的，不应该受到责难。然而，这种状态如果在企业建立后还继续支配着创业者，就会变成阻碍发展的问题。

（二）婴儿期

不再像孕育期的浪漫和梦想，婴儿期是要面临实实在在的生存问题。企业在这一阶段能否健康成长，取决于营运资金和创业者承诺的兑现。高谈阔论不会解决生存问题，增加销售量才是实实在在的头等大事。

导致婴儿期企业无法持续成长的首要因素就是资金问题。为了应付资金问题，频繁使用短期贷款、价格打折促进销售、草率的股份转让等失误策略，都有可能给公司带来灭顶之灾。导致企业失败的第二个因素是创业者失去控制权或者丧失责任心。缺乏规章制度，为了获取现金而采取权宜之计的坏习惯，尤其是为了保证资金链而引进了急功近利的不良投资控股者，会让创业者渐渐丧失企业的控制权。特别是在外来投资者的不当干预下，企业发展背离了创业者的初衷时，创业者还可能会放弃自己的责任。

规范管理是婴儿期企业另外的一个大问题，创业者忙得只能解决应急的事情，企业没有明确的方针和制度，缺乏必要的程序，公司整个管理构架可能只是创业者头脑中的一些零碎想法。创业者只能高度集权，他们承诺过度，工作负荷过满，从领导到员工都在忙，没有等级，没有聘用，没有考核。独断专行往往是婴儿期企业的领导风格，这样才能及时处理随时可能发生的危机。但这种独断专行，如果不适当地长期延续，就会在下一个阶段——学步期病态地阻碍企业发展。

（三）学步期

当公司运转起来，产品和服务得到市场认可的时候，企业就进入学步期。这一阶段，随着销售和现金流的逐步改善，"初生牛犊不怕虎"的自满自大情绪开始出现，最常见的问题就是不断被新的机会诱惑，经营开始涉足众多领域。创业者一时间觉得有太多机会都值得关注，任何一个机会都舍不得放弃，于是多元化开始遍地开花，企业卷入太多相干或不相干的业务。公司就像是个微型的企业集团，一个小部门甚至一两个人，就想要撑起一个"事业部"架势。

学步期企业往往围绕人来组织，而不是围绕事来组织，因人设事，企业的行为被动而不主动，因为它缺乏规划，它不断对机会做出反应，而不是先计划周密、组织完善、定位准确后再行动。在经历了试错的学习过程后，如果还没有聚焦行政管理制度建设，那么就要落入"创业者陷阱"或者"家族陷阱"，即无法实现由创业向规范经营的转变。

学步期的企业本应该夯实基础、稳扎稳打，关注预算、组织结构、职责分工、激励机制等基本制度建设。实际上，学步期往往是一个频繁的试错阶段，只有在不断失误犯错有了切肤之痛后才会慢慢清醒。一些创业者甚至是在经历了灾难性的打击后，才开始清醒过来，学会自律，学会放弃。其中，一些更明智的创业者会引进外部力量来完善管理制度，向职业化和规范化的管理模式转变，以稳固前期打下的基业。

（四）青春期

青春期的企业，最重要的事情是摆脱创业者的影响而进入经理人治理阶段。这是一个痛苦的过程，即便是创业者本人转变为职业经理人，其中的冲突、摩擦也在所难免。这种管理上的转型，最明显的特征就是企业行为缺乏连续性，员工产生隔阂，新人和旧人合不来。

婴儿期需要的是冒险，学步期需要的是远见，而青春期需要的是规范经营。与婴儿期不同，青春期必须学会授权。青春期的管理需要一个彻底的改变，需要职业化，减少直觉决策，驾驭机会而不是被机会驱使，创建新的激励制度与责任体系，完善岗位与薪酬管理等。

但这些管理改革往往就是冲突之源。完成青春期转变的关键，是创业者与经理人之间的理解、信任与合作。当然，如果创业者自己就担任经理人，并且能够顺利转变成职业经理人的角色，企业成长的问题就能缓解许多。

（五）盛年期

盛年期是灵活性和控制力达到良好平衡状态的阶段。企业经过了青春期的痛苦，实现了领导机制的转变，建立了有效的管理制度体系，梦想和价值观得以实现，合适的权力结构平衡了创造力和控制力的关系。

企业清楚地知道自己的发展目标是什么,管理上可以兼顾顾客和雇员的需求,销售和利润能够实现同时增长,对企业未来的成长有较准确的预期,公司整体规模与经济效益良好,能够不断分化和衍生出新的创业企业,能够向新的业务领域扩展,企业文化也越来越具有凝聚力和战斗力。

盛年期企业的主要问题是管理人员的培训不足,训练有素的员工不够。盛年期的公司发展可以预见和控制,并且具有资金基础,所以关键的难题是如何以高素质人员来保持企业兴盛状态。盛年期可分为两个阶段——盛年前期和盛年后期。前期经营者还在力求兴旺发达,后期经营者则满足于维持已经形成的大好局面。在盛年后期,企业自满了,远见和梦想不复存在,灵活性和创造力都在下降,概括为一句话就是彻底成熟了。

(六)稳定期

稳定期是企业的转折点,虽然一切还是欣欣向荣,但是大家都越来越循规蹈矩、安于现状,保守处事。花在一线客户上的时间少了,在办公室的时间多了起来。会议中没有了直截了当和犀利锐气,而多了小心翼翼和习惯防卫。决策的隐含准则是保护自己的利益而不是保护公司的利益。这时的高层管理尽管能倾听建议,但却不会探索新的领域。

稳定期的表象,是企业遇到了增长瓶颈,实际上是发展曲线到了顶点。表面上看,企业的组织良好,运行有序,按部就班,中规中矩,不再有那种为了事业的固执己见和剧烈争吵。对于胸无大志的领导人来说,可能还会因为冲突明显减少而沾沾自喜,企业由于已经赢得了市场的稳定地位而富有安全感。公司里有时也会出现新的构想,但却没有了当年的那种兴奋和刺激。领导人为了保持企业的良好声望,会压缩长远的研发预算而加大短期盈利能力的投入,甚至为了保持现有盈利水平而削减市场调研费用。一个最典型的表现,就是对财务部门的重视超过了对营销部门和研发部门的重视,对改善人际关系的兴趣超过了对冒险创新的兴趣,对昔日辉煌的津津乐道超过了对发展愿景和新战略定位的探索,在用人上更乐意用服从者而不愿再见到质疑者。表面上,这一阶段没有大毛病,高管层更多地会误以为这就是盛年期,但衰败已经开始。

(七)贵族期

贵族期阶段的企业,不再有真正的长期目标和事业追求,只是为了维持面子而热衷于短期获利和低风险目标。钱主要作为控制和笼络人心的福利,对表面形式的重视远远超出了实质内容。因为企业已经没有创业精神,所以通常采取并购方式来满足发展欲望,试图通过并购买到新的产品、市场和技术。

贵族期企业的本质就是两个字——平庸。企业内部好像波澜不起的一潭死水。大家关心的不是你做了什么,而是你如何做。衣着、会议室、工作空间、相互称呼等形式要件,是区分贵族期同其他阶段的明显标志。例如,婴儿期没有正式会议场所,走廊和电梯都是议事地点;学步期的办公室就是会议室,甚至一边吃盒饭一边讨论问题;青春期的争论往往在会议室之外,会外的碰头和协商比正式会议更重要;盛年期将会议室正规化,宽敞明亮,桌椅简单舒适;贵族期的会议室经过了精心装饰,墙上挂着创业者的画像,奢侈豪华的深色大会议桌配有典雅的沙发式椅子,地毯、暗色厚窗帘和柔和的灯光衬托出肃穆的气氛。

(八)官僚化早期

在官僚化早期,人们开始为了维护自己的利益而争斗,强调是别人造成了灾难,似乎只要找出"罪魁祸首"就能恢复正常,总要有人为错误承担责任,于是内讧和中伤不断,大家都在争夺企业内部的地盘,客户的需要无人理睬,那些平时看着不顺眼的员工就变成了牺牲品。而试图推行变革、彻底扭转官僚化趋势的人,其努力不但无济于事,还往往会搭上自己的职业前程,最后不得不走人。

官僚化阶段会解雇那些被指斥为造成公司困境的责任者。官僚化阶段会存在可怕的"管理偏执",所谓"偏执",是指被解雇者不过是替罪羊而已。如果情况还不好转,这种偏执经过一段时间就会重演,而人们不清楚下一个替罪羊是谁,这会加剧内部争斗和互相诋毁。

(九)官僚期

官僚化的结局是企业濒临破产,此时靠企业自身的商业努力已经无力回天。因为在这样的企业中,具有创新精神的企业家是站不住脚的,他们可能来了又走,最后剩下的是行政型管理者,他们擅长的是制定制度,建立程式迷宫。

官僚期的企业,到处充斥着制度、表格、程序、规章,就是看不到真正的经营活动。典型的官僚组织,企业已经不在乎客户,与外界隔绝,盛行文件崇拜,不管什么事情都需要打书面报告,客户提交了书面请求却不知道谁能对产品中出现的问题负责。部门负责人只能照章行事,却说不清楚为何这样设计制度。不管是内部员工还是外部的利益相关者,得到的答复都是"公司就是这样规定的"。

(十)死亡期

一般来说,进入官僚期的企业,已经患上了不治之症,发出死亡通知书是迟早的事,不过,如果政治因素还能让它苟延

拓展阅读 7.2 TCL 变革:鹰的重生

残喘，那么它的死亡期会延长下去。等到政治力量不再对这个企业承担义务时，死神就会降临。那些事实死亡而靠政府的监护输液维持生命的企业，是以政府发行钞票以及潜在或显现的通货膨胀为代价的。

第二节 创业企业成长解释

一、企业成长的经济学解释

（一）基于经济寻租的企业成长

经济学对企业成长的动因有许多解释，从古典经济学来看，企业本质上是异质性资源的集合，其成长的实质就表现为资源集合的扩张，企业的成长需要通过对外部资源的集聚实现。由于资源获取需要付出成本，因此，企业的成长就要求企业能获得超过资源成本的超额收益，该超额收益可以简称为经济租金。不同的经济学家对企业成长的经济租金来源有不同观点，这些观点可以作为企业成长内在动因的解释。

1. 李嘉图租金

经济学家李嘉图认为，经济租金主要来源于资源的价值性、稀缺性或难以替代性。因此，李嘉图租金是纯粹意义上的资源租金，其完全是来自企业所拥有的异质性资源本身，因为资源的异质性水平而获得的经济租金。企业成长中集聚的各种异质性资源，有的是因成长过程中的偶然性事件而获得的，如各种有形的物质性资源（如土地、矿山或高素质人才等）是企业本身创造的（如组织知识、技术专利、企业声誉等）。任何组织的发展过程中，不同资源的作用是有差异的，对企业的影响也是有限的。对于高素质人才而言，资源的黏滞性较弱，一旦人才从外部获取的"溢价"超出在企业内部获取的收益，将会发生人才流动或流失。但组织知识、声誉等资源是科技型创业企业在长期发展过程中慢慢积累形成的，具有路径依赖的特性，因此这种类型的资源能够为科技型创业企业创造相对较长时期的"经济租金"。

2. 张伯伦租金

经济学家张伯伦认为，经济租金主要来源于企业所拥有的高进入壁垒所产生的垄断性。一般来说，张伯伦租金是由高进入成本、规模优势和在产品市场上的强大市场势力建立起来的。张伯伦租金是企业利用其在市场交换中的独特地位和供给关系的强不对称性获取的经济租金，因而张伯伦租金并不是一种可持续的租金，只是一种暂时性的租金。张伯伦租金是由于相对垄断地位获取的，张伯伦租金成为企业进行规模扩张的主要动力之一，获取张伯伦租金的前提是企业具有规模上的相对优势，而企业规模的提升会进一步保证和提升张伯伦租金的获取程度。张伯伦租金的获取必须形成企业相对的规模优势。从实际发展来看，新创企业往往规模较小，具有轻资产等特性，所以获取张伯伦租金对其而言具有更大的困难，但寻求张伯伦租金可以为新创企业的规模发展提供重要支撑。

3. 熊彼特租金

在不确定性普遍存在的交换经济中，熊彼特租金来自企业家洞察力和风险偏好所产生的创新行为。与前两种经济租金来源不同，熊彼特租金是不依赖于企业资源的一种经济租金类型。熊彼特租金是通过企业家在不确定性中发现机会、承担风险，并进行资源重新组合的行为实现，与企业的规模关联度较低。熊彼特租金的获取方式可以分为两种：一种是企业通过在市场上纯粹的"套利"行为实现；另一种是企业通过创新性活动创造相对于竞争对手的竞争优势，造成暂时性的垄断壁垒。对于科技型创业企业而言，它们往往不具有规模优势，规模恰恰是它们相对大中型企业的一种劣势。因此，在创业企业发展过程中，获取熊彼特租金对其而言更具价值，尤其是对科技型创业企业，它们与生俱来的创新动机，需更加注重熊彼特租金。

以上三种经济租金都可能成为企业成长的动因，它们从资源角度解释了企业成长的本质，但这三者对于企业成长的作用各不相同。其中，基于企业家行为的熊彼特租金是企业实现不确定性成长的根本源泉。企业家通过在不确定性市场上的"套利"行为和创新行为创造出"暂时性的"和"局部的"垄断空间，虽然这种空间会被模仿行为及创新扩散机制所打破，但是这种"垄断空间"所带来的超额经济租金是企业实现不确定成长的重要经济租金来源。

（二）在降低不确定性中成长

企业成长的机会动因来源于创业企业所面临的不确定性。不确定性可以分为外生不确定性和内生不确定性两大类。首先，外生不确定性是由于外部环境所产生的不确定性，也称为环境不确定性。外部环境是存在于企业外部的、影响企业成长的各种要素及其相互之间关系的总和。内生不确定性是指经济主体的自身原因或内部结构状况而引起经济行为和经济结果的不确定性。内生不确定性来源于经济主体因自身的知识、经验及能力不一而形成决策水平的差异。

不确定性对于企业的成长而言，既是企业成长的基础，也是企业成长得以实现的手段，企业的竞争优势来源于相对不确定性的降低。外生不确定性构成了企业存在和成长的前提和基础，单个资源具有集中化的倾向以降低外生不确定性的影响，企业就是实现这一集中化的经济组织形式之一。而企业组织的维系和成长需要企业能够支付给其所集聚的资源超额经济租金，这客观上要求企业必须获取高于资源所带来的李嘉图型经济租金。企业成长正是通过对内生不确定性的相对降低，创造出相对于其他个体的竞争优势来获取超额经济租金，市场上的"套利"行为和创新行为都是企业制造相对内生不确定性的途径。

从经济寻租角度来看，超额经济租金主要来自知识和管理资源的李嘉图租金、垄断性的张伯伦租金，以及由企业家洞察力和创新行为形成的"暂时性的"和"局部"垄断的熊彼特租金。而从不确定性角度来看，不确定性的降低主要通过资源集中化所产生的规模优势、专业化生产的效率优势，以及企业家洞察力或创新行为形成的相对不确定性。

由此可见，企业组织在超额经济租金的获取与不确定性的降低两方面有着天然的和本质的联系。第一，企业可以通过资源集中所产生的规模优势培育相对的市场势力，以获取张伯伦租金；第二，企业通过在长期发展演化中形成的异质性知识和管理资源以提高专业化效率，进而获取李嘉图租金；第三，企业可以通过企业家的洞察力降低相对的外生不确定性形成第一种熊彼特租金；第四，企业可以通过实施创新行为创造相对的内生不确定性优势形成第二种熊彼特租金。

二、创业企业成长的驱动力

（一）内生性成长驱动力

1. 价值创新的成长驱动

管理学大师彼得·德鲁克曾强调："企业存在的唯一目的就是创造顾客。"在德鲁克的《创新与企业家精神》一书中，其还直接指出："创业的本质就是创新。"因此，对于一家新创公司，其最重要的目的就是要为顾客带来价值创新，并且，价值创新也是创业企业成长最重要的驱动力之一。创业企业不论是研发产品还是提供服务，其本质都是能为客户创造新的价值。如果企业提供的产品或服务具有突破性或颠覆性，其带来的价值创新往往更大。例如英特尔、微软和IBM等公司在计算机行业的产品创新就具有突破性，其给客户带来了创新价值，公司也因此成长为行业翘楚。联邦快递公司的快递服务也具有颠覆性，其服务给客户一种全新的价值体验，也因此成长为一家伟大的公司。中国的恒瑞医药在医药研发上几十年来持续投入，不断推出客户认可的高性价比新药，公司规模与盈利一直获得持续增长。同时，价值创新也是相对的，从技术上来看，并不一定具有颠覆性，只要为客户带来价值，就能成为公司成长的驱动力。例如苹果公司推出的iPod和iPhone，给客户带来的价值是全新的，因此可以得到客户和市场的认可，成为其成长的核心驱动力。

2. 战略创新的成长驱动

战略创新的核心是洞察和把握外部环境潜在的重要机遇。持续变化是外部环境最重要的特征，特别是在科技日新月异的今天，外部环境的变化速度总是超过常人的想象和预测。变化的外部环境也从来不会缺少机会，关键是创业者和企业能否具备把握战略机遇的能力。创业公司战略创新就犹如没有经验的年轻赛手进行的一场长距离越野跑，必须对外部环境有良好的感知和判断，明确自己的目标，能预估到达目的地所需要的体力与补给，能根据地势变化调整自己前进的速度和节奏，能灵活且又有韧性地执行自己的规划。在很多行业中，我们能看到这样的创业选手经过大浪淘沙后胜出，就是因为其优秀的战略创新能力。例如海尔，从20世纪80年代进入家电行业，在千军万马的竞争者中最终成长为行业的领导者，其中最为关键的就是战略创新能力。当很多家电企业忙着扩大产量抢占市场时，海尔却立足"名牌战略"狠抓质量；当竞争对手销售量开始停滞和下滑时，海尔却因质量过硬产销两旺，公司规模得以快速扩张；当竞争对手希望通过专业化抓质量时，海尔已开始全面实施"多元化战略"，通过并购成功进入诸多领域；当别人由于成长乏力不得不实施多元化战略时，海尔乘着加入世界贸易组织（WTO）的东风全力进行"国际化战略"；当别人专注进军欠发达国家和市场时，海尔逆势而上积极开拓主流发达国家和市场；当别人开始国际化战略时，海尔又开始进入"全球化品牌战略"阶段……

3. 管理创新的成长驱动

如果战略创新是为了挖掘或抢到好的赛道，管理创新就是要让企业在这条赛道上跑得更快、更有效率，因此，管理创新可以涉及企业运营的各个方面。首先，好的战略需要合适的组织体系做支撑，在战略不断创新的同时，组织管理也需做出相应创新。对于创业企业来说，随着市场开拓、人员增加、业务扩展和流程复杂，没有内部管理的创新作为保障，企业成长是难以为继的，即使规模能够增长，也会蕴藏着风险。其次，随着规模的增长，创业企业需要逐步形成一套有效的激励系统来保障企业成长的良性循环。好的激励系统能够促进创业精神和氛围在公司里不断强化和固化，从而驱动企业持续成长。很多优秀的公司即使在规模很大，依旧具有良好的创新与创业氛围，这与公司在管理上的持续创新有密切关系。最后，随着信息、互联网和大数据等新技术的发展，基于新技术的管理创新不断迭代升级。例如华为在国际化战略的实施过程中，引入IBM的信息技术对公司的整体运营系统进行升级创新，从而保障了其国际化战略的成功推进。实际上，中国改革开放后许多公司的成长都是基于管理创新带来的效率提升。

（二）外生性成长驱动力

1. 宏观趋势的成长驱动

水能载舟，亦能覆舟，宏观趋势往往是企业成长或衰退最重要的外部力量。雷军说："站在台风口，猪都能飞上天。"张瑞敏说："没有成功的企业，只有时代的企业。"优秀的企业家总是关注并敬畏宏观趋势，并能敏锐地去把握外部环境的大趋势和大机遇，让企业获得成长。首先，从全球经济发展来看，中国许多企业的崛起就是得益于全球产业价值链的转移机遇，只要能够感知到并准确踏入这股价值链转移的洪流中，企业就可以在这股洪流的推动下获得成长。例如，随着医药制造产业链的转移，中国一大批优秀的医药研发外包公司应运而生，并获得快速成长。其次，从国内经济发展趋势来看，一些优秀企业家能把握住国家产业政策带来的机遇，带领企业与国家产业战略一起成长。例如，在国家新能源产业政策的鼓励下，一大批优秀的新能源新创公司敏锐地把握住产业的成长机会，快速地成长为行业翘楚。最后，一些优秀的企业家能把握住科技革命趋势带领的大机遇，创建新企业，并在很短的时间里让企业快速成长。例如，近20年，一大批的中国互联网公司就是把握住了互联网技术的发展大趋势，大胆地进行商业模式创新，逐渐成长为中国的互联网巨头或行业领导者。

2. 行业演化的成长驱动

行业的演化对创业企业的成长也会产生直接影响。相对来说，当行业处于快速成长时期，创业企业可以获得更多的市场机会；而行业处于衰退期时，创业企业可能只能艰难地从已有竞争对手中去抢夺市场份额。首先，行业的周期趋势会给创业企业的成长带来影响。对于进入行业的新创企业来说，依据行业的演化趋势来制定相应的成长战略，是创业团队最重要的挑战之一。其次，行业结构的演化模式也会影响到创业企业的成长。有些行业在竞争的过程中会产生集中化的趋势，这种趋势会受到很多因素影响。例如，如果行业存在成本的规模化递减效应，就可以加速这种行业集中化趋势，最终只有部分企业可以在这种集中化趋势中获得较好的成长速度。最后，行业价值链的演化也可能带来行业中企业不同的成长速度。行业价值链的演化也会受到各种因素的影响。例如，充满不确定性的技术创新就有可能给价值链中的不同环节带来不同的竞争优势。有些环节的企业可能因技术创新的路径选择带来正向强化的竞争优势，从而具有良好的成长速度；有些环节的企业也可能出现相反情况，而无法实现一个良性的成长。

第三节 创业企业的成长管理

一、创业企业成长的主要困境

（一）融资困境

许多创业企业都属于科技型创业企业，科技型创业企业具有高投入、高成长、高回报与高风险的特征，而高成长、高回报往往需要以高投入为前提。相当一部分中小微创业企业面临融资难的问题，制约了其发展与扩大。

首先，中小微创业企业融资渠道少。在发达国家，多层次的资本市场体系发展较为健全，融资渠道较为多样化，可以满足不同发展阶段和特征的中小微企业融资需求。在国内，由于证券市场门槛高，目前只能满足少数渴望融资的中小微企业需求，不可能成为中小微企业的主要融资渠道。因此，大部分中小微企业的融资来源于金融机构的借贷。其中，银行信贷是中小微企业融资的主要渠道。但是商业银行出于安全性考虑，即使成立了中小微企业信贷部，但还是普遍集中力量抓大客户，而不愿向中小微企业放贷，特别是不愿意为风险较高的高科技创业企业贷款。

其次，中小微创业企业的融资成本高。中小微企业债务融资表现出规模小、频率高和时间短等特征，因此会更加依赖流动性强的短期贷款。这些特点会导致中小微企业的融资成本较高。目前中小微企业融资成本一般包括：贷款利息，包括基本利息和浮动部分；抵押物登记评估费用；担保费用；风险保证金利息，绝大多数金融机构在放款时，以预留利息名义扣除部分贷款本金。这会导致融资总成本较高，通常会高出银行贷款利率约40%。

最后，中小微创业企业融资效率低。在我国，中小微企业通常都具有规模小、资产少、负债率高、担保能力弱、管理者素质低、财务制度不健全、信用等级低等特点。许多中小微企业财务制度不规范，很多情况下中小微企业无法达到银行的财务报告要求，在财务指标、担保条件、融资利率等一些财务数据上也往往难以满足银行贷款的抵押、担保条件。一些中小微企业为了获得贷款，甚至会伪造财务数据，进行违法甚至犯罪行为。金融机构对中小微企业融资普遍缺乏安全感，这使银行放款不积极，或者在审批放款程序上多增加一些评审环节，从而导致贷款的速度慢、效率低，无法满足中小微创业企业对融资周期短的需求。

（二）人才困境

创业企业在发展过程中往往还会碰到人才短缺与人才流失等问题。过高的人才流失率给企业带来相当大的负面影响，可能影响到企业持续发展的潜力和竞争力，甚至可以使企业走向衰亡。如何获得长期生存与持续发展的人力资源，是创业企业在竞争中面临的重要挑战。

首先，人才流失会增加企业的经营成本。人才流失造成的损失最终都会反映到企业的经营成本上，造成经营成本的上升，如老员工离职后的生产损失成本及新员工的失误和浪费带来的成本等。同时，企业要重新招聘、培训新的员工，企业人力资源的原始成本和重置成本也必然上升。

其次，人才流失会造成企业的技术和经验流失。当一些关键技术和经营人才离开企业时，他们很可能会带走企业的商业与技术秘密，使得企业的竞争力受到巨大影响，并可能影响到企业的生产效率，使得一些关键业务无法正常运行。同时，由于人才流失和跳槽大多会在本行业内发生，如果他们流向竞争对手企业或是自己创业，都有可能增强本企业在市场上竞争对手的实力，从而给原企业的成长带来竞争和挑战。

再次，较高的人才流失率会使得顾客的满意程度及忠诚度下降。员工在一个企业中工作的时间越长，学到的知识和技能就越多，也就越了解该企业的顾客的需要，越熟悉企业的经营运作情况和业务工作特点，因而也就更能为企业的顾客提供优质的服务。当这些员工离开企业后，可能会导致企业产品和服务质量的下降并影响到顾客对企业提供的服务的满意程度，顾客与企业的关系也很可能会随之破裂，甚至可能随流失的员工一起流入竞争对手企业，进一步削弱企业在市场上的竞争力。企业必须再花费大量的时间、精力和经费才能招揽新的顾客。

最后，大量的人才流失影响了工作的连续性。企业运行是一个系统，各项工作和流程形成相互关联的整体，如果出现大量员工流出企业，企业的各项工作的连续性和衔接性将必然受到影响。尽管可以招聘新的员工，但新员工对工作必然要有一个适应的过程，从而也会影响到同一工作的连续性。同时，如果一个企业的人才流失率过高，还可能使得一些员工为本企业的发展前途担忧，从而更加重了人才的流失，形成恶性循环。

（三）创新困境

实践证明，中小微企业对市场需求反应最灵敏，适应市场需求进行创新的能力最强。根据《经济日报》2015年的报道，我国65%的发明专利、75%以上的技术创新、80%的新产品是由中小微企业完成的，一些中小微企业依靠创新可以成长为跨国公司。多为科技型中小微企业的创业企业在技术创新中存在一定优势，但是这些优势也是相对的，因为创业企业在资金实力、人才储备和组织管理等一些方面也存在不可忽视的劣势，特别是在与一些具有一定创新能力的大企业竞争时，稍有不慎，就可能被大企业扼杀掉。

首先，面对大企业的垄断竞争。大企业在资金和人才储备上具有绝对优势，如果中小微企业的创新被行业内的大企业所关注，就有可能被大企业并购，或者被大企业模仿，特别是具备创新能力的大企业。腾讯公司就是模仿创新能力极强的公司，公司许多的应用开发软件都是在模仿市场上现有的产品，然后凭借自身QQ平台强大的用户群，进行二次创新后成为行业鳌头。一些大企业在市场地位和销售网络上具有优势，凭借这些优势可以很容易地击败刚刚进入市场的创业企业，即使这些企业在技术创新上具有优势。

其次，技术创新的投入不足。由于创新需要较大投入，而投入一般难以很快得到相应回报。从经济实力来看，创业企业经济基础比较薄弱，缺乏强大的经济实力为技术创新做后盾，研发资金捉襟见肘，融资又相对困难。因此，一些创业企业不得不把有限的资金投入周期短、回报率高的项目中，以获得近期的、现实的经济利益。一旦这种研发模式形成了习惯，就使得创业企业很难从长期战略角度来做一些颠覆性的创新。

再次，缺乏创新所需的信息。从信息获取来看，创业企业信息获取的渠道相对较少，信息资源相对匮乏。由于创业企业的小型化和个体化，缺乏规模经济和集群效应，在信息的收集和获取方面缺乏合作与企业间的共享，创业企业在信息获取方面始终扮演着单兵作战的角色，信息的获取无论是从广度还是从深度来说，都存在不足。由于信息资源的缺乏，给企业在创新过程当中的决策支持不够，决策的风险比较大。而创业企业由于规模和资金方面的限制，其承担风险的能力也相对较弱。因此，信息资源的缺乏是创业企业技术创新的又一个瓶颈。

最后，创业管理能力欠缺。从管理能力来看，创业企业的管理人员多数没有正规的管理培训与学习经历，在研发系统管理上缺乏相应的知识和经验。创新往往依靠创始人或少数研发人员的直觉进行，研发组织上呈现非规范性和集中性，十分不利于对创新活动进行科学组织管理。而大企业往往在研发项目和流程管理上具有优势。

二、创业企业成长的管理模式

（一）企业成长过程的变革管理

南加州大学教授拉里·格雷纳（Larry E. Greiner）对成长企业研究后发现，企业成长取决于五个关键因素：组织存续时间、组织规模、演进期（evolutionary period）、剧变期（revolutionary period）和行业的增长率。这些因素相互作用，共同影响着组织的发展。

如图 7-2 所示，企业会经历创业、引导、授权、协调和合作五个管理成长阶段，并且每个阶段都以演进期开始，企业在每个演进期都能获得持续的成长并保持相对稳定，成长一段时期之后就会进入剧变期，不同阶段引起企业进入剧变期的危机不同，在剧变期，企业中会出现动荡混乱的局面并发生巨大变化。要度过剧变期，企业就必须进行相应的管理变革。

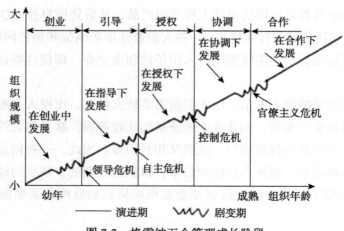

图 7-2　格雷纳五个管理成长阶段

在一个成长阶段行之有效的管理方法,也许会导致下一个成长阶段的危机。如表 7-1 所示,企业的五个成长阶段都有所对应的管理方法,这些管理方法在管理重点、组织结构、管理风格、控制体系和管理层报酬的重点等方面表现出不同的特征。

表 7-1 企业成长五阶段的管理方法

类别	第一阶段:创业	第二阶段:引导	第三阶段:授权	第四阶段:协调	第五阶段:合作
管理重点	制造与销售	运营效率	市场扩张	组织整合	解决问题和实施创新
组织结构	非正式	集权型 职能型	分权型 地域型	直线参谋制 按产品划部门	团队矩阵
管理风格	个人主义创业精神	指令型	授权型	监督型	参与型
控制体系	市场表现	标准与成本中心	报告与利润中心	计划与投资中心	设置共同目标
管理层报酬的重点	所有权	增加薪资与福利	个人奖金	利润分红和股票期权	团队奖金

资料来源:格雷纳,昃阳. 在演进与剧变中成长[J]. 哈佛商业评论,2005(4):46-52,54-56.

(二)PAEI 管理角色模型

在企业成长过程中,不同的决策角色在企业成长中发挥着不同的作用。爱迪思认为企业高质量的决策需要四个角色发挥作用,这四个角色可以用 PAEI 来简称,它们分别为业绩创造者(producer)、行政管理者(administrator)、企业家(entrepreneur)、整合者(integrator)四个英文首字母的缩写。如表 7-2 所示,PAEI 管理角色模型强调上述四个角色在企业成长中的不同作用与贡献。

拓展阅读 7.3 甲骨文(Oracle)创业成长中的战略转型

表 7-2 PAEI 管理角色模型

选项	短期	长期
效益	业绩创造者	企业家
效率	行政管理者	整合者

资料来源:爱迪思. 企业生命周期[M]. 赵睿,译. 北京:华夏出版社,2004.

业绩创造者代表实现企业目标,体现执行功能。任何企业都有其为之存在的顾客,管理人员在做决策之前,必须问自己,谁是组织的顾客?他们的需求是什么?哪一些需求是企业能满足的?这就是业绩创造者所要关注的组织目标。业绩创造者主要关注的是短期目标,能带来短期效益。

行政管理者代表系统化、常规化。企业要成为管理良好的盈利企业,光有效益还不够,还必须有效率。行政管理者关注的是短期控制,能带来短期效率。

企业家代表创新精神。创新精神就像规划,要先预测未来可能会出现的情况和趋势，并决定今天要采取什么措施。这要求对未来的想象有足够的创造力。当然，根据未来的预测来采取行动，一定会有风险，因此还需要有承担风险的能力。企业家关注的是长期目标，能带来长期效益。

整合者就是为了形成一种相互依赖和信任的文化，形成企业独特的"信念"。优秀的管理能够跨越组织界限认识到团队的相互依赖性，并能够尽力去支持与协助他人，营造良好的团队合作氛围。整合者关注的是长期控制，能带来长期效率。

如果把 PAEI 四个角色与企业成长生命周期结合起来，我们就能发现四个角色在创业企业的不同发展阶段具有不同的作用，相应地形成了不同的管理文化。①在孕育期，创新精神最重要，企业家角色能产生超前行为，对未来的需求作出判断，并且为满足这一需求愿意去承担风险，其他三个角色则是对创新功能的一种现实考验；②在婴儿期，业绩创造者变得最重要，其他三个角色的重要性降低，这个阶段必须用行动和艰苦的努力来克服企业在婴儿期所承担的风险；③在学步期，企业在婴儿期接受了考验后，创新精神重新上升，并再次全力去促进企业的发展，此阶段行政管理者和整合者暂时不太重要；④进入青春期后，对企业自律的要求开始出现了，这时行政管理者开始部分替代业绩创造者，通过自律性加强对资源的分配，以便集中精力把事情做得更好，但同时要处理好与企业家角色的关系；⑤企业由青春期进入盛年期后，业绩创造者又开始重新出现，企业又开始把注意力再次转向顾客；⑥随着创新精神的降低，企业开始进入稳定期，企业不再为生存而拼搏，与此同时，整合者开始得到重视，需要把注意力转向企业内部，去关注人与人之间的关系和决定企业行为的价值观；⑦企业创新精神的长期缺失，最终会导致执行功能的减弱，企业开始进入贵族期，更加注重以数字和企业安全为导向；⑧随着外部环境的飞速变化，企业产品的竞争力越来越弱，企业资金也开始枯竭，但内部的费用却居高不下，企业的创新精神逐步完全丧失，这时企业临死亡期越来越近了。

（三）组织变革的过程与管理

创业企业为了保持竞争优势并实现持续成长，管理好组织变革是非常关键的。但变革永远是一件充满艰难与不确定性的事情，许多创业企业因很难获得持续成长而最终以失败告终。科特认为如果低估了变革中可能会遇到的阻碍，变革过程中企业未提供强有力的支持，那么变革很可能会失败。另外，如果没有一个合理清晰的目标，组织变革很容易变成充满问题、难以融入固有系统的失败项目，组织可能会因此停滞不前，甚至走向错误的发展方向。

科特提出了一个"八阶段变革管理模型"，八个阶段分别是：①树立紧迫感；②创设领导联盟；③设计愿景与战略；④沟通变革愿景；⑤授权员工为愿景而努力；⑥系统计划并夺取短期胜利；⑦巩固并深入推动组织变革；⑧将新行为模式融入企业文化。

需要说明的是，虽然科特的模型认为以上八个阶段应该按顺序进行，前一个阶段是后一个阶段的前提条件。然而，在企业实际运作时，这些阶段往往并不是一定要严格按模型的顺序发生的。由于变革过程的复杂性和多变性，有些阶段可能会并行发生，甚至嵌入或并入其他的阶段中。另外，有些管理变革，如建立新的职能部门，可能并不需要完整地经历这八个阶段。

【本章小结】

本章主要探讨创业企业的成长周期及其管理。首先，总结了企业生命周期理论，企业成长周期理论就是把企业看成一个生命体，认为新企业也会经历孕育、出生、成长、成熟和衰退等生命阶段。我们重点介绍了爱迪思经典的企业生命周期理论，爱迪思基于自身的咨询实践把企业生命周期细划分为十个阶段，并详细分析了每个阶段的特征与管理变革要点。其次，分析了创业企业成长的驱动力。从经济学的角度来看，企业成长可以基于经济寻租进行解释，也可以从降低不确定性的角度进行解释。并且，创业企业成长还可以从内生性和外生性两个视角来进行剖析，这能够更好地帮助我们理解其核心的驱动力。最后，探讨了创业企业成长可能面临许多的实际困境，如融资难、人才缺乏、创新不足与管理能力差等方面，以及促进创业企业成长与变革的管理模式，分别是拉里·格雷纳的"五个管理成长阶段"、爱迪思的"PAEI 管理角色模型"，以及科特提出的"八阶段变革管理模型"。

1. 请比较企业的生命周期与人的生命周期有哪些异同。
2. 请找一家你熟悉的企业，看看其成长过程经历了哪几个阶段，每个阶段的特征是什么。
3. 结合相关案例，深入挖掘分析企业成长过程中可能碰到的障碍。
4. 组成小组讨论，在企业成长的不同阶段，创业者可以采取哪些有效的方法来克服成长的困境。
5. 讨论海尔在不同成长阶段所采取的战略为什么能获得成功。

华为：在变革中成长

公司早期成长与变革背景

1987 年，华为技术有限公司（以下简称"华为"）正式成立，主要业务是代理销售香港鸿年公司生产的用户交换机产品。通过这种代理销售的业务，华为实现了原始资本的积累。华为于1990年首次生产了自主品牌的交换机产品BH01。这虽是一款从国企购买散件再组装而成的产品，却让华为的经营状况大大改善。

1990年年底，华为发起首个产品开发项目。经过将近一年夜以继日的奋斗，华为最终推出了首款自主研发产品——BH03。1991年，这款产品通过邮电部的验收并取得了入网许可证，华为开始正式生产销售，并且次年产值突破12 000万元。自1991年起，华为逐渐开始进行自主研发。在早期，华为所有的研发项目都由制造部负责。随着时间的推移，研发的技术复杂度日益增加，研发过程中问题频出。1993年，华为成立数字机组，开始以一种全新的组织架构来管理研发项目。1992—1994年，华为的员工人数从270人增加到1 000人，几乎翻了两番，公司的年收入由1亿元增长到8亿元，同时，华为的技术能力得到了显著提升。

产品研发让华为尝到了甜头，但早期阶段华为的研发管理却较为混乱。当时的软硬件研发水平也都很低，员工搞研发常常走一步算一步，只为实现基本的通话功能。这种游击队式的研发导致的后果就是工程师忙于到处"救火"，研发效率极低。为了优化研发管理，华为在1995年建立了中央研究部，将公司所有的研发力量汇聚起来，整合成一个大规模的、正式的研发团队。经历了前几年的快速增长，1995年华为年销售收入达到了15亿元，拥有800多名员工。

随着华为的不断成长，华为研发项目数量节节攀升，研发管理的复杂性急剧增加。缺乏技术共享和协作是当时华为研发系统存在的另一个问题。那时候研发活动大多由不同的团队单独完成，研发系统中山头林立，项目团队之间鲜有技术交流。结果，一个技术问题在某个项目中出现，攻克后，同样的问题在其他项目中再次出现时，团队还得花费大量时间和精力去解决。另外，相同的模块或功能在不同的项目团队中被重复开发，降低了研发的效率。这都是公司对研发缺少统一管控的弊病。

管理变革的攻坚战：IPD项目

随着华为的不断成长，研发系统的管理与效率面临巨大挑战。研发规模也同步扩大，单就1997年，华为共招入4 000名研发人员，但研发系统却并没有跟上整体规模化发展的步伐，危机重重。其主要表现如下：①"串行"研发的流程亟待优化。②产品线越拉越长，市场响应速度逐渐变慢，产品按期交付能力受到严重损害。③研发系统扩张太快。

1999年2月，华为斥巨资聘请IBM公司帮助其实施IPD（Integrated Product Development）变革项目。IPD项目流程的核心在于"产品研发是基于市场的创新，是一种投资行为"。因此，研发不再仅仅由技术部门主导，其他各个部门，如市场部、财务部，都要共同参与到研发过程中。

作为IPD项目的一部分，华为还建立起"研发IT支撑系统"，为员工的互助和研发资源共享提供了一个高效便捷的平台，知识共享从过去的无序、自发状态转变为有序支持、统一接口、高度提倡的状态。研发 IT 支撑系统的建成不仅为员工提供了便捷的求助通道，还鼓励大家把日常工作中总结的宝贵经验共享出来。

变革总是艰难的，有些人对 IPD 变革抱有怀疑甚至抵触心态，因为研发人员在应对繁重的产品开发项目任务的情况下，还要为变革项目编写很多资料和文档，工作量大大增加，有人开始抱怨变革项目影响了正常的研发。实际上，由于项目刚开始运行时的优点并不明显，销售人员对 IPD 变革也颇有微词。为了 IPD 体系的顺利推广，任正非充分授权 IBM 的顾问团队，他表示，一定要按照流程打破所有部门的壁垒，谁阻挠了 IPD 的发展，就把谁裁掉。任正非曾在《活下去是企业的硬道理》一文中明确提出，华为管理变革方针必须"削足适履"，对 IPD 变革项目要采取"先僵化，后优化，再固化"的实施策略。

在持续数年的努力下，变革最终取得了成功，IPD 体系让华为的研发能力得到显著提升，产品研发周期从 2003 年的 84 周缩减到 2007 年的 54.5 周。另外，研发管理能力同样也得到明显增强，按副总裁徐直军的说法，之前华为 3 000 名研发人员都管不好，有了 IPD 体系，华为现在能够轻松管理 7 万人的研发队伍，管理效率大幅提升。

管理变革持续护驾公司成长

IPD 变革项目不仅是一场学习西方先进管理方法的攻击战，也是一场华为成长历程中的经典之战，让大家看到了华为人自我变革的决心和魄力。但实际上，IPD 变革项目在华为研发管理变革过程中，也仅仅是比较显眼的一朵浪花而已。在 IPD 变革项目的前期和后期，华为的研发管理变革就一直在进行。在 IPD 变革之前，华为就通过自己的摸索，逐渐将内部混乱的"游击队式"研发组织模式，逐渐规范化和体系化，建立了一个正式的研发管理体系。在 IPD 变革项目之后，华为又踏上研发变革的新征程，进一步将遍布全球的研发机构和技术资源进行整合变革。

2011 年，为了进一步强调长期研发，华为还将原来的预研部改为"2012 实验室"，并提升了该部门的地位，使之独立于中研部。据说该实验室由任正非命名，著名的灾难电影《2012》触发了他强烈的忧患意识，未来信息像洪水一样泛滥，不可预测的"黑天鹅"事件可能随时发生，华为想要基业长青，就得提前投资制造"诺亚方舟"。2012 实验室成了华为面向未来技术的创新平台，研究范围涉及机器学习、自然语言处理、第五代通信技术和新兴材料等多个领域。值得一提的是，为了孕育更多的颠覆性创新，2012 实验室的运营完全独立于现有的研发系统，实验室总负责人直接向 CEO 汇报。之所以要隔离进行研发，是因为大公司普遍对成功路径存在依赖，较为封闭和保守，处于萌芽、模糊状态的技术想法往往会被体制扼杀。

华为不仅在其最为重视的研发管理体系上进行了持续管理变革，同时在整个公司经营管理体系中，都进行了一系列卓有成效的管理变革。例如在 1996 年，华为就聘请中国人民大学的教授制定《华为公司基本法》，有效地规范了华为的人力资源管理，明确了价值创造要素，设计出了利益驱动机制，完成了组织架构设计，为持续进行人力资源管理变革奠定了坚实的基础。1997年又引入合益集团等多家国外知名咨询机构来帮助华为实施人力资源管理变革。如表7-3所示,华为从1996年开始,其后快速成长的十年也是管理变革的十年。如果仔细统计会发现,在华为的变革中,聘请国外知名咨询机构成为一种常态,正是这些管理变革让华为发生了嬗变,从一家中国土著公司成长为一家真正地具有全球视野和经营能力的跨国公司,并且这十年也是华为国际化成长最快的时期,如图7-3所示。

表7-3 华为管理变革重要事件

时间	变革事件	咨询公司/顾问
1996年3月—1998年3月	《华为公司基本法》	中国人民大学教授
1997年	人力资源体系变革	合益集团
1998年	信息技术战略和规划	IBM顾问
1999年	集成产品开发变革	IBM顾问
1999年	集成供应链体系变革	IBM顾问
2003—2004年	组织结构设计	美世咨询公司
2007—2014年	集成财经服务体系变革	IBM&普华永道
2007—2015年	销售管理体系/客户关系管理体系变革	埃森哲

资料来源:吴晓波,等. 华为管理变革[M]. 北京:中信出版社,2017.

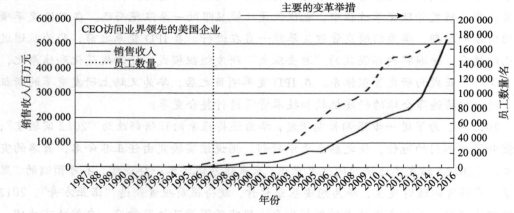

图7-3 华为公司的成长

资料来源:吴晓波,等. 华为管理变革[M]. 北京:中信出版社,2017.

构建管理变革的组织制度与文化

华为的领导层在系列管理变革中扮演着关键角色,领导者通过制度化的变革管理组织结构来发起变革;通过制度化的变革程序来实现和支持变革;进而通过组织文化建设,将制度化变革的基因深植于企业之中。

在华为发展的前期阶段,变革的思想常常源自1~2位公司高层管理者。作为华为的创始人,任正非的想法关系到华为的变革目标与战略规划的设定,为保证华为变革的制度化实施,华为建立了一套标准化的制度体系以顺利发起和实施变革,在架构上设立了变革指导委员会(RSC)、变革项目管理办公室(PMO)和变革项目组三个层级的变革机构。

变革指导委员会成员由公司各一级部门的"一把手"出任,委员会把握变革的愿景,同时也控制变革的总体成果。变革指导委员会负责阶段性、关键性的重大决策,从战略层面上确保变革朝着正确的方向演进。

变革项目管理办公室是变革指导委员会的常设执行机构,负责变革过程中的具体事务,如准备变革会议的前期文档、变革项目过程的追踪、监督变革的完成质量等。变革项目管理办公室也负责统筹不同项目组之间的资源调配,协调不同项目组,从而避免可能存在的组织冲突,同时推进多个项目。变革项目管理办公室的工作人员都是从业务线上抽调的专业干部。

华为的每个变革项目都由专门的项目组负责执行。项目组内部通常包含一个核心组和一个外围组:核心组成员是来自华为各业务线上的骨干员工,他们脱产、全职参与变革工作。外围组成员则在继续做好原岗位工作的同时,部分参与变革实施,这样,他们能够在参与变革的同时,从实践中了解业务正在发生的变化。

华为在此基础上建立起变革管理的制度化体系。其中,高管团队扮演着不同的角色。首先,变革是一种"一把手工程",各变革管理团队的领导者均由华为的高层管理者担任。领导者做出的方向性决策并不仅是利用自己的权力或者根据个人经验进行判断,而是通过与一线员工不断交流,得到反馈,发现组织现存的不足和潜在的目标机会,从而展开组织变革。领导者需要对变革全面负责,以确保组织向正确的方向发展,确保重新建立的制度能够解决企业内部的实际问题。最为重要的是,领导者必须在变革中首先发挥自己的带头作用,树立榜样,从而提高变革在组织中被接受的程度。

一般来说,华为在变革过程中从来不把特定的变革项目视为一次性的项目。华为通过领导人意会的方式将变革的基因植入其组织文化之中,并将变革重视质量、"以客户为中心"的原则进行制度化。高管团队合理地理解外部信息,并依据外部环境的改变不断调整自己的认知,通过不断的行动、不断的诠释环境形成战略选择和原则,而不是仅凭高层管理者的个人影响力和个人判断来决策。这种意会过程使员工能够像高管团队一样认同组织的核心价值观,巩固了"制度化变革"基因的形成。这样,从高管到一线员工,变革的初衷都能够始终如一。

资料来源:吴晓波,等. 华为管理变革[M]. 北京:中信出版社,2017.

思考题:
1. 请讨论和评价管理变革对华为公司成长的作用。
2. 基于华为公司的管理变革,你认为管理变革成功的影响要素有哪些?

创业资源篇

第八章

创业人力资本

【名言集锦】

故天将降大任于是人也，必先苦其心志，劳其筋骨，饿其体肤，空乏其身，行拂乱其所为。

——孟子《孟子·告子下》

明者因时而变，知者随事而制。

——桓宽《盐铁论》

【本章学习目标】

1. 掌握创业能力的多维度概念及内涵；
2. 理解创业能力与创业实践的关系；
3. 了解提升创业能力的方法与途径；
4. 掌握团队角色理论内涵及运用原则；
5. 掌握高效创业团队的组建与运作；
6. 理解创业企业激励的方法和手段。

一个创业者的成长之路

初次体验创业

李斌的性格较内向，刚上大学时他非常羡慕那些能进社团的同学。后来，李斌抓住一个机会进入校学生会做干事。在校学生会里，他个人的资源调动能力得到了快速的提高，整个人的性格有很大的转变。进了校学生会以后，他认识的朋友非常多，各个院系都有，他后来的创业搭档也是在校学生会认识的。

同时，李斌还做了很多社会实践活动。一开始做过家教，他感觉教一个学生能力还有余，于是他便和学生会的朋友去开培训班，在大一暑假的时候，学校里有个作文培训班，授课者以师范生为主，李斌是非师范生，就被派到扬州、镇江、苏州、舟山等离学校较远的地方去授课。

从南京跑到舟山开培训班的期间，李斌认识了当地很多企业家。一个女企业家给他留下了非常深刻的印象，这个女企业家很早就开始创业，17岁时她就敢跟政府贷款300万元拿地办厂，这个女企业家一个人管理5家规模非常大的出口公司，而且管理得很好，让李斌佩服不已。李斌空闲时便去找这些企业家聊天，听他们的创业故事，李斌喜欢听他们聊如何创业赚钱，同时李斌也在心里默默思考和寻找合作的机会。

从舟山回到学校后，李斌和同学也在大学里尝试开过服装店、汉堡店，还曾试过把大学生活费用到创业开店，这不是大学里每个学生都愿意和能够去做到的。李斌现在回想起来依然觉得这是个享受的过程。如果不适合创业的人去创业就会很痛苦，而适合创业的人去创业就会很享受，哪怕很困难也会很享受。

正式迈上创业之路

大学毕业短暂地工作了一年后，李斌和他的同事正式辞职。这个同事是他大学四年学生会的好友，毕业后进了同一家公司的同一个部门。在一次做市场调研时，他们俩偶然发现热狗卖得很火，于是他们开始去调查分析热狗市场。调查后发现这是个创业机会，热狗这个产品在国外比汉堡更流行，但国内没有一家大公司去运作这个。

如何运作这个项目呢？他们开始想到了杂货店。多数杂货店都是个体的，能不能把整个上海的杂货店联合起来销售热狗？这样的想法看上去很好，但是实践起来却不容易，两人抱着笔记本电脑一家家地去跑这些杂货店，用PPT给他们演示产品和设备的样品，每天跑到晚上12点，直到大多数杂货店关门。两人晚上回到家脚上都起了泡，连洗澡都非常疼。

他们曾非常看好人民广场附近的一家店铺，于是两人跑了这家店不下5次，每天去和老板谈，终于老板被他们的诚意打动了，就让他们试着做一下。后来这个项目带来了很多收入。于是他们将这个店作为一个案例，将目标合作对象带到这个店里参观，这样南京路、新世界、凤阳路很多杂货店也愿意和他们合作。

后来，他们又开始思考计划是否自己可以开个实体店。但是开实体店需要一笔较大的资金。他们筹集资金时，一些大学同学和当时在大学结交的朋友主动借钱给他们，有些同学甚至连借条都不要，令他们既感动又有压力。回忆起自己艰难的创业起步，李斌认为资金问题一直是困扰创业过程的一个难题。

此外，货源也是他们面临的另一大难题。特别食品类的东西品质很重要，大公司供货可以保证品质，但大公司怎么会和一家不知名的小店合作呢。于是他们通过各种方式不断地与一家大供应商联系，并且乘着供应商的销售主管来上海出差的机会，带他亲自体验了一下他们小店的生意红火场面。最后这家供应商终于愿意和他们建立合作关系。

探索创业发展模式

热狗的生意好起来后，找他们谈合作的人多了起来。小店生意好的时候经常会出现断货现象，李斌就开始想是不是可以开连锁店，因为店铺多了可以相互调货，整个品牌供应量可以增长，而采购价格也会降低，使得单位成本降低，而且店铺之间还能相互学习和共享经验。

他们第一个合作店是在江苏徐州。为了这家店的正常运营，他们在上海和徐州之间往返，所要投入的时间、精力和费用是非常大的，最后核算下来，发现其实他们是亏本的。但李斌却非常重视这次合作，因为此模式可以积累许多共享的经验，规模做大后可以降低成本，将来和总供应商谈判时会有更多的话语权。例如，他们各地的店铺都和当地的团购网合作，而该合作想法与模式就来自广东佛山的一家加盟店。该店与团购网的合作让三方获益，顾客可以打折，网站可以收取一定佣金，而库存的热狗可以快速卖出。

每家加盟店的经验都可以汇集到总部后统一向其他店进行推广，这样后来加盟的店就会有很多好的经验来直接借鉴和运用，如水电和员工管理等各方面的问题，后面开店就会容易很多，成本和效率都会在短时间内得到提升和改善。

未来愿景：做创业超市

创业几年后，李斌突然产生了一个大胆的想法：能否打造一个创业超市呢？像超市一样，设有很多创业项目，让有创业意向的大学生来选择。于是一个新的创业愿景开始逐渐浮现和清晰：打造一个大学生创业超市。他的热狗就是第一个实验品牌，通过该产品品牌来锻炼团队运作能力，等该品牌操作运营成熟之后，便可陆续推出其他创业产品品牌，这样就可以通过不同的品牌来帮助更多想创业的大学生。李斌发现现在有些大学生毕业以后，出于各种原因想去创业，但由于经验和各种资源限制，很难实现自己的创业梦想。实际上，至今李斌已帮助近10位大学毕业生走上了创业之路。

资料来源：王辉. 创业能力与关系网络[M]. 北京：北京大学出版社，2015.

案例启示

李斌从一位性格内向的大学新生转变为一名创业者，并且能帮助更多的人去创业，其背后是个人创业能力的提高。其实，创业企业成长过程本质上就是个人、团队和公司的创业能力不断提高的过程。案例显示，在高校"双创"教育下，中国大学生的成长模式正在转型进化，他们将越来越富有创新与创业精神，是中国未来发展的希望。

第一节　创业能力修炼

一、创业者能力要素

（一）什么是能力与素质

1973年，美国学者麦克莱兰（McClelland）提出，能力是为在某一具体的工作岗位或者团队环境中可以区别绩效水平的个人特性，包括社会中的角色、自我的形象以及动机、态度、技能和知识等其他组成要素。此后，许多学者提出了类似的能力理论。

例如，麦克兰根（1980）提出能力是指可以完成重要工作的知识、动机和技能的综合。能力是个人所拥有的某些内在的特质，这些特质可以帮助他们获得较好的工作绩效，潜在特质包括技能、特质、个人动机、社会角色和知识或者是其他的知识实体（Boyatzis，1982）。能力是可以通过可靠测量和区别出绩效高的员工的内在的更深一层的特征（Spencer，1993）。其中，最有影响力的是能力的冰山模型和洋葱模型。

1. 能力冰山模型

美国学者莱尔·M.斯潘塞和塞尼·M.斯潘塞博士从特征的角度提出了"能力冰山模型"。如图8-1所示，能力冰山模型把个体能力形象地描述为漂浮在海洋面上的冰山，其中知识和技能是属于裸露在水面上的表层部分，这部分是对任职者基础素质的要求，但它不能把表现优异者与表现平平者区别开来，这部分也称为基准性能力。基准性素质是容易被测量和观察的，因而也是容易被模仿的；换言之，知识和技能可以通过针对性的培训习得。社会角色、自我概念、特质、动机属于潜藏于水下的深层部分的素质，这部分称为鉴别性能力。它是区分绩效优异者与表现平平者的关键因素。职位越高，鉴别性能力的作用就越大。相对于知识和技能而言，鉴别性能力不容易被观察和测量，也难以改变和评价，这部分能力很难通过后天的培训得以形成。

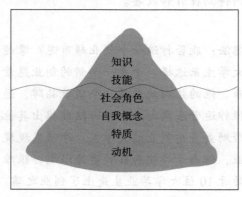

图8-1　能力冰山模型

（1）知识，指个人在某一特定领域拥有的事实型与经验型信息。

（2）技能，指结构化地运用知识完成某项具体工作的能力，即对某一特定领域所需技术与知识的掌握情况。

（3）社会角色，指一个人基于态度和价值观的行为方式与风格。

（4）自我概念，指一个人的态度、价值观和自我印象。

（5）特质，指个性、身体特征对环境和各种信息所表现出来的持续反应。

（6）动机，指在一个特定领域的自然而持续的想法和偏好（如成就、亲和、影响力），它们将驱动、引导和决定一个人的外在行动。

2. 能力洋葱模型

美国学者理查德·博亚特兹(Richard Boyatzis)对麦克莱兰的能力理论进行了深入和广泛的研究，提出了"能力洋葱模型"，展示了素质构成的核心要素，并说明了各构成要素可被观察和衡量的特点。

能力洋葱模型如图8-2所示。其中，动机是推动个体为达到目标而采取行动的内驱力，个性是个体对外部环境及各种信息等的反应方式、倾向与特性，自我形象与价值观是指个体对其自身的看法与评价，社会角色是个体对其所属社会群体或组织接受并认为是恰当的一套行为准则的认识，态度是个体的自我形象、价值观以及社会角色综合作用外化的结果，知识是个体在某一特定领域所拥有的事实型与经验型信息，技能是个体结构化地运用知识完成某项具体工作的能力。

所谓洋葱模型，就是把胜任素质由内到外概括为层层包裹的结构，最核心的是动机，然后向外依次展开为个性、自我形象与价值观、社会角色、态度、知识、技能。越向外层，越易于培养和评价；越向内层，越难以评价和习得。大体上，"洋葱"最外层的知识和技能，相当于"冰山"的水上部分；"洋葱"最里层的动机和个性，相当于"冰山"水下最深的部分；"洋葱"中间的自我形象与价值观、社会角色和态度，则相当于"冰山"水下浅层部分。洋葱模型同冰山模型相比，本质是一样的，都强调核心素质或基本素质。对核心素质的测评，可以预测一个人的长期绩效。

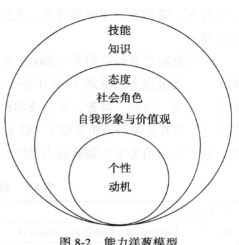

图 8-2　能力洋葱模型

（二）创业者的能力与素质

1. 相关学者的研究观点

能力理论打开了人们认识个体的一个新窗口，它几乎渗透到了各个领域，也包括创业领域。钱德勒（Chandler）和詹森（Jansen）是较早地提出创业能力概念的人，他们认为创业者在整个创业过程中需要完成三个角色的工作，即创业角色、管理角色和技术职能角色。创业角色就是指创业者必须扫描他们自身所在的环境，选择有利可图的机会，并规划出战略。管理角色就是创业者开发计划、编制预算方案、评价绩效以及为顺利执行战略而需要完成的其他工作。技术职能角色指创业者能够运用特定领域中的工具和技术。创业者为了顺利履行上述角色的责任而获得良好的创业绩效，需要具备以下几个方面的能力：①识别出可利用的机会；②驱动企业完成从创建到收获的整个过程；③概念性能力；④人力能力；⑤政策性能力；⑥使用特定领域内的工具和技术的能力。研究发现，基于自我评估的创业能力与企业绩效的关系具有显著相关性。因此，要实现新创企业绩效，创业角色要求创业者有能力识别有效的企业机会，管理角色要求创业者具备概念能力、人际关系能力和政治能力，技术职能角色则要求创业者能熟练运用其所在专业领域的工具或程序。

钱德勒和汉克斯（Hanks）再次总结创业者的能力，主要表现在两个方面。①机会能力。机会能力即考察环境，选择有前途的机会，并形成利用机会的战略。他们认为这种能力是创业能力的核心，并会随着对市场的熟悉程度而得到改善。②管理能力。管理能力即与环境互动并获取和利用资源的能力。此能力包括诸多方面的内容，如必须能协调整个组织利益与行为的能力，必须能理解和激励他人，并与他人和谐共事，以及授权、管理客户和雇员关系、人际关系技巧等方面的创业能力都对创业成功具有重要作用。

中国香港学者马恩和劳（2000）运用行为事件访谈法（behavioral event interview，BEI），对香港服务行业的 19 名中小企业创业者进行访谈，这些行业包括餐饮、零售、贸易、快递、咨询、商务、专业技术服务等。通过访谈获得了 413 个能反映创业能力的事件，再通过编码分析获得了 182 种行为，这些行为被归类到 35 个能力族中，这些能力族最终归纳为 7 个创业能力维度，如表 8-1 所示。

表 8-1 创业能力的 7 个维度

能力维度	能 力 族
机会能力	机会识别、机会评估、机会寻找
关系能力	建立和维持关系网络、利用关系网络、建立和维持信任、利用信任、媒体宣传、沟通、谈判、冲突管理、建立共识
概念能力	直觉思考、多视角思维、创新、风险评估
组织能力	计划、组织、领导、激励、授权、控制
战略能力	愿景、设定和评估目标、利用资源与能力、制定战略变革、设定和评估市场定位、努力实现目标、利用策略、战略预算、控制战略产出
承诺能力	保持能力、致力于长期目标、投入工作、承诺同事、承诺信仰与价值观、承诺个人目标、失败后重来
支持能力	学习、适应、时间管理、自我评估、平衡生活、管理焦虑、诚实

资料来源：MANT W Y, LAN T. Entrepreneurial competencies of SME owner/managers in the Hong Kong services sector: a qualitative analysis[J]. Journal of enterprising culture, 2000, 8(3): 235-254.

2. 国内的案例调研

《科学投资》通过对上千案例的研究，发现成功创业者具有多种共同的特性，《科学投资》从中提炼出最为明显，同时认为是最为重要的 10 种，将其称为"中国创业者 10 大素质"。

（1）欲望。这里的"欲"，是指一种生活目标，一种人生理想。创业者一定具有强烈欲望。他们想拥有财富，想出人头地，想获得社会地位，想得到别人的尊重。创业者的欲望与普通人的欲望的不同之处在于，他们的欲望往往超出他们的现实，往往需要打破他们现在的立足点，打破眼前的樊笼，才能够实现。套用一句伟人的话来说："欲望是创业的最大推动力。"

（2）忍耐。孟子曰："故天将降大任于是人也，必先苦其心志，劳其筋骨，饿其体肤，空乏其身，行拂乱其所为，所以动心忍性，曾益其所不能。"创业者在创业过程中往往要忍受肉体和精神上的折磨和历练。对一般人来说，忍耐是一种美德，对创业者来说，忍耐却是必须具备的品格。

（3）眼界。创业需要开阔眼界，获得好的创业想法。《科学投资》通过案例研究提出建议，创业者有空一定要多走一走，多和朋友谈谈天，多阅读，多观察，多思考——机遇只垂青有准备的头脑。

（4）明势。势就是指趋向。势包括国家政策、经济周期、市场机会等外部发展趋势，也包括创业者在选择创业项目时要考虑个人的能力、兴趣、特长与创业项目的契合度，这样可以找到自己真正想做、能做和会坚持做的创业事业。

（5）敏感。创业者的敏感是指对外界变化的敏感，尤其是对商业机会的快速反应。商业敏感性有天生的成分，但更多的是需要依靠后天的培养。创业者要像训练猎犬一样培养自己的商业敏感性。

（6）人脉。人脉是创业获得外部资源的重要途径，创业者需要具备构建其人际网络或社会网络的能力。《科学投资》甚至认为人际交往能力是创业者最重要的素质，在其调研的上千个创业者案例中，有许多成功者的身后都可以看到同学、战友、同事和朋友的身影，其中同学有中小学同学，有大学同学，还有各种成人班级如进修班、研修班上的同学。

（7）谋略。谋略指的是一种思维的方式，一种处理问题和解决问题的方法。谋略是不分等级的，它没有好坏、高明不高明的区别，只有好用不好用、适用不适用的问题。

（8）胆量。冒险精神是创业家精神的一个重要组成部分。

（9）分享。作为创业者，一定要懂得与他人分享。一个不懂得分享的创业者，不可能将事业做大。不仅是在创业企业内部分享，创业者还需要与企业外部的人进行分享。

（10）反省。反省其实是一种学习能力。创业既然是一个不断摸索的过程，创业者就难免在此过程中不断地犯错误。有没有自我反省的能力，具不具备自我反省的精神，决定了创业者能不能认识到自己所犯的错误，能不能改正所犯的错误，能不能不断地学到新东西。

二、创业者能力的修炼

（一）创新与创造能力

历史上出类拔萃的创业者无不表现出出色的创新创造力。创新创造力是产生新思想、发现和创造新事物的能力。创新创造力是人类特有的一种综合性本领，是成功地完成某种创造性活动所必需的素质。创新创造力也是反映个体在解决任务中有效地对原有知识经验进行加工、组合、创造新设想和新事物的能力。例如创造新概念、新理论、更新技术、设计新产品和新设备、发现新方法、创作新作品都是创新创造力的表现。创新创造是人类进步的重要动力,通过其智慧行为向社会提供具有社会价值和社会意义的创造性成果的活动。

拓展阅读 8.1　360 公司周鸿祎谈创新与创业精

需要说明的是,创新与创造之间存在一定的区别。创造通常是指形成新的想法的能力,而创新是指这些新想法得到应用、实现价值。对于创业企业而言,创新可以是向市场推出一种新的产品或服务、改进新的工艺、发现新的材料、开拓新的市场,或者是设计一个新的组织结构。

1. 影响创造力的因素

心理学研究发现,创造性思维是政治家、教育家、科学家、艺术家等各种优秀人才所必须具备的基本素质。创造性思维是指思维不仅能提示客观事物的本质及内在联系,而且能在此基础上产生新颖的、具有社会价值的、前所未有的思维成果。

为什么有些人非常富有创造力,但有些人则表现平庸呢?有人将创造力看成上帝所赋予的神秘力量,自己是无法掌握的。但实际上,无论是科学家、艺术家或是政治家,其创造力的形成都既有先天的成分,也有后天的培养。科学研究发现,思维的创造性主要依靠大脑神经元网络来实现,人的大脑实际上是由复杂的神经元网络所组成的,正是因为这些神经元网络的作用,人才能以很高的速度理解感觉器官传来的信息。大脑神经元网络越复杂,就越有可能将不相关的事物联系起来,这就是创造力的表现。研究表明,98%的年龄在 3~5 岁的儿童,其发散性思维能力得分都很高,且远远超出成年人的平均水平,一般只有 2%的成年人能保持儿童的这种发散性思维。其原因就在于,受社会文化和传统教育的影响,人类这种与生俱来的创造性思维慢慢地消失了。如何才能保持或提升自己的创造力呢?杰夫·莫齐(Jeff Mauzy)和理查德·哈里曼(Richard Harriman)认为有四大因素或力量在起着重要的作用:动机、好奇心、联想和评估。

(1) 动机。根据特里萨·阿马拜尔的创造力研究,动机可分为内在动机和外在动机。内在动机来自个人或公司的内在要求,它与个人的激情,甚至乐趣有关,内在动机能产生高质量的创造力。外在动机受外部奖励,如金钱、名誉的激励和驱动,尽管外在动机能刺激人们采取某种行动,但却会降低创造力的质量。爱默比尔说过:"内在动机原则是创造力的社会心理学基础,当人们被工作本身的满意和挑战所激发,而不是被外在压力所激发时,才表现得最有创造力。"

(2) 好奇心。托德·卡什丹研究发现,好奇心不仅能把我们的注意力吸引到有趣的事情上,更重要的是,好奇心是一种更深层次、更复杂的现象,它在我们追求人生意义的过程中起着非常关键的作用。充满好奇心的人会尽情享受过程和结果,他们有着更多有利条件去创造自己的幸福人生。不管是学习、工作、运动、抚养孩子还是财务管理，如果我们能把即将做的事情与更具深远意义的个人价值联系起来，我们就会对它产生兴趣并备受鼓舞。

（3）联想。发明家爱迪生说过："在发明道路上如果想有所成就，就要看我们是否有对各种思路进行联想和组合的能力。"联想思维在创造过程中是个很重要的因素，所以联想思维成为创新和创造的基础，联想思维越强，越能把自己有限的知识和经验充分调动起来加以利用，越能把成千上万的事物联系起来，从而拓宽创新和创造思路，不断创造出新颖的、新奇的事物。联想思维是由一事物想到另一事物的思维过程，联想的基础是事物之间的相互联系形式，如空间上的联系、时间上的联系、性质上的联系、因果的联系、从属的联系等。

（4）评估。评估是启动创造过程的最后一个力量。在面临多种选择时，对这些选择进行有效评估是非常关键的。成功的评估需要时间，要考虑到出错的可能性。

2. 培养创造力的七个阶段

如何提高公司的创造力，杰夫·莫齐和理查德·哈里曼提出了培养有目的的创造力的七个阶段。

阶段一：基础性工作与潜心研究。形成创造性解决方案，首先要对问题或机会所涉及的范围及其实质进行评估，需要全力投入一些基础性工作中。要深入思考自己对该问题有哪些了解，还需要进一步了解什么，然后广泛收集和潜心研究问题相关的资料。一般来说，对问题实质及其来龙去脉理解越深，提出创造性解决方案的可能性就越大。富有创造力的创业者会充分利用可获得的信息资源，来为创新做好基础准备。

阶段二：发散性探究。在基础性工作的基础上，应尽可能地提出各种各样的问题解决思路。这一阶段较少考虑可行性，而要多考虑解决问题的各种途径和方法。不要急于选择或确定某种解决途径或方法，而是要碰撞出更具创造性的解决思路。这个阶段可以运用多种方法来进行发散性探究，如头脑风暴法。

阶段三：挑选方案或创意。在发散性探究阶段，产生了多种可能的解决方案和一些不太成熟的创意。进入挑选阶段，就要从这些可能的方案和不太成熟的创意中，挑选出有可能成为或将由此得到理想解决方案的那些方案或创意来。从多种可能的方案中进行挑选，就能够得到一种比较全面可行、令人满意的解决方案。

阶段四：重点探究。方案和创意一旦选择之后，就需要开始仔细考虑所选择的每一种方案。此时考虑的重点是在创造力与实用性之间保持平衡。进行重点探究时应注意的问题有：①留出大量时间对你想探索的方案进行创造性的探索；②既要包括实际一些的方案，也包括有冒险性的方案，且其冒险的程度与你要寻找一个新的解决方案的愿望的强度相吻合；③这些创造工具的使用不受限制。

阶段五：初步提出潜在的解决方案。前几个阶段的工作重点是探索创意，并就如何创造性地解决问题做了大量的思考。目前就需在此基础上进行综合提炼，找出一个已初见端倪的潜在最佳创意，并用语言表述出来。表述时应注意：要从综合考虑的角度出发，把你所有创造性的想法集中到一起，抓住你最新颖、最激动人心的想法不放，即使在你开始从更实际的角度考虑问题时也应如此。

阶段六：完善和变换。在获得一些潜在的解决方案之后，就可通过对这些方案进行认真的评估和微调，使各备选的潜在解决方案更加完善。只有经过这一环节，所提出的创意才最终可以提交，进行广泛的决定性评价、裁决和实施。团队在这一阶段可以使用逐项讨论的方法：①由成员选出一个候选解决方案并清楚表述出来；②团队所有成员列出执行这个候选解决方案的好处；③找出候选解决方案存在的缺陷；④解决缺陷所带来的一些疑虑；⑤根据前面列出的好处和缺陷，以及为了克服这些缺陷而需要做的一些调整，总结候选解决方案；⑥制定所选定解决方案必须采取的行动步骤。

阶段七：实施。与前几个阶段一样，实施阶段也同样需要发挥创造力，而且对这种创造力的需求呈增加的趋势。要使解决方案得到其他没有参与制定方案的人的认同，特别是得到那些对新事物较为排斥的人的认同，会面临更多的挑战。可考虑的一个策略是，让一些关键人物参与解决方案的实施，那么从一开始就将负责解决问题的人组成一个联合小组，在这个联合小组里面，每个人都感觉到自己是解决方案的实施者。随着这个联合小组的壮大，越来越多的认可和支持就能增加成功实施解决方案的可能性。

（二）坚持与忍耐能力

英国前首相丘吉尔是一个非常有名的演讲家，他生命的最后一次演讲是在一所大学的结业典礼上，那次演讲的全过程大概持续了20分钟，但是在那20分钟内，他只反复讲了一句话："坚持到底，永不放弃！"这场演讲后来成为演讲史上的经典成功之作。丘吉尔用他一生的成功经验告诉人们：成功没有什么秘诀可言，如果真是有的话，那就是：坚持到底，永不放弃！

马云在创建阿里巴巴时根本没有想过做淘宝，但当时碰到了强劲对手易趣，所以淘宝诞生了。做了淘宝又面临支付问题，结果支付宝就逐渐做起来了。后来发现物流又不行，就接着做"菜鸟网络"。马云认为，创业过程是一个"逢山开路，遇水搭桥"的过程，很难一次性计划好所有步骤，只能坚持走下去。马云对所有创业者说："永远告诉自己一句话：从创业的第一天起，你每天要面对的是困难和失败，而不是成功。我最困难的时候还没有到，但有一天一定会到……创业的经验告诉我，任何困难都必须由你自己去面对。创业者就是要面对困难。"

坚持与忍耐的品质对创业成功非常重要，面对创业挫折轻易放弃的人，是很难成功的。成功的创业者往往是在一次次失败后不放弃，直到坚持到成功。创业者如何才能锻炼出坚持与忍耐的品质？什么方法和因素能有助于创业者在失败和挫折面前不轻易放弃？

第一，把握欲望的力量。欲望就是行动的原动力，有欲望才会有动机，欲望越强烈，成功才越可能。欲望在一定程度上能激发我们在困难面前坚持下来的毅力。要让成功的欲望之火在心里不熄灭，让其成为我们前进的强大动力。同时，有欲望也会有诱惑，因此自律就是控制和发挥欲望强大力量的重要方式之一。面对外部世界形形色色的诱惑，清楚地做出判断，哪些是应该放弃的，哪些是应该坚持的，这样才能走得更远。

第二，培养决心与信心。创业一定会有困难，困难是创业成长不可或缺的一部分。创业如果没有困难和问题，个人、团队和组织是不可能得到真正的锻炼和成长的。因此，创业不能去厌恶或逃避困难和问题，正确的方法是勇敢地去面对和克服。同时，还要有意识地去培养个人和团队的信心。信心在成长中能起到重要的作用。只有对创业的前景充满信心，才会去努力克服困难和解决所有遇到的问题，才有可能在一次次的失败面前不放弃。

第三，明确目标与积极行动。在创业之初就树立起远大的目标是非常有帮助的，创业过程中随时出现的困难和迷茫才不会让创业者轻易迷失方向，特别是不会被创业过程中的挫折和困扰逐渐磨蚀了创业者的斗志。但是，对创业者来说，更重要的是采取行动，而不是沉溺于对未来的美好幻想中。行动力在创业成功中比起远大的目标也许更为重要，只有采取积极的行动，才会不断增强创业者的信心。只有积极的行动才会帮助我们去解决创业中碰到的困难和问题，积极的行动可以让人抛弃恐惧和担忧，卸掉心理重负，去勇敢地面对不断出现的创业困难和问题。

第四，正确面对失败与挫折。创业不可能没有失败和挫折。如果创业者以消极的心态来看待失败和挫折，是很难坚持下去的。许多成长的经验表明，失败是成长过程中必不可少的环节。创业不在于会遇到多少失败和挫折，最重要的是在失败和挫折面前的心态和应对方法。许多有成就的成功人士在失败和挫折面前会表现出一种积极的心态，并且会用自己的独特方式来应

拓展阅读 8.2 爱迪生的"失败"

对。例如，《乔布斯传》描述，苹果公司创始人乔布斯遇到失败和挫折时喜欢痛哭。在他被苹果董事会排挤出苹果公司后，乔布斯就为此失声痛哭。痛哭也是一种情绪发泄和自我保护的方式。但痛哭之后不是妥协和放弃，而是要重振信心再次出发。乔布斯离开苹果公司后并没有放弃创业和创新，先后创立了新的企业，其中包括在动漫行业颇有影响力的皮克斯公司，后来被迪士尼公司收购。十年之后，一直没有放弃的乔布斯又回到苹果公司，把濒临破产的苹果公司再次带到创新的高峰。

（三）关系与网络能力

不仅心理学和行为学对创业者的特质与能力进行了研究，社会学也对创业经济现

象进行了研究。社会学家格兰诺维特认为，任何经济行为都是嵌入在社会关系网络中，而处于社会网络结构之中的自利者（如创业者），在其市场经济行为和社会关系之间有可能存在着重要的因果关系，经济行为应该紧密嵌入其所生活的社会关系结构中。社会学的这种观点对组织与管理领域有重要影响。例如，创业企业的经济行为如何嵌入社会网络之中，企业家如何从社会网络中获取资源、发现新的机会，其行为如何受到网络结构的影响，从而为企业成长绩效带来影响，一下扩展了人们观察和理解企业经济行为的新视角。

这种观点在中国的文化背景下很容易得到认可，因为中国是一个讲"关系"的商业社会。社会活动和商业经营都不能脱离关系行为的渗透和影响，因此不能简单地以道德与不道德的二元思维来判断关系实践的价值。对中国广东省的私营、国有和合资企业的 850 位经理人的调查就发现，对于商业领域来说，关系就是一个很实用的考虑因素。

目前，人们越来越认识到创业者作为一个社会角色，嵌入在社会、政治和文化的环境中，社会网络结构对企业的行为和绩效产生重要作用。相关研究发现创业者的社会网络不仅是创业所需信息和资源的重要来源，建立持久的社会网络关系使企业更容易以较低成本获取所需的创业资源，成功的创业者往往会花费大量的时间去建立网络关系以帮助新企业成长，而且创业网络对发现、识别创业机会也至关重要。网络关系提供了资源流动的最佳渠道，新企业可以利用与外部企业及其他组织机构之间的广泛社会关系，来获取金融资本、关键技术、人力资本和管理经验。此外，研究还发现，创业网络不仅是创业企业获得各类信息与知识、资金与订单的渠道，还是创业者获取声誉与社会合法性的重要途径。

因此，无论是从社会学的角度，还是从传统文化的角度，创业者在创业过程中去积极构建自己的关系与网络，都是创业者不可绕开和回避的任务。实际上，关系与网络的构建不仅在个人层面上应得到关注，在团队和组织层面上也是创业者必须长远考虑的。

第二节　创业团队修炼

我们从小就听过两句谚语，第一句是"三个臭皮匠，赛过诸葛亮"，第二句是"一个和尚挑水喝，两个和尚抬水喝，三个和尚没水喝"。两个故事告诉我们，团队的能力和绩效是有非常大的差异。管理好的团队，其能力和绩效可以超越个体能力的简单加总；管理差的团队，其能力和绩效甚至还比不上单个个体。因此，创业团队的管理具有非常重要的作用，本节将主要对创业团队的构建与管理进行阐释。

一、团队角色理论

（一）团队角色的特征与作用

贝尔宾团队角色（Belbin team roles），亦被称为贝尔宾团队角色表（Belbin team inventory），是在英国剑桥大学贝尔宾教授的领导下，与同事一起通过9年的研究，所提出的一个较有影响力的团队角色理论。其核心内容就是研究在不同的假设和设计前提下团队的构成。他们在试验中组建了120支管理团队，它们中的大多数都由6名成员组成。团队效率的衡量标准则是它们在管理游戏中所取得的财务业绩。

通过这些试验，他们提出了这套团队角色模型，如表8-2所示。贝尔宾团队角色理论认为一支结构合理的团队应该由八种人组成，这八种团队角色分别为实干家（company worker）、协调者（coordinator）、推进者（shaper）、创新者（planter）、外交家（resource investigator）、监督员（monitor evaluator）、凝聚者（team worker）和完美主义者（finisher）。其基本的思想是"没有完美的个人，只有完美的团队"。人无完人，但团队可以是完美的，只要团队能拥有以上各种角色。每种角色都有其优势和劣势，在团队中能发挥其独有的作用。

表 8-2 团队角色的特征与作用

角 色	特 征	作 用
实干家	·典型特征：保守、顺从、务实可靠 ·积极特性：有组织能力、实践经验，工作勤奋，有自我约束力 ·能容忍的弱点：缺乏灵活性，对没有把握的主意不感兴趣	·把谈话与建议转换为实际步骤 ·考虑什么是行得通的，什么是行不通的 ·整理建议，使之与已经取得一致意见的计划和已有的系统相配合
协调者	·典型特征：沉着、自信、有控制局面的能力 ·积极特性：对各种有价值的意见不带偏见地接纳，看问题比较客观 ·能容忍的弱点：在智力和创造力方面并非超常	·明确团队的目标和方向 ·选择需要决策的问题，并明确它们的先后顺序 ·帮助确定团队中的角色分工、责任和工作界限 ·总结团队的感受和成就，综合团队的建议
推进者	·典型特征：思维敏捷、开朗、主动探索 ·积极特性：有干劲，随时准备向传统、低效率、自满自足挑战 ·能容忍的弱点：好激起争端，爱冲动，易急躁	·寻找和发现团队讨论中可能的方案 ·使团队内的任务和目标成形 ·推动团队达成一致意见，并朝向决策行动
创新者	·典型特征：有个性、思想深刻、不拘一格 ·积极特性：才华横溢，富有想象力，智慧，知识面广 ·能容忍的弱点：高高在上、不重细节、不拘礼仪	·提供建议 ·提出批评并有助于引出相反意见 ·对已经形成的行动方案提出新的看法
外交家	·典型特征：性格外向、热情、好奇、联系广泛、消息灵通 ·积极特性，有广泛联系人的能力，不断探索新的事物，勇于迎接新的挑战 ·能容忍的弱点：兴趣容易变化	·提出建议，并引入外部信息 ·接触持有其他观点的个体或群体 ·参加磋商性质的活动

续表

角色	特征	作用
监督员	·典型特征：清醒、理智、谨慎 ·积极特性：判断力强、分辨力强、讲求实际 ·能容忍的弱点：缺乏鼓动和激发他人的能力，自己也不容易被别人鼓动和激发	·分析问题和情景 ·对繁杂的材料予以简化，并澄清模糊不清的问题 ·对他人的判断和作用作出评价
凝聚者	·典型特征：擅长人际交往、温和、敏感 ·积极特性：有适应周围环境和人的能力，能促进团队的合作 ·能容忍的弱点：在危急时刻往往优柔寡断	·给予他人支持，并帮助别人 ·打破讨论中的沉默 ·采取行动扭转或克服团队中的分歧
完美主义者	·典型特征：勤奋有序、认真、有紧迫感 ·积极特性：理想主义者、追求完美、持之以恒 ·能容忍的弱点：常常拘泥于细节、容易焦虑、不洒脱	·强调任务的目标要求和活动日程表 ·在方案中寻找并指出错误、遗漏和被忽视的内容 ·刺激其他人参加活动，并促使团队成员产生时间紧迫的感觉

资料来源：BELBIN R M. Management teams, why they succeed or fail [J]. Human resource management international digest, 2011, 19(3).

（二）团队角色理论的应用

（1）角色齐全。唯有角色齐全，才能实现功能齐全。正如贝尔宾博士所说的那样，理论不能断言某个群体一定会成功，但可以预测某个群体一定会失败。因此，一个成功的团队首先应该是实干家、协调者、监督员、推进者、凝聚者、创新者、外交家和完美主义者这八种角色的综合平衡。

（2）容人短处，用人所长。知人善任是每一个管理者都应具备的基本素质。管理者在组建团队时，应该充分认识到各个角色的基本特征，容人短处，用人所长。在实践中，真正成功的管理者，对下属人员的秉性特征了解得很透彻，而且只有在此基础上组建的团队，才能真正实现气质结构上的优化，成为高绩效的团队。

（3）尊重差异，实现互补。对于一份给定的工作，完全合乎标准的理想人选几乎不存在——没有一个人能满足所有的要求。但是一个团队却可以做到完美无缺——它并非简单组合，而是让成员在团队角色上，即团队的气质结构上实现了互补。也正是这种在系统上的异质性、多样性，才使整个团队生机勃勃、充满活力。

（4）增强弹性，主动补位。从一般意义上而言，要组建一支成功的团队，必须在团队成员中形成集体决策、相互负责、民主管理、自我督导的氛围，这是团队区别于传统组织及一般群体的关键所在。除此之外，从团队角色理论的角度出发，还应特别注重培养团队成员的主动补位意识——当一个团队在上述八种团队角色出现欠缺时，其成员应在条件许可的情况下增强弹性，主动实现团队角色的转换，使团队的气质结构从整体上趋于合理，以便更好地达成团队共同的绩效目标。事实上，由于多数人在个性、禀赋上存在

拓展阅读 8.3 西游记中取经团队角色与合作

着双重性甚至多重性,也使这种团队角色的转换成为可能,这一点也是被测试及实践所证实了的。

二、高效创业团队

创业企业的成长一定程度上需要以创业团队成长为基础,因此,创业团队的成长是一个长期修炼的过程。组建和保持一个高效的创业团队是创业成功的保障,高效的创业团队不仅要有合适的成员,还需要团队成员进行有效的沟通与协作,特别是在团队决策机制上应保持科学有效。

(一)合理组建创业团队

创业团队在创业成功中发挥着重要的作用,一些创业投资者在评估项目时,会把创业团队作为首要考虑的因素。这一定程度上说明人的因素在创业成功中的重要性。因此,对于创业者来说,组建创业团队是需要慎之又慎的事。要组建一个高效的创业团队,应遵循一些基本原则。

(1)目标一致原则。创业团队的目标必须明确一致,这样才能使团队成员清楚地认识到共同的发展方向并为之努力。孙子曰:"上下同欲者胜。"也就是说只有真正的目标一致、齐心协力的创业团队,才会赢得最后的胜利。因此,作为创业发起人首先要给每个团队成员描绘出鼓舞人心的共同愿景与目标,以激发出团队成员创业的能动性,确保团队永葆不变的创业激情。当然,目标制订切忌浮夸不现实,不要盲目以为目标越远大越好,目标也必须是合理的、切实可行的,这样才能真正达到激励的目的。

(2)互补协同原则。创业者寻求团队合作,其目的就在于弥补创业目标与自身能力间的差距。只有当团队成员相互间在知识、技能、经验等方面实现互补时,才有可能通过相互协作发挥出"1+1>2"的协同效应。越来越多的研究也认识到协作性团队会产生很高的绩效,同时也看到有效团队协作所带来的巨大能量。

(3)精简高效原则。为了减少创业初期的运作成本,创业团队人员构成应在保证企业高效运作的前提下尽量精简。创业一定要避免"人多力量大"的观念,人多虽然有可能为创业企业带来更多的资源和能力,但如果没有很好的互补协作,反倒会带来效率低下甚至人浮于事的问题,这给创业企业成长埋下隐患,很多创业企业就是因为人员规模的扩张快于业绩增长,最后活活地被拖垮了。更重要的是,精简的创业团队将更有利于团队快速做出决策、抓住市场机会,这对创业企业的成功极为重要。

拓展阅读 8.4 携程创业黄金搭档

(4)动态开放原则。创业过程是一个充满不确定性的过程,团队中可能因为各种主观和客观的原因不断有人在离开,同时随着企业的成长,也可能不断地有新人加入创业团队。创业团队成员随内外环境的不断更新有利于团队的优化,因此,创始人应有意识地保持团队的动态性和开放性,以促进创业团队的成长。

(二) 高效的沟通与协作

随着企业成长,创业团队的成员会越来越多,成员之间一定会存在不同利益导向、不同知识结构、不同能力、不同观念甚至性格和兴趣迥异的人。但创业企业的目标往往只有一个,因此如何协同这样一个复杂群体,去共同完成一个艰巨的创业目标,就需要大家能够统一想法、密切协作,为共同的创业目标而奋斗。

而许多研究表明,管理中的沟通不善是造成管理问题的重要原因。如果创业团队成员之间没有体会到沟通对团队合作和创业成功的重要性,没有认识到良好的沟通能力是管理的重要能力之一,就可能忽视沟通问题。创业团队成员之间如果出现信息流动受阻、相互之间的工作不能相互理解和支持,就会导致团队间沟通不畅,降低组织的整体效率。

造成沟通障碍的原因有很多。例如,沟通信息的不对称将会导致信息传递和反馈的不及时,或者信息传递量过大或过小,都可能导致沟通不畅;缺乏技能也会成为沟通障碍,管理者可以通过学习和训练来掌握一定的沟通技能;但更深层次的沟通障碍可能会来自个人的价值观、管理理念和性格特征上的差异,这些需要创业团队成员之间有更多的包容和付出,能够换位思考,更多地站在对方的立场来思考和沟通。

拓展阅读 8.5 URX创业团队沟通的四个技巧

不同的创业公司会存在不同的沟通问题,作为创业团队的领头人,首先应对沟通中存在的问题保持警觉,并摸索和采取相应的有效措施来应对,从创业成长的长远目标来看,沟通能力是优秀创业者应当培养的能力。

(三) 科学的团队决策

随着现代社会发展速度的加快,企业处于更加复杂多变的环境之中,企业的决策越来越具有挑战性。为了提供决策的科学性和有效性,团队决策越来越得到关注,因为相对于个人决策,团队决策有其明显的优点:①群策群力,集思广益。在环境越来越复杂、变化越来越快的今天,问题也日趋复杂,团队可以通过群策群力和集思广益的方法来应对这些复杂的决策问题。团队决策有利于充分利用其成员不同的教育程度、经验和背景。具有不同背景、经验的不同成员在选择收集的信息、要解决问题的类型和解决问题的思路上往往会有很大差异,他们的广泛参与有利于提高决策时考虑问题的全面性,提高决策的科学性。②融汇多元化的知识和信息。团队决策能够利用更多的知识优势,借助更多的信息,形成更多的可行性方案。由于决策团队的成员来自不同的部门,从事不同的工作,熟悉不同的知识,掌握不同的信息,容易形成互补,进而挖掘出更多令人满意的行动方案。③有利于后期决策执行。团队决策容易得到更普遍的认同，有助于决策的后期执行。由于决策团队的成员具有广泛的代表性，所形成的决策意见往往是在听取了各成员观点、权衡了各方的利益的基础上形成，因而有利于得到与决策实施有关的部门或人员的理解和接受，在实施中也容易得到各部门的相互支持与配合，从而在很大程度上有利于提高决策实施的质量。④团队可以承担更大的风险。相关研究表明，相对于个人决策，团队决策有利于让人们承担起更大的风险。

当然，我们也要清醒地认识到团队决策本身有其局限性：①决策效率可能低下。虽然团队决策可以群策群力和集思广益，鼓励各个领域的成员积极参与，但如果运用不当，就可能陷入讨论的僵局中，甚至变成一场无聊的口水战，降低决策速度和效率。②受权威人士或小团体所把持。团队决策要想有效发挥众人的知识和智慧，一个重要的前提是决策成员在决策中具有相对平等的话语权，个人可以充分地发表见解。但在许多情况下，团队很容易被一些权威人士或小团体所左右。③相互推卸责任。当决策出现问题或决策失败时，参与决策者往往会推卸责任，没人愿意站出来承担责任。长期看来，这对企业存在潜在的大危害，容易导致企业决策的草率和莽撞。

因此，团队决策的正确运用是让其发挥优势、克服弊端的重要保障。有效团队决策机制的形成不是一朝一夕的事，需要从制度、文化、流程和激励等诸多方面进行完善。一些企业在长期的实践中能摸索出许多有效的决策方法和技巧，在团队决策中运用也能产生很好的效果：①提倡有唱反调的角色。团队决策最怕为了彼此不伤和气，而委曲求全地做出折中式的决策。一个好的方法是安排唱反调的角色。如果唱反调成为一个必备环节，唱反调者就能免受团体压力。但也不能为了唱反调而提出一些不切实际的反调，而是要真正反映成员的一些真实看法。在某种情况下，甚至可以指定某些人或团队来唱反调、找问题、提意见。②激励团队的成功。一个重视团队成功的文化能更有效地激发成员分享信息和知识。要明确地让团队中的"精英"意识到，个人的出类拔萃必须体现在团队的决策与绩效中，才能获得激励。③去中心化和权威化。在团队决策形成的过程中，要提出去中心化和权威化。在一些成熟的大型组织中，很容易形成决策的中心化和权威导向，即一些人或团队在企业中获得了决策的权威，人们总是去揣摩和附和这些权威的决策意见，而不是发出自己的声音和观点。这对发挥团队决策的群体智慧是有害的。最好的方式就是让这些人最后发言或不发言。④正确运用一些团队决策技术。实践证明，一些成熟团队决策技术的正确运用能有效地提升决策的科学性。例如德尔菲法、头脑风暴法等方法，能有效地激发团队成员的思维，得到更好的团队决策。

第三节 创业激励机制

创业企业不仅要面对市场激烈竞争的困难，还要面对人才和资金等方面资源的短缺问题，如何建立有效的激励机制，是企业成长的重要保障。同时，一些案例研究显示，许多创业公司有优秀的创业团队和良好的创业资源，但依旧会出现失败的结局，其中没有建立有效的创业企业激励机制是一个重要原因。成功的创业企业激励机制不是一蹴而就的，而是一个长期建设的过程，要随着企业成长生命周期不断迭代更新，不仅要适应公司规模与发展战略的要求，还要适应市场竞争与外部环境变化的要求。

一、愿景与文化机制

对于创业企业来说，由于资源短缺，难以采取高薪酬的激励措施，因此在早期就注重愿景与文化的激励，这往往是一个有长期效应的激励机制。共同愿景是组织中全体成员对企业未来发展的共同憧憬，也是公司发展的蓝图。当然，共同愿景不是简单地描绘一个美好的前景，而需要创业企业基于自身的资源现状与未来的产业趋势，做出高瞻远瞩的预判，并能有切实可行的商业模式和成长战略去把握这种趋势。在此基础上，创业企业要通过恰当的方式将愿景准确地表述出来，让全体成员有全面深刻的认知和理解，从而激励大家不要因眼前的困难或困境失去信心，要相信创业成功的曙光一定会出现。总的来说，一个美好并且可行的共同愿景能够为创业企业带来强大的凝聚力和感召力，增强员工的组织承诺度，使其为了企业未来目标的实现而砥砺前行。

从整个企业的文化来看，创业企业还要营造一种良好的创业文化氛围。首先，要相互尊重与信任。敢于创业的人往往是非常自信的人，一个自信的团队更有成功的概率。但同时也不要过于自信而导致自负，特别是要尊重创业伙伴的能力与贡献，千万不要只重视认可自己的专业领域，而忽视了伙伴的作用。其次，创业公司对各种办公室政治要防微杜渐，不要形成官僚公司争权夺利的文化，而要激励大家专注于客户。好的创业企业文化应该关注谁是客户、客户想要/需要什么、客户有哪些痛点、客户的支付意愿与能力问题等。最后，鼓励大家形成良性的竞争，对有能力、有业绩的成员要奖励，同时也要鼓励那些有干劲、有潜力的成员，对那些不能适应市场激烈竞争环境的员工要做出恰当的处理。

二、薪酬与利益机制

起步阶段的创业企业可能没有高薪酬，但薪酬与利益机制依旧能起到非常重要的激励作用。

在保障员工基本生活需求的基础上，薪酬要体现公平的原则，即薪酬要与个人业绩或部门业绩挂钩，同时业绩的评估要公正，只有公平才能激发员工的激情和斗志。

企业要建立激励员工潜力的薪酬管理机制。创业企业早期资源短缺，很难为员工提供水平很高的薪酬和福利待遇。因此,创业企业要想在薪酬与利益上激励员工,特别是一些核心骨干的创业人员,需要建立一套创新的激励机制。其中,股权激励是一种具有长期激励效应的方式。从已有的经验来看,股权激励有多种形式,如股票期权、限制性股票、股票增值权、虚拟股票、期股、强制性持股等。创业企业可以根据自身情况进行创新设计,以激发高管和核心员工潜力,提高高管和核心员工工作产出,提升团队绩效,提高公司业绩。同时,我们设计股权激励方案除了考虑激励效果,还应当注重相应的约束机制,只有约束机制明确,才能够让员工知道自己的义务和责任。最常见的约束机制,包括对公司整体业绩条件的要求、对个人绩效考核的机制要求,还有在公司的任期要求、勤勉尽责的要求等。

三、成就与成长机制

美国哈佛大学教授麦克莱兰的需要激励理论认为,在人的生理需要基本得到满足的前提下,还有三种基本的激励需要:成就需要、权力需要、归属需要。麦克莱兰还发现,创办并推动企业发展的企业家显现出很强的成就需要和相当大的权力需要,但归属需要很低,并且在小企业的经理人员和独立负责一个部门的管理者中,高成就需要者往往会取得成功。具有强烈的成就需要的人渴望将事情做得更为完美、提高工作效率、获得更大的成功,他们追求的是在争取成功的过程中克服困难、解决难题、努力奋斗的乐趣,以及成功之后的个人的成就感。从权力需要来看,要采用有效的分权管理,让创业团队成员有更多的自主决策权力,通过自主决策获得成就感和成长体验。

因此,建立成就与成长激励机制需要创业企业在成长过程中精心设计和持续优化。首先,在目标的设置上要具有合理的挑战性,具有适度挑战性的目标能激发员工的创业热情和斗志。其次,在员工目标实现的过程中,还要给予实时有效的反馈。上海盛大网络发展有限公司就曾把游戏的管理方式运用到企业管理中,并取得了很好的效果,其核心就是利用游戏即时反馈的原理。最后,成就与成长要随着创业成长周期优化。没有一蹴而就的成就与成长激励机制,因为环境在变迁、员工在成长,所以从持续成长的过程来看,成就与成长激励一定是基于个体需求进行长期优化的过程。

宋江领导梁山的激励机制

梁山水泊之所以能够形成各行各业能人齐聚的人才优势,表面上看起来是"逼上梁山",从另外一个角度看,是因为这些人才在社会中没有获得良好的发展机会,或者社会给他们提供的职业不能适应他们的专业特长和性格。因此,管理这样一帮有才能又不安分守己的人才,并非易事。但是,在宋江上梁山开始领导之后,梁山的事迹逐渐演绎了一段历史佳话，这些官府眼中的"草寇"也成为人们口中的英雄好汉。

那么，外表又黑又矮的宋江是如何做到的呢？论武艺，他比不上林冲、武松、鲁智深等人。论文采，他比不上会写苏、黄、米、蔡四家字体的"圣手书生"萧让。论计谋，他比不上"智多星"吴用、"神机军师"朱武。一定程度上，宋江之所以能够在梁山泊坐上第一把交椅后带领梁山达到鼎盛，其中的一个关键原因是宋江能够建立一套有效的激励机制。

树立"替天行道"的使命

宋江善于应用"忠""孝"等传统观念吸引各路英雄投奔。宋江本人极为奉行儒家的忠孝之道，在坐上梁山第一把交椅以后，第一件事就是提出了"替天行道"的口号，只反贪官污吏，不反朝廷皇帝，把"聚义厅"改为"忠义堂"，这是他"忠"的表现。这在当时的梁山义军尤其是朝廷降将中是有一定号召力的。同时，宋江也非常重"孝"。例如，在大闹清风寨之后，宋江带了花荣、秦明等人投奔梁山，他父亲怕宋江"一时被人撺掇，落草去了，做个不忠不孝的人"，赶紧送给宋江一封信，宋江接信后"恨不得一步跨到家门"，宁可回家被官府抓住判刑，也不愿舍弃他的价值观念——"孝"。实际上，在深受儒家思想熏陶的梁山好汉们的潜意识中，"忠""孝"二字同样是根深蒂固的，宋江的"忠""孝"表现不仅提高了他在好汉们心目中的威望，更是其领导梁山的核心命脉，因此，他上梁山一提出"替天行道"使命，就有效地提升和激励了各路英雄人才的奋斗热情。

以"义气"凝聚各路英雄人才

梁山好汉云集，但实际上资源短缺，要吸引和管理好这批不安分守己的草莽英雄并非易事。宋江有效地打造了以"义"为核心的梁山管理机制，将大家凝聚在一起。宋江在做押司小吏时，就"常常散施棺材药饵，济人贫苦，周人之急，扶人之困"，仗义疏财，结交天下豪杰，获得了"呼保义"和"及时雨"的美名。作为一名小吏，他的薪水是不会太高的，他的家庭出身也算不上富裕，他能慷慨解囊为友解困，确是重"义"的一种性格。而这种"义气"文化很符合梁山的创业需求。在梁山好汉中，有不少人就是受其"义"的吸引而投奔梁山，或是由于慕宋江重义而主动来归，或是由于宋江出于义气救助过他们，正因为宋江倡导的重"义"，各路英雄人才纷纷慕名而来，形成了梁山泊的鼎盛局面。

建立人尽其才的任用考核机制

梁山泊用人的最大特色是按其专长使用人才。梁山英雄各具特色，既有万夫不当之勇的五虎将，也有专攻一技的能工巧匠，还有一大批虽武艺一般，但却有其他方面特长的人物，他们的能力大小不同、层次不一，却都能以其本领和特长各尽所能、各尽其职。熟悉水性的李俊、张横、张顺等人，掌管四寨水军；善于步战的鲁智深、武松等人,担任步军头领;铁面无私的裴宣负责定功赏罚。宋江能知人善任,能够根据每个人的性格、特长、能力、兴趣、爱好等不同特点大胆地使用人才,确实做到了人尽其才、各司其职、各得其所。

建立公平公正的选拔晋升机制

梁山108位好汉,个个身怀绝技又有个性,要进行有序的层级管理和激励确实不是一件容易的事。在人才的选拔和晋升机制上,也突出了宋江的智慧。例如,梁山好汉的座次排列,就显现了其高超智慧。梁山一共排过四次座次,但每次都是以功劳的大小、武艺的高低、江湖上的影响来排的,并不是感情、关系。具体而言,其座次排定,一不是看过去的官职和社会地位,二不是看出身于官宦人家还是平民百姓,三不是看上山的先后顺序,四不是看年纪的大小长幼,五不是看与宋江关系的亲疏新旧。例如,柴进是握有"丹书铁券"的大周柴世宗的子孙,杨志是三代将门之后、王侯杨令公的后人。但他们上得山来,都得靠自己的真本事吃饭,既不能凭仗自己老祖宗的荣耀,也不能沿袭过去朝廷命官的职爵,一切得从头做起,以自己特殊的才干服务于梁山的事业;再如,若按上山的先后而言,杜迁、宋万、朱贵可谓梁山的元老了,但他们的座次并没因资历老就排在前面,而是按其本事的大小排在了后面;最后,若说与宋江的个人关系,宋清可谓至亲至近了,但在座次上,宋清的职位也只是专掌筵宴的小头领,宋江并没有因为宋清是他的亲弟弟,在各方面照顾他一些,而是安排他做适合的事。

营造有归属感的"家"文化

《水浒传》中,梁山英雄好汉来自五湖四海,只要他们上山,就有专人负责把他们的家属接上梁山。现在看来这一做法更人性化、更有人情味。晁盖一行上山之初,山寨住所不多,且破旧不堪,随着投奔梁山泊人数的扩大,晁盖、宋江曾多次扩建住所,以使各路英雄及其家属有安歇之处。梁山英雄在诱请、解救、招降众多的英雄好汉之时,考虑得非常周到仔细,往往英雄才至,其家属随后就到。在诱请萧让、金大坚、徐宁等人的同时,梁山派另一支人马随后也将其家人诱请上山,一家人在梁山重又团聚,顾虑全消,便以山为家,死心塌地留在山寨。对于被解救和招降的人物,水泊梁山也是尽其可能将其家人接上山来,如宋江、关胜、朱仝、柴进等人的家属都一一被接上山。而朱贵将其兄弟朱富以及李云等人接纳上山寨。水泊梁山这一非常具有人情味和细致周密的做法,使上山的英雄好汉毫无后顾之忧,都忠心耿耿地报答梁山的大恩。梁山营造的这种"家"文化有效地扩大了梁山的影响,壮大了梁山的力量,凝聚和激励了梁山的英雄好汉。

资料来源:根据"吴泉霖. 谈现代人才激励的要害——《水浒传》启示录[J]. 科技致富向导,2012(8):85-61."等资料改编。

【本章小结】

人才是创业企业最为重要的资源,也是创业能否成功的关键保障,本篇主要对创业人力资本的培养与开发进行阐释。首先,基于创业者个体层面阐述创业能力的培养,能力是个人所拥有的某些内在的特质,包括技能、特质、个人动机、社会角色和知识等。本章只选取了创新与创造能力、坚持与忍耐能力、关系与网络能力三种能力修炼为例进行了阐释。其次,讨论了如何组建高效的创业团队,"三个臭皮匠,赛过诸葛亮",优秀的创业团队其能力和绩效可以超越个体能力的简单加总。为此,遵循合理组建创业团队的原则,实现内部高效的沟通与协作,以及基于团队决策的优缺点摸索出科学的决策方法,是组建高效创业团队的重要内容。最后,不论是创业个体、团队,还是整个企业,其能力成长的过程都需要有一个良好的激励机制作为保障,我们可以尝试从"愿景与文化、薪酬与利益""成就与成长"三个方面进行创业激励机制的建设。

1. 你认为创业者需要具备哪些能力与素质?深入讨论你认为最重要的几个创业能力。
2. 有人把创业能力与创新能力两种能力视为一个概念,你是否赞同?为什么?
3. 组成小组一起讨论团队决策的优势与劣势。
4. 有人说:"良好的沟通是创业团队合作最重要的基础。"你怎么评价这个观点?
5. 结合相关案例,讨论如何有效地激励创业团队。

创业团队决策

想象以下决策场景,做出个人和团队决策,然后对决策结果和过程进行讨论。

8月中旬的一天,骄阳似火。上午10点左右,你所乘坐的双引擎小飞机被迫降于西部的一个沙漠。飞机风扇全坏,正、副驾驶员死亡,不过你和其他生存者都没有受伤。飞机撞毁,驾驶员没来得及告诉目前的正确位置,不过在意外发生前,曾提到你们的大致位置在一个机场西南方约70英里处,而且偏离航道60英里。你所在的沙漠相当平坦,除了偶尔有一些仙人掌外,一毛不拔,气温高达44~55℃。每人穿短衣、长裤、袜子及便鞋,你有一块手帕,口袋中仅有2块银币、85美元、一包香烟、一支圆珠笔。同时,你们从飞机中找出15件物品,如表8-3所示,所有物品皆无损坏。你们所有成员同意自救,同意全体人员留在出事地点等待援救,因为你们相信飞机一旦与基地失去联系，基地半小时内就会派出飞机沿途寻找。为了能最终获救，需要对此 15 件物品的重要性进行排序决策，最后对整个决策结果和过程进行讨论。

表 8-3 物品排序决策表

物 品	步骤一	步骤二	步骤三	步骤四
装有 4 节电池大小的手电筒				
折叠刀				
这个区域空中地图的一部分				
大号的塑胶雨衣				
磁式指南针				
利用纱布的止血工具				
装了子弹的 45 号口径手枪				
降落伞（红白相间的颜色）				
盐片 1 瓶，1 000 片装				
一人有 1 夸脱（0.5 加仑）的水				
一本名为《沙漠中可食动物》的书				
每人有一副太阳眼镜				
标准浓度的伏特加酒 2 夸脱				
每人有一件外衣				
化妆镜一个（大型）				

完成上面的评分表格并讨论：

（1）步骤一：每个人自评 15 件物品的重要度序数。

（2）步骤二：分小组讨论 15 件物品重要度序数（个人评序不可再变动）。

（3）步骤三：用个人自评的分数减去专家评分，并取绝对值后加总。

（4）步骤四：用小组排序的分数减去专家评分，并取绝对值后加总。

（5）就步骤三和步骤四两个绝对值的差值，讨论个人决策与团队决策的优势和劣势。

第九章

创业金融资本

【名言集锦】

兵马不动,粮草先行。

——《南皮县志·风土志下·歌谣》

宜未雨而绸缪,毋临渴而掘井。

——朱用纯《朱子家训》

【本章学习目标】

1. 理解天使投资的概念与特点;
2. 掌握获得天使投资的方法;
3. 理解风险投资的基本概念;
4. 熟悉风险投资的运作流程;
5. 了解股权众筹的概念与特点;
6. 掌握股权众筹的运作流程;
7. 了解 IPO 的融资模式;
8. 了解 IPO 的主要流程与渠道。

京东:携资本狂奔成长

创建京东是刘强东的第二次创业,说是创业,其实就是在中关村租了一个柜台,卖视频刻录机之类的设备。靠着明码实价、薄利多销的销售策略,京东成长很快,销量也快速增长。2003 年,京东已经从一个柜台发展到了十多个柜台。但这一年"非典"疫情突袭,疫情对线下业务的冲击引起了刘强东的深刻思考,正好当时柜台租约到期,刘强东果断不再续期,全力转型线上。

开始的 4 年里,他以办公室为家,白天办公,晚上就睡在地板上。每天睡前他就在地板上放一个闹钟,每隔两小时铃声大作,他就起来上论坛当客服解答客户问题。凭借一股拼劲和产品口碑,2006 年,京东销售额就破了 8 000 万元。随着公司迅速成长，公司运营资本开始吃紧，京东融资大幕正式拉开。

首轮融资：今日资本一见钟情

2006年的刘强东对于融资与风险投资（venture capital，VC）可谓是一窍不通，正在为现金流发愁之时，刘强东注意到京东论坛上的一条网友留言："老刘，我觉得你们做得不错，产品服务都很好，想不想找VC？"交流后他发现这名网友是一位高盛前员工，认识几家VC，想介绍给京东。

经该位网友介绍，刘强东与一家国企上市公司牵上了线。简单谈过之后对方当即决定投资500万元，占股40%，并立马打了200万元过桥资金，收取10%的利息。等年底京东销量达预期，再打300万元。到了2006年底，没想到那家国企股价大跌，不仅300万元没有了，之前的200万元也要收回。这可急坏了刘强东，他又找到网友，网友说："不要急，我再介绍其他VC"。由此，今日资本的徐新开始登场。

2006年11月，刘强东与徐新第一次见面，两人一聊就是五六个小时，徐新听完刘强东的商业构想，很兴奋，当时就决定投资，并承诺会帮京东还200万元给国企。

最终今日资本决定投资1 000万美元，占股40%，而当时的京东，还是一家30多人的小公司。投资协议中还附了一个对赌协议：2007年起5年内京东销售额达到10亿元，就给刘强东增发9%，否则就给今日资本增发9%。刘强东当时假意为难，其实对此胸有成竹。仅一年后的2008年，京东销售额就轻轻松松达到10亿元。

当年国内物流体验很差，京东70%的投诉都来自物流，大多是送货慢、货品损坏，而这两者都会对用户体验造成毁灭性打击。拿到1 000万美元之后，京东宣布1 000万美元大力投入自家物流建设，当时大家都认为他疯了，与外界的质疑形成强烈反差的是，在问了一些细节之后，徐新并不反对刘强东建设物流。

B轮融资：融资渡过金融危机

物流系统烧钱的速度超乎想象，到2008年，京东又缺钱了。徐新看到了京东高增长的潜力，第一时间就找到刘强东说第二轮由今日资本全投。没想到刘强东断然拒绝了，理由是如果还由今日资本全投，那今日资本的股份就超过他了。他当时就认准一条：不允许任何投资人股份大于他。

但是刘强东没有预料到的是，2008年华尔街金融海啸波及中国，融资并没有那么顺利，原先追着刘强东投资的几家投资人都没了踪影。那段时间刘强东几乎找遍了国内所有投资方，但是直到年底，也没有找到第二位投资人，短短几个月他的头发都急白了。

后来徐新向香港百富勤创始人梁伯韬引荐刘强东。梁伯韬觉得刘强东很有激情和信心，而且既懂零售，又懂互联网，也很认同京东的商业模式。梁伯韬当即决定个人投资100万美元，但这对京东的资金需求来说只是杯水车薪，梁伯韬答应会给刘强东介绍其他投资者。后来他果然介绍了雄牛资本的黄灌球和李绪福，和徐新一样，他俩也曾是梁伯韬的部下。最后，雄牛资本出资1 200万美元、今日资本出资800万美元，再加上梁伯韬天使投资的 100 万美元，B 轮京东总计融资 2 100 万美元，算是惊险度过了 2008 年的年关。这次融资经历也给京东留下了深刻的教训：有融资机会的话，一定要抓紧时间去做。

拿到第二轮融资的钱，刘强东决定着手扩品，第一步是做大家电，之后又扩充到全品类。但徐新对这次扩品类表现出强烈反对，因为这是新一轮的烧钱，而且看上去是个无底洞。这时引入多家投资机构的好处就体现出来了，雄牛资本之前投资过苏宁，深知大家电的利润颇丰，于是支持扩品类。有了雄牛资本的支持，徐新后来就没有坚持反对。

C 轮融资：投资大佬纷沓而至

第三轮融资开始于 2010 年，老虎基金首先找到京东，估值 2.5 亿美元。不过当时刘强东正急着要到宿迁客服中心处理问题，只是口头上谈了一下，没有签 term sheet（投资条款清单）。一家美国基金听说此事，连夜赶到宿迁找刘强东，开口就是 4 亿美元估值，直接拿出 term sheet 要刘强东签。面对一下多出的一亿多美元，刘强东犹豫了一下，但最终还是拒绝了。后来回北京他继续跟老虎基金签了 term sheet，而且估值不变。老虎基金非常满意，后来在很多决策上都给了刘强东很大的支持。

京东信守承诺的声誉又陆续吸引了许多知名投资机构。2010 年 9 月，高瓴资本以 10 亿美元估值，投资京东 2.65 亿美元，是当年中国互联网最大的一笔投资，后来又追加了 5 000 万美元。高瓴资本要求必须设立创始人控制条款，如果创始人不能控制公司，则不会投资。

2011 年，红杉资本和俄罗斯的科技投资公司 DST（Digital Sky Technologies）也加入进来。其中 DST 的尤里·米尔纳是俄罗斯互联网投资巨鳄，曾是脸书的首位天使投资人，他的投资逻辑也异乎常人。尤里见到刘强东的第一句话是我最多可以投 15 亿美元，第二句话是我投资之后，京东 5 年内不许上市。DST 特别看好京东，前后投了十多亿美元，而且前期投资人如果想出清股份，别人卖多少，他都照单全收。并且尤里从不要求董事会席位，所有股份的投票权直接给刘强东。因此，刘强东当时虽然股份稀释了很多，但是一直握有 50%以上的投票权。

2013 年 2 月，京东宣布又完成一轮约 7 亿美元融资，投资方又加入了新入股的加拿大安大略教师退休基金和沙特投资公司王国控股公司，同时一些原股东也进行了跟投。

D 轮融资：腾讯投资战略合作

2014 年 3 月 10 日，腾讯和京东联合宣布，腾讯为京东注资 2.14 亿美元，占京东普通股的 15%。双方还达成战略合作协议，腾讯旗下的 QQ 网购、拍拍网和易迅划归京东，同时腾讯电商板块 6 000 名员工也悉数被京东吸收。腾讯将为京东提供微信和手机 QQ 客户端的一级入口，双方还将在网上支付服务方面进行合作。

至此，京东上市前的融资基本结束，共计融资约 21 亿美元。在资本助推下，京东从一家小电商迅速成长为电商老大阿里巴巴的最大竞争对手。2014 年 5 月 22 日,京东在纳斯达克上市,比阿里巴巴早 4 个月,成为第一个在纳斯达克敲钟的中国电商巨头,上市首日股价大涨 14.5%,市值达到 286 亿美元。

案例启示

京东是国内领先的电商企业,其自建物流的重资产模式虽能为客户创造良好购物体验并促进了公司的快速成长,但同时也耗资巨大。公司在多年一直处于亏损的情况下,主要是依靠外部融资来维持生存与发展。这个过程中,公司的融资策略与节奏是公司成长的最重要保障。在中国的改革开放中,有许多像京东这样善于整合和优化国内外资源的优秀公司,抓住了互联网行业的发展浪潮而获得了迅速成长。

第一节 天 使 投 资

一、天使投资的基本概念

(一)天使投资的起源

天使投资(angel investment)起源于 19 世纪的美国,通常指自由投资者或非正式风险投资机构,对创业早期企业进行的一次性的前期投资。一般认为天使投资多是创业投资市场中的个人投资行为。在美国有许多知名的天使投资案例。例如,1874 年,亚历山大·贝尔利用天使资金创办了贝尔电话公司;1903 年,亨利·福特利用来自 5 位天使投资人的 4 万美元投资创办了福特汽车公司;1977 年,苹果公司接受了一位天使投资人 9.1 万美元的天使投资发展起来;甚至旧金山的金门大桥都是建筑设计师花了 19 年时间寻找资金,最终由天使投资人贾尼尼(A. P. Giannini)资助的。

自 20 世纪 80 年代后期起,越来越多富有的个人开始投资创业早期公司。这些人中有牙医、律师、房地产商,也有一些大公司的中高层管理人员。但是发展到现在,天使投资不再局限于富有者的个人投资行为,在原有天使投资人群体的基础上,一些小型的投资合伙机构也开始进入天使投资领域。过去那种类似亲友借钱的天使投资方式正在演化,天使投资现在变得更加专业化,能够为新创公司提供更多、更充足的资金和更专业的服务。

天使投资人投资于孕育期的创业企业,要承担非常高的失败风险,实践经验表明,绝大多数的天使投资都是失败的。但是,项目一旦获得成功,其回报也是惊人的,是其他任何投资形式都不能比拟的。托马斯·阿尔伯(Thomas Alberg)投资亚马逊 10 万美元,最终的回报是 260 倍,达到 2 600 万美元。当年投资 9.1 万美元给苹果公司的天使投资人最终的回报是 1 692 倍,达到约 1.54 亿美元;伊恩·麦凯恩(Ian McGlinn)

投资 Body Shop（化妆品公司）获得了 10 500 倍回报；彼特（Peter）投资脸书 50 万美元，最终回报是 20 000 倍，达到 100 亿美元。当然，这几个只是少量获得高额回报的案例，大量的天使投资最终是以失败告终的。这些神话般的成功案例也能让人理解，为什么天使投资人能接受这么高的失败率，因为只要有一次成功，不仅可以挽回前面多次失败的损失，而且可以赚得盆满钵满。

除了高额的回报之外，许多天使投资人也是对这项事业抱有一种情怀和热爱的。诺曼·布罗斯基（Norman Brodsky）在他 1997 年的一篇名为《我的天使投资者生涯》的文章中谈到是什么东西促使投资者网络形成时说："对于我来说，没有哪件事能像天使投资那样——看着一个公司从无到有地成长起来的事业……目睹着公司成长，看着公司的个数日益增多，依靠自己的力量创造事业，所有这一切都让人感到难以置信的激动……我十分喜欢这种感觉。"他接着说："这些投资……为我提供了让我向别人传授我多年学习经验的机会，以及和他们一起分享创建一家新公司所带来的激动。"由此可见，很多人对天使投资非常热爱，甚至将它作为自己的事业来做。

（二）天使投资的特征

对于刚起步和创业早期的小企业，其成功的不确定性因素很多，成熟创业投资公司和银行都不愿承担企业失败的风险，或者因企业的资金需求量很小而得不到这些大机构的重视，这时，天使投资人就成为这些新创企业的一个较佳选择。事实上，绝大多数成功企业在起步期，都可能获得过家人资金、朋友资金和天使投资人的资金资助。天使投资具有以下特征。

第一，专注早期股权投资。天使投资的目标主要是极具成长性的高科技创业企业，由于投资的风险较高，天使投资人通常以股权的形式投资于早期创业企业，股权的平均持有期限为 5~8 年。天使投资人除了提供资金之外，还会积极地参与创业企业的管理，用自己的创业经验或专业技能来指导和帮助创业者。

第二，投资风险高。天使投资人向新兴企业投资的资金被视为高风险投资，因为此时公司还没有建立起成功的运营模式。天使投资人经常向新兴公司提供初始资金，很难判断出他们所投资的公司在长期能否成功。尽管多数新兴公司在它们成立的最初几年就会夭折，但是天使投资人对于他们的投资选择非常乐观，并且经常要求高额的回报来弥补这些风险。

第三，投资金额一般较小。从个人投资的单笔金额看，天使投资的金额一般比较小，而且是一次性投入，它对风险企业的审查也并不严格。它更多的是基于投资人的主观判断或者是由个人的喜好所决定的。通常天使投资是由一个人做投资决策，属于个体或者小型的商业行为。

第四，投资动机多样化。投资一般都是以获得商业利益为目的的，天使投资也不例外，但其动机更为多样化。天使投资人可能是你的邻居、家庭成员、朋友、供货商、大公司的中高层管理者,以及任何愿意投资公司的人士,因此,他们的投资动机非常复杂,可以是为了获得投资回报,也可能仅仅就是一种兴趣、理想、公益或个人情怀。他们不一定是百万富翁或高收入人士,但他们对你的创业项目非常有兴趣,他们不但可以带来资金,有时也带来个人的关系网络和资源。

第五,网络化。天使网络(angel network)是由天使投资人组成的一种非正式组织,它为天使投资人提供了一个相互交流投资经验、提供投资信息、寻找投资机会的重要平台。天使网络成员会组成不同的投资团队,共同向某一项目投资,这样不仅有助于扩大单个项目的投资规模,也有利于降低个人的投资风险。天使网络通常由一位富有投资经验的天使投资人牵头组织,小的天使网络没有专门的管理机构,大的天使网络一般聘请专职的经理人(通常为律师)进行管理。

(三)天使投资的优缺点

1. 天使投资的优点

(1)能够提供创业早期所需的少量资金。根据新罕布什尔州大学风险研究中心的数据,几乎三分之二的新兴企业的资金来自天使投资人。创业早期所需要资金较少,一般少于 50 万美元,有些企业几千美元就能启动。苹果公司的第一笔天使投资是 9.1 万美元,谷歌搜索的第一笔天使投资是 10 万美元。天使投资人一般可以使用个人资金来投资这些创业企业。

(2)投资方式高度灵活。天使投资人的投资合同相比于传统的资金贷款更加灵活。因为他们投入的是自己的资金,他们的商业合同可以经常协商更改。出于这点灵活性,他们更是不确定性高的初期企业的理想资金源。此外,天使投资往往基于个人信用,不会为复杂的商业条款所困,天使投资人甚至在正式投资协议签订之前,就能将资金汇入创业企业。

(3)为创业企业带来丰富的知识和经验。许多天使投资人曾经就是创业者,并创立过几家成功的公司,因此他们不仅可以提供创业者所需的资金,而且能够提供他们想要的支持、专业知识和人脉来促进公司的成长。一个天使投资人的直觉和资源对于一个创业公司来讲具有无限的价值,创业者应当认识到他们所需的帮助,并欢迎天使投资人参与到公司的日常活动中来。

(4)不需要高额的月度费用。与银行贷款和信用卡借贷等债务资金相比,从天使投资人处募集资金还有另外一个好处,就是他们不需要高额的利息回报。许多创业者非常喜欢这点,由此他们可以将自己的时间和精力都集中在发展公司上,而不用担心每个月需要支付高额利息和费用。

2. 天使投资的缺点

(1)缺乏后续的追加投资。天使投资一般注重早期投资,不论项目的成败,一般都不会进行追加投资。因为如果项目失败了，追加投资一个不成功的企业将会有损失更多的钱的风险；如果项目成长起来了，一般需要更大额度的投资，这也超出了天使投资的承受范围。但许多天使投资人还是会积极引入外部的投资机构，来帮助创业企业去获得后续的大额投资。

（2）容易碰到短视的天使投资人。尽管多数天使投资人非常关注创业企业创业者的利益和动力，但总有少数投资人非常贪婪并且受利益驱使，采取短视行为，他们不以发展公司优势为目的。这类投资人对创业者缺少耐心，并且不会向他们提供太多的辅导与帮助，反而可能向创业者施加一些短期目标压力。为了避免碰到这类短视的天使投资人，创业者也需要对天使投资人事先进行深入了解，尽量与声誉好的天使投资人合作。不要为了解决眼前的资金短缺，轻率地选择一个投资人。

（3）遇到干涉太多的天使投资人。作为向新兴公司提供启动资金的交换，许多天使投资人经常要求获得公司一定的股权，并期望在退出时获得高额的投资回报率。从投资人的角度来讲，这是合理的投资交易要求。但是有些投资人由于对创业者缺乏信任，往往会在一些合作条款上制定较高的风险控制约束，会要求在股权、董事会决议，甚至在日常经营管理上进行监督和干涉，这可能给初创企业带来束缚，使其丧失自主性和灵活性。有些天使投资人甚至抢夺了创业企业的控制权，完全剥夺了创业者的积极性和创造性。

（4）天使投资人的经验和声誉不高。一些天使投资人由于缺少行业经验，狭隘的行业知识不但没有为公司的成功带来任何价值，还影响到创业团队的决策。还有一些天使投资人在行业内的声誉不高，这也为后续的融资带来不利。创业者应当尽力寻找那些在行业中经验丰富、投资履历和声誉较好的投资人。

二、天使投资如何评估企业

对于早期的创业公司，尤其是还没有成熟的商业模式和现金流的公司进行估值，确实是难以套用成熟规范的财务投资估值方法。因此，对尚处于初创时期的企业进行估值确实是一种主观性偏重的行为。为此，我们可以首先了解一下影响企业估值的因素有哪些。

（一）影响初创企业估值的主要因素

（1）供求关系。从创业者的角度来说，创新性强、市场空白大、切实解决用户痛点的创业企业，在物以稀为贵的市场中，议价能力相对也会高出很多。从资金方的角度来说，好项目难找，其未来投资收益也将更加可观，那么，抓住机会就变得非常关键。一些初创企业因众多资金方的关注而身价大涨，估值必然会水涨船高。因此，创业者在融资时，需要尽量多找一些资金方，为企业发展寻找更多的选择，在交易中营造卖方市场。

（2）行业发展。初创企业一般不涉及现金流，但行业发展状况同样具有参考价值。每个行业都有自己独特的估值逻辑和方法。相比一家家庭餐馆或者一个普通的网络插件开发公司，一家创新生物技术公司的估值肯定要高很多了。许多高科技行业都曾引发资金方的狂热追捧，并带动相关企业估值上涨。不同投资人对市场状况和行业发展各有独特见解，主观性很强。因此，创业者可以收集所在行业相关的一些项目融资、收购、并购消息，在与投资人洽谈之前，掌握一些数据，先有个大致的预先判断。

（3）企业成长。初创企业自身的发展状况是决定估值的重要因素。创业公司最具决定性的因素就是成长。创新的产品、良好的运营数据、客户的订单或已产生的销售收入，都会让资金方眼前一亮。初创企业应重点展示公司未来的成长性。例如，活跃用户或付费顾客数量正在逐月增长，而且增长速度很快。企业成长轨迹能够为预测未来收入提供依据，因此成长性在估值过程中是非常关键的因素。为此，企业在估值之前，如果能把企业产品上线运营一段时间，拿出良好的运营结果和一定的用户数据，在企业估值的谈判中，说服力就会强很多。

（4）创业团队。一家成功的创业企业更有赖于创始人的执行力，而不是一个绝妙的点子。创业投资圈流行这样的观点：一流的创业团队可以把二流的项目做得优秀，二流的创业团队则会把一流的项目搞砸。优秀创业团队能让资金方相信，企业即便现在略有不足，但未来极具发展潜力，能给资金方带来丰厚的投资回报。

拓展阅读 9.1　天使投资蔡文胜：偏爱草根创业者

（二）天使投资的估值方法

由于处于孕育期和出生期的创业企业，其价值是很难估计的，所以没有一个成熟的估值方法来对公司估值。一些天使投资人会大致参考一些已有的估值逻辑来辅助判断，因此，下面的估值方法仅能作为参考。

1. 博克斯法

这种方法是由美国人博克斯首创的，对于初创期的企业进行价值评估，典型做法是对所投企业根据下面的公式来估值：一个好的创意 100 万元，一个好的盈利模式 100 万元，优秀的管理团队 100 万～200 万元，优秀的董事会 100 万元，巨大的产品前景 100 万元。累加起来，一家初创企业的价值为 100 万～600 万元。

这种方法的好处是将初创企业的价值与各种无形资产的联系清楚地展现出来，比较简单易行，通过这种方法得出的企业价值一般比较合理。其实这种方法也只是找到了对初创企业投资应该重点考虑的五个因素。

2. 200 万～500 万元标准法

许多传统的天使投资人投资企业的价值一般为 200 万～500 万元，这有一定的合理性。如果创业者的要价低于200万元,那么或者是其经验不够丰富,或者企业没有多大发展前景;如果要价高于500万元,那么由500万元上限法可知,天使投资人对其投资不划算。

这种方法简单易行,效果也不错。但实际上,将投资定价限在200万~500万元,也有些过于死板,不同行业的初创企业对资金的需求量一定会存在差异。因此,该方法在实际实施时可以针对不同的行业对上下限进行适当调整。

3. 现金流量贴现法

现金流量贴现法是根据企业未来的现金流和收益率,算出企业的现值作为企业的评估价值。与其他企业价值评估方法相比,现金流量贴现法最符合价值理论,综合考虑了时间与风险因素。但是,该方法也有不足之处,对未来现金流量很不稳定,或者前期现金流为负、要很久才能产生正现金流的企业来说,其评估就不够合理,有可能让一些前期亏损期较长的优质成长企业没法获得资金支持。

4. 市盈率和市销率估值法

市盈率(PE)是一家公司股票的每股市价与每股盈利的比率,主要是在预测企业未来收益的基础上,确定一定的市盈率来评估初创企业的价值,从而确定风险投资额。市盈率在二级市场是一个常用的估值方法。很多初创企业还没有产生盈利,基于利润预测的市盈率存在很大不确定性,因此用市盈率来估值看似合理,其实也很不准确。

虽然初期企业盈利很难预测,但是销售增长预测相对容易,因此,市盈率可以结合市销率来进行估值。顾名思义,市销率(PS)就是市值和销售收入的比值。因为盈利必须建立在销售的增长前提下,用市销率可以看企业潜在的价值,看它未来的盈利能不能大幅增长。

三、如何获得天使投资

(一)寻找天使投资人

从美国的天使投资现状看,有个人、协会、俱乐部、网络模式,更有政府模式,特别是政府小企业管理局和科学基金会模式。在美国,天使投资市场将近20万~30万天使投资人,平均每人每年投资8万美元,每年总的投资额将近200亿美元,平均投资企业大概在3万家。

在中国,天使投资虽然伴随互联网和高科技企业的发展在20世纪末开始兴起,但是相比欧美从天使投资到中后期创业投资完整的流水线式体系,仍处于起步阶段,对大多数创业者来说,寻求天使投资并不是太容易。但天使投资在中国已从无到有、从少到多,保持了一种良好的发展势头。根据相关统计数据,2014年共有39只天使投资基金，募集总金额 65.68 亿元人民币，募集总金额比 2013 年增长约 175.85%。平均每只基金募集金额为 1.68 亿元人民币。2014 年中国机构天使投资共发生 1 463 起，涉及投资金额 59.57 亿元人民币，投资案例数和投资金额分别比上年增长 458.40% 和 490.39%。

在寻找天使投资的方式上，中国和美国有相似之处，主要是通过朋友或中介的介绍。创业者在寻找天使投资时可以采取以下方法。

第一，亲朋好友推荐。可以通过亲朋好友的介绍，推荐一些对自己的创业项目感兴趣的投资人。一般情况下，如果投资人曾经利用创业型项目淘到过第一桶金，会较快地对创业者项目有所了解，并决定是否出资，创业者要重点挖掘这类投资人。

第二，参与天使投资平台。国内现在开始出现一些天使投资人的非正式网络或俱乐部，这些非正式网络或俱乐部为创业者寻找投资人提供了一个很好的平台，能够帮助创业者建立精准匹配投资人并快速沟通的通道。

第三，参加各种投资会议。创业项目千方百计想找资金，同时，投资人也是在想尽办法找好项目。国内有很多机构会做专业的投资会议，每年不少机构和孵化器都会组织创业项目路演或者创业大赛，创业者和投资人共聚一堂，相互交流和沟通创业经验。这是一个非常重要的渠道，一些知名的投资机构和投资人都会应邀去参加这样的会议，创业者参加这样的会议不仅可以交流创业经验，还可以认识很多投资者，包括你想找的天使投资人。

第四，委托专业的机构。随着创业企业融资需求的增加，一些机构或个人开始为初创企业提供融资经纪服务。这些机构或个人对投资界很熟悉。当然，这些机构或个人可能要求签订代理协议，并要求收取一定的代理费用。

第五，上门毛遂自荐。随着互联网交流方式的多样化，微信、微博等新媒体的兴起，大多数天使投资人的联系方式都很容易被找到。一些天使投资机构有自己的网站，一些专业的行业网站还会免费提供很多投资人的联系方式。只要多加留心，用心去寻找，一定有许多途径与这些天使投资人牵上线。表 9-1 列出了国内较为知名的天使投资机构及其投资案例。

表 9-1　中国十大天使投资机构排行榜

机 构 名 称	投 资 案 例
真格基金	聚美优品、兰亭集势、世纪佳缘、蜜芽、大姨吗、小红书等
创新工场	知乎、点我达、安全宝、摩拜单车等
险峰华兴	分期乐、聚美优品、美乐乐、美柚、找钢网等
零一创投	货拉拉、车满满、小满科技、vshow 等
梅花天使创投	唱吧、蜜芽、无界空间、火星文化等

续表

机 构 名 称	投 资 案 例
安芙兰资本	特锐德、真融宝、阿凡题、悦动圈等
隆领投资	欣欣旅游、易名中国、冷笑话精选、良晋电商、鑫点击网络、美易在线（PBA）、明致鸿丰彩等
阿米巴资本	快的打车、挖财、蘑菇街、孩子学啥等
联想之星	乐逗游戏、住百家、思必驰、Face++等
英诺天使	PingWest、礼物说、梦想加、洗衣邦、恋爱说、趣皮士、目的地旅行网、调果师、人人湘、约拍啦、心跳等

资料来源：中国十大天使投资机构排行榜，南方财富网，2020 年 9 月 9 日，http://www.southmoney.com/paihangbang/202009/6969120.html.

（二）与天使投资人的交流合作

1. 如何吸引天使投资人

布莱恩·希尔和迪·鲍尔历时 15 年，跟踪记录了 50 名美国注册天使投资人的经验分享，经验表明，天使投资是非常具有个性化的投资，不同的天使投资人对投资决策的偏好存在很大的差异性，有许多不同的因素会影响到他们的最终决策。因此，在与天使投资人交流时，要尽可能地站在他们的角度来思考问题，了解他们的需求与顾虑。

（1）客观说明创业项目的机会与风险。天使投资是有很高风险的投资，想博取大的市场机会是投资者愿意冒风险的重要原因之一。因此，创业者应首先客观地分析自己创业项目的潜在市场与机遇，前景越大就越能吸引投资者，如果能用相关的数据来说明就更好。同时，也要客观地分析存在的风险，投资不害怕风险，创业一定有风险，投资者是能够理解的。创业团队自身没有意识到可能面临的风险，或者故意隐瞒和回避风险，才是投资者最为担忧的。

（2）真诚展现创业团队的品质与能力。创业项目的成功最终要依靠优秀的团队来实现，所有的天使投资人都会关心创业团队的情况。因此，恰当地表现创业团队的优秀品质和能力是必要的。例如，让天使投资人相信你们具有抱负、应变能力、闯劲、创造力和学习能力等。天使投资人可能不仅想看到创业团队成员个人所具备的能力，还希望看到整个创业团队的战斗力，如团队的能力互补，既有懂技术的，又有懂市场的就是较好的团队组合。团队的协作与执行也很重要，在项目起步阶段，团队成员比较少，因此团队的效率及执行能力尤为重要。

（3）精心准备商业计划书和路演。给天使投资人的商业计划书不需要像给 VC 的那么具体、完整和正式。一些天使投资人甚至都不需要正式的商业计划书。但是作为创业者，要对创业项目了然于胸，随时能够向投资人清楚说明项目的情况。例如，能清楚地说明现在具有什么样的资源，去做哪些事情，如何去做，后期还需要什么样的资源，包括资金、人才、渠道、合作商、平台等。天使投资人理解你的商业计划需要因情况而调整或改变。但如果能让他们事先深入了解你们创业的具体思路，就会对投资你的公司更心中有数,也对你们创业的准备与应变能力更有信心。

(4)诚恳倾听天使投资人的建议。一些天使投资人本身就是创业者,或者是大企业的中高层管理者。他们带给创业者的不仅是资金,还可能有自身社会网络中的丰富资源,这些资源包括人才、知识、市场、咨询和管理建议等。因此,创业者千万别以为拿到钱就是融资的最终目的,实际上可以进一步诚恳倾听天使投资人的各种意见和建议,充分挖掘天使投资人除资金之外的各种资源。在诚恳倾听天使投资人建议时,也更能赢得他们的信赖。

2. 如何与天使投资人保持良好交流

在拿到了天使投资之后,并不是融资交流的结束,而是合作交流的开始。在天使投资人的投资过程中,投资人的时间和精力会投入投资后的管理,他们对创业企业的非财务贡献也集中体现在这个阶段。天使投资人会发挥自己的知识和经验,动员自己的资源,甚至参与到所投资企业的经营管理中。因此,与天使投资人保持沟通,并且将你的公司近况反馈给他们,是创业者必须学会的技能。

(1)坚持与天使投资人保持联系。要坚持定期与天使投资人保持联系。如果企业要定期召开董事会或者其他重要决策会议,就可以将相关的会议内容用邮件的形式发给你的天使投资人,让他们即时了解企业的近期发展状况。当然,有些投资人更喜欢直接一些的沟通,就可以选择打电话或面谈的方式。如果天使投资人对交流沟通有他们的个人建议,那么可以按他们的建议去做。

(2)就企业可能的战略调整进行沟通。如果企业目前正遇到一些战略性的调整,或者创业企业正处于一个成长的关键时期,那么应该将此战略性重要问题与你的天使投资人沟通。这样做可以让天使投资人对企业的战略调整有思想准备,不至于在实施后感觉太突然。同时,创业团队也可能得到一些有益的反馈和建议。因为你面临的成长问题也许在他们的投资经验中已经不是第一次遇到,所以他们也许能够给你提供一些有益的建议。

(3)邀请天使投资人参加企业的一些活动。如果企业召开一些重要的活动,如与媒体见面,或者发布一些新的产品和广告,都可以让他们在方便的情况下来参与。这样可以让他们及时了解到企业的发展近况,而且可以直观地获得他们的一些建议。如果天使投资人是领域内的知名人士,还可以为企业提升声誉。

(4)让天使投资人为企业解决一些实际问题。有些投资人不仅仅局限为一个投资者角色,还有意愿多关注企业的一些实际经营活动,那么,创业者可以就企业面临的一些问题试探性地向天使投资人寻求帮助。这些问题可大可小,可以是寻找新客户、招聘新员工、开发新产品、做产品推广等。因为不是每个天使投资人都愿意参与进来的,所以不要给他们压力,主要目的是利用这种方式,就企业的经营问题与他们进行沟通。

拓展阅读 9.2 我如何找到天使投资人?

总之，和天使投资人保持密切联系对创业公司有好处。

第二节 风险投资

一、风险投资的基本概念

（一）风险投资的作用

根据美国风险投资协会（National Venture Capital Association，NVCA）的定义，风险投资是由职业金融家投入新兴的、迅速发展的、具有巨大竞争潜力的企业中的一种权益资本。风险投资源自欧洲，发展并繁荣于美国。1946年，第一家具有现代意义的风险投资公司——美国研究与发展公司（ARD）成立于波士顿。风险投资的兴起主要集中在信息、通信、半导体、软件、新材料及生物技术等新技术领域。随着风险投资产业的发展，其投资范围开始扩展到新能源、医疗保健、媒体、零售等一些领域。

风险投资公司区别于其他传统金融中介机构之处在于，它们不仅仅为资金匮乏的初创企业提供金融资源，更重要的是它们会积极参与到该企业的监督管理工作中，运用它们长期积累的经验、知识和信息网络帮助企业设计特殊的战略规划和专业的运营规划，提供专业管理经验等。风险投资公司具有以下两方面的重要功能。

（1）投资前的项目筛选与甄别。风险投资机构在投资前会对接触到的大量创业项目精心筛选，它们基于自身的丰富经验，对产业类型、公司发展阶段、地理位置及投资价值等诸多方面进行评估。风险投资家往往会跟随不同领域内的科技和市场发展前沿，以使自己能掌握到充分的信息来作出正确的决策。在决定投资前，他们仔细审查创业者的品质与能力，考察创业商业模式的可行性，并对项目的未来市场潜力进行评估。风险投资机构能够有效地处理与投资相关的不确定性问题，降低信息不对称性，从而筛选出具有良好发展前景的初创企业。事实上，与其他的金融中介机构相比，风险投资机构会更有能力解决信息不对称问题，尤其是在投资非上市公司时，风险投资机构可能成为风险企业是否优良的一个重要把关者。

（2）投资后提供的管理与服务。风险投资机构在投资之后还能为公司提供较好的"增值服务"，这些"增值服务"对于处于早期阶段和高科技产业的公司来说是相当需要的。这些功能包括：①帮助风险企业寻找未来发展所需的重要人才。在很多情况下，风险企业一些重要人才的招聘、选拔和培养都可能让风险投资者参与，他们虽然不会直接参与到实际的人力资源工作过程中，但是会提出一些建设性的意见，以期帮助风险企业找到合适的技术或管理人才。甚至是企业总经理的任命，在需要的情况下，风险投资者也会为董事会举荐或建议。②参与创业企业发展战略的制定。作为创业企业的重要股东，风险投资机构对企业的发展战略是非常关注的。风险投资机构一般都会在自己熟悉的领域进行投资，所以对创业企业的行业选择和市场定位都会有自己的观点，在创业企业发展战略的制定中会发表自己的观点。这些观点对创业企业多视角地分析和制定战略会有帮助。③帮助创业企业后续融资。创业企业成长周期中需要多次融资，风险投资机构更为熟悉融资市场，可以为创业企业后续融资提供许多帮助。为了获得更好的融资组合，风险投资家可以利用其本身在投资行业中的影响力，与其他风险投资者进行联合投资，或者是在创业企业成长的过程中不断为其获取更多后续资金的筹集机会，以此促进风险企业的健康发展。另外，风险投资机构与银行、保险公司等金融机构大多有密切的联系，因此可以为创业企业发行债券或者上市提供更多有利的帮助，以解决创业企业在资金上的各种问题。④为创业企业拓展外部合作网络。创业企业在成长初期的资源和能力都较欠缺，风险投资机构可以为创业企业拓展外部合作伙伴，弥补创业企业在创业资源和能力上的不足。例如，在创业企业发展的初期，往往会遇到供应商紧缺的现象，而导致企业的正常生产受到影响，风险投资机构可以为创业企业提供更多供应商合作方面的信息，并且可以依靠自身在相关领域的关系网络，为创业企业找到优质的供应商。

（二）风险投资的类型

随着全球创业经济的发展，风险投资的形式不断出现，根据企业发展的不同阶段所接受的不同风险投资，一般可将风险投资分为四种类型。

1. 种子资本

种子资本（seed capital）主要是为那些处于产品开发阶段的企业提供小笔融资。因为这类企业在很长一段时期内（一年以上）都难以提供具有商业前景的产品，所以投资风险极大。对种子资本具有强烈需求的往往是一些高科技公司，如生物技术公司。它们在产品明确成型和得到市场认可前的数年里，都需要定期注入资金，以支持其研究和开发（R&D）。尽管这类投资的回报可能很高，但绝大多数商业投资公司都不愿意进行投资。这类企业也很少有资产用来抵押借贷，所以商业银行也不愿借贷。

2. 导入资本

有了较明确的市场前景后，由于资金短缺，企业便可寻求导入资本（start-up funds），以支持企业的产品中试和市场试销。但是由于技术风险和市场风险的存在，企业要想激发风险投资家的投资热情，除了本身要达到一定的规模外，对导入资本的需求也应该达到相应的额度。这是因为从交易成本（包括法律咨询成本、会计成本等）角度考虑，投资较大公司比投资较小公司更具有投资的规模效应。而且，小公司抵御市场风险的能力也相对较弱，即便经过几年的显著增长，也未必能达到股票市场上市的标准。这意味着风险投资家可能不得不为此承担一笔长期的、缺乏流动性的资产，并由此受到投资人要求得到回报的压力。

3. 发展资本

发展资本（development capital）的一个重要作用就在于协助那些私人企业突破杠杆比率和再投资利润的限制，巩固这些企业在行业中的地位，为它们进一步在公开资本市场获得权益融资打下基础。尽管该阶段的风险投资的回报并不太高，但对于风险投资家而言，却具有很大的吸引力，原因就在于所投资的风险企业已经进入成熟期，包括市场风险、技术风险和管理风险在内的各种风险已经大大降低，企业能够提供一个相对稳定和可预见性的现金流，而且，企业管理层也具备良好的业绩记录，可以减少风险投资家对风险企业的介入所带来的成本。

4. 风险并购资本

风险并购资本（venture M&A capital）一般适用于较为成熟的、规模较大和具有巨大市场潜力的企业。与一般杠杆并购的区别就在于，风险并购的资金不是来源于银行贷款或发行垃圾债券，而是来源于风险投资基金，即收购方通过融入风险资本，来并购目标公司的产权。

二、风险投资的运作

（一）项目的初步筛选

这个阶段的筛选主要是风险投资机构对目标企业的商业计划书展开研究。风险投资机构先通过大致筛选考虑目标企业所处的行业、投资规模、发展阶段和地理位置等大的发展环境，再细致筛选综合研究企业的基本概况、管理层及技术人员状况、组织结构和股权结构、产品性能、核心技术、行业发展、市场需求、竞争力和竞争对手分析、公司发展计划、财务数据统计和预测、面临的风险与防范措施、风险投资股权退出机制等因素，然后分析其各部分的表述是否严谨和具有逻辑一贯性，财务数据是否真实、准确、存在合理的钩稽关系，项目实施是否以市场为导向和对政策、行业、技术大方向的认识是否正确等多个方面，最终确定对哪些项目或者企业有进一步接触与考察的必要。这一阶段筛选的项目所占比例一般为10%左右。

（二）项目的尽职调查

尽职调查是风险投资机构对目标公司经营状况所进行的现场调查与资料分析，以帮助其进行投资分析与决策。具体而言，尽职调查是风险投资机构通过对目标企业所处市场、生产的产品、拥有的技术、企业财务、税务、法律关系的真实性、合法性等一系列调查内容来评估目标公司的价值、评估潜在的交易风险、预测企业发展前景、探讨合适的交易结构、考虑收购后的整合问题，最终判断投资目标公司是否符合风险投资机构的投资准则，确定有价值的投资项目。

在尽职调查之前，目标公司对于风险投资机构而言是一只"黑匣子"，应该通过尽职调查尽可能发现潜在的、可能导致交易终止的事项和风险。尽职调查后，风险投资机构可以通过交易结构设计、补救措施、合同条款或放弃交易来应对所发现的问题。因此，尽职调查是风险投资过程中必不可少的重要一环。

（三）谈判与签订协议

通过对项目的选择，风险投资机构基本确定了有投资意向的项目，然后进行谈判、评估，就交易双方的出资数额和股份分配、企业组织结构和职务安排、双方权利义务的界定、投资者退出权利的行使等做出安排，签署交易文件。交易文件的核心条款包括三个方面内容：①估值条款；②交易结构与投资工具条款；③交易双方的"责权利"和风险规避方法。

风险投资机构与被投企业通过上述一系列双方彼此权利和义务的协商，最终在交易文件上对风险投资机构在风险企业的股权形式、价格、数量和保障方式进行安排，确定投资方式、投资条件、权利义务、参与管理方式和退出方式，从而完成具有法律效力的投资协议的签署，使风险投资正式生效。

（四）投资后期管理

风险投资机构有别于传统金融机构的最重要的特征之一是风险投资机构具有在投资之后介入风险企业经营管理的意愿。风险投资机构本身就是企业管理的专业机构，同时也与各个金融机构有着广泛的联系，特别是在财务、企业管理方面可以对风险企业提供强有力的支持；风险投资机构帮助企业进行基本的财务控制与组织结构调整，推进企业的人力资源整合、流程再造、供应链管理优化、质量体系改善等，进而全方面地提升企业的综合实力，从而实现企业的成长与壮大，为退出和实现收益做好准备。风险投资机构自始至终监控着项目的进展情况，为企业提供市场、战略、金融、管理等方面的咨询，并且在发现问题时，及时控制风险，这些都为其投资成功打下了稳固的基石。

同时，风险投资机构有权对企业的经营情况进行监管，风险投资机构发现企业违反了投资合同、保证条款或企业在生产经营中违反了国家的法律法规，以及业绩没有达到标准时，风险企业就进入了违约状态，风险投资机构会对风险企业提出整改要求，要求其在一定时间内采取补救措施。

（五）退出

退出阶段是风险投资机构实现收益的最终环节。这个阶段成功与否是能否实现风险投资正常循环的关键，也是评价风险投资机构运作是否成功的重要标准。风险投资机构在进入风险企业之初就建立好健全的退出机制，可以减少投资者预期的不确定性，提高预期收益，增加持续的资本供应。风险投资退出方式主要包括公开上市、企业并购、股份回购和清算退出等。

一个完整的风险投资过程中这五个阶段必不可少、环环相扣，需要参与其中的投资人、管理者、投资对象、相关服务机构相互协调、相互制衡，承担彼此的责任和行使自己的权利，使风险投资可以有序高效地进行，从而促进企业快速成长，助推企业发展壮大，同时分享其中带来的高额利润，完成风险投资业的良性发展。

三、风险投资估值方法

（一）重置成本法

重置成本法（replacement cost method）是以资产负债表为估值和判断的基础，按资产的成本构成，以现行市价为标准来评估企业的整体价值。其基本思路是在现实条件下重新购置或建造一个全新状态的评估对象，以所需的全部成本减去评估对象实际贬值后的差额作为评估对象现实价值。其评估公式可以表达如下：

$$评估价值 = 重置成本 - （实体性贬值 + 功能性贬值 + 经济性贬值）$$

其中，设备的实体性贬值是指资产在存放或使用过程中，由于使用磨损和自然力的作用而导致的实体损耗而引起的贬值。功能性贬值则是由于无形损耗而引起价值的损失，其主要是设备的效用、生产能力和工耗、物耗、能耗水平等功能下降造成的成本增加和效益降低。经济性贬值是由于外部环境变化造成的设备贬值，其原因主要是产品销售困难而开工不足或停止生产，形成资产的闲置以及价值得不到实现。

重置成本法较为适用的范围是没有收益、市场上又很难找到交易参照物的评估对象。这类资产既无法运用收益现值法，又不能运用现行市价法进行评估，只能运用重置成本法。重置成本法的局限性主要体现在三个方面：首先，重置成本法是一种静态的评估方法，其更多的是反映企业的历史状况和现有状况，而无法准确反映企业未来的动态发展状况。其次，重置成本法假定初创企业的价值等同于已使用的资金总和，而没有考虑初创企业的无形价值和未来发展前景。最后，重置成本法一般都没有考虑初创企业中人力资本的价值，而对初创企业来说，人力资本却是最重要的一个价值因素。因此，采用重置成本法对初创企业进行资产评估会低估其合理的价值。

（二）市场法

市场法（market approach）是指通过比较被评估资产与最近售出类似资产的异同，并将类似资产的市场价格进行调整，从而确定被评估资产价值的一种资产评估方法。市场法以活跃、公平的市场存在为前提，通过市场调查，选择若干与评估对象相同或类似的交易资产作为参照物，将参照物与评估对象进行对比分析，调整差异，最后修正参照物已交易价格，得出评估价值。为达到估值的正确性，市场法要挑选与初创企业处于同样或类似行业的可比参照上市公司，或在估值阶段被收购的类似公司以进行比较。通过上市公司或并购交易中的各种定价依据，从市场得到一个合理的定价乘数，然后利用该乘数并结合创业企业的各项财务指标，计算出初创企业的价值。如果初创企业财务指标不理想，则对估值计算的意义不大。

评估对象价值 = 参照物成交价格 × 定价乘数

初创企业运用市场法估值也有一定局限性。市场法参考相关公司的预测利润，并从中导出市场定价乘数，再对初创企业的预测利润运用定价乘数。但是，很多初创企业不能实现正的预测利润，运用定价乘数更多的是象征意义而不具有实践意义。此外，运用市场法对初创企业估值的另外一个难点是选取合适的参考公司。上市公司由于信息的公开性，以其为参考公司有方便的一面，但上市公司一般在收入和资产规模上已经比较成熟，而且经营更多样化，将初创企业的预测增长参考上市公司，会使评估结果存在较大差异。同时，市场法需要有公开活跃的市场作为基础，如果缺乏比较对象，市场法就难以有所作为。一般而言，市场法不适用于对具有专用机器设备、大量无形资产，以及地区、环境等具有限制的初创企业的评估。

（三）现金流折现法

现金流折现法（discounted cash flow technique）是对企业未来的现金流量及其风险进行预期，然后选择合理的折现率，将未来的现金流量折合成现值的估值方法。该方法使用有两个关键点：第一，预期企业未来存续期各年度的现金流量。该方法以企业过去的历史经营情况为基础，考虑到企业所在的行业前景、未来的投入和产出、企业自身资源和能力、各类风险和货币的时间价值等因素进行预测。第二，要找到一个合理的公允的折现率。折现率可以为体现资金时间价值的无风险利率，或者是一定期限的借贷利率，也可以将内部收益率看作是折现率。初创企业投资人一般喜欢采用内部收益率作为折现率。投资人估计初创企业未来一定时间的净营运收入，然后在投资期内按一定的内部收益率折现后算出初创企业的目前价值，并以此为依据，决定其应该获得的股权比例。折现率的大小取决于取得的未来现金流量的风险，风险越大，要求的折现率就越高。

由于目前的现金流量折现方法存在种种假设前提，而现实的资本市场和投资者素质往往无法达到其要求的条件，因此在利用现金流量折现方法进行评估时主要有以下问题。

（1）没有反映现金流量的动态变化。由于企业的现金流量时刻处于变化之中，而且现金流量是时间、销售收入等参数的变化函数，依赖于现金流量的企业价值必然也处于动态变化之中。但是在前面的评估模型中，忽视了现金流量的动态变化，单单依靠线性关系来确定现金流量，使评估结果更多地表现为静态结论。

（2）不能反映企业风险的动态变化。由于企业在经营中会根据环境的变化而改变企业的举债数额和负债比率，引起财务杠杆的波动，从而使企业的风险发生波动。一般情况下，这种风险的变化要在现金流量或者折现率中得到反映。但是目前的评估模型只是从静止的观点进行价值评估，忽视了这种财务杠杆和财务风险的变化。

（3）现金流量的预测问题。现金流量预测一般是将现金流量与销售收入和净利润的增长联系起来，虽然从表面上看两者具有相关性，但是在实际中，由于企业可能会对会计政策进行调整，会出现净利润、销售收入与现金流量不匹配的现象。现金流量的波动与企业的经营活动、战略投资计划和筹资活动中，影响现金流量的是付现销售收入和付现销售成本，因此，在具体预测现金流量时，应该以付现的收入和成本为基础，而不应该以销售收入为基础。

（4）折现率的确定问题。折现率一般是在企业资金成本的基础上，综合考虑财务风险因素后确定。在具体评估企业价值时，一般会以静止的方法确定折算率，以目前资本结构下的折现率进行企业价值评估，即折现率是固定的。但是在实际中，由于企业经营活动发生变化，企业的资本结构必然处于变化之中，企业风险出现变化，进而影响到资本结构中各项资金来源的权重，折现率出现波动，从而引起企业价值评估结果出现变化。

（四）实物期权法

从 20 世纪 70 年代后期以来，人们对包括现金流折现法在内的多种估值方法提出了批评，认为这些方法在很多情况下对初创企业的估值不够合理，忽视了创业者根据环境变化而调整项目和企业运作的弹性。在现实情况下，创业者可以根据具体市场环境做出灵活决策，而成本重置法、市场法、现金流折现法等都不能反映这种灵活性的价值。于是有学者提出采用一些新的方法来对初创企业进行估值，实物期权方法就是较为有代表性的一种。美国学者斯图尔特·迈耶（Stewart Mayers）在 1977 年首次提出实物期权，他把金融期权理论引入实物投资领域。斯图尔特·迈耶认为，一个投资项目带来的利润，是目前拥有资产的使用和未来投资机会的选择两者共同创造的，当用金融期权的评估方法来评估拥有的实物资产时，可作为实物期权。

通过对国内外的风险投资研究可以发现，对初创企业进行投资具有以下性质：其一，期权性质。投资人对初创企业的投资就像购买了一份期权，一旦初创企业成功，将获得巨大收益，而如果初创企业失败，则损失就是投入的风险资本。其二，投资人虽然向初创企业投入资本而获得初创企业的一定股权，成为初创企业的股东，但是投资人的目的却并不是拥有初创企业，而是在初创企业增值后出售其所占的股权以获得投资收益。本质上，投资人仅将初创企业看成是一种商品，相当于以投入的资本作为期权费，购买了一份看跌期权，它赋予投资人在未来某个合适的时刻以某一价格出售该商品的权利。很多初创企业的价值实际上是一组选择权的价值，因此在评估一家初创企业的价值时，对其发展前景、人员配置，尤其是其拥有什么样的机会和选择权的分析论证，将是影响评估结果的关键。

与传统估值方法相比，实物期权法具有一些优势：①提升了知识产权的战略价值。知识产权的实物期权特征使我们认识到，它的价值在很大程度上体现为企业如何利用它进行柔性决策，而传统评估方法忽视了企业根据市场变化调整投资时间的弹性。利用实物期权方法进行定价可以充分反映出知识产权的这一期权价值。②充分考虑了知识产权预期收益的风险性与知识产权价值的相关性。知识产权资产未来收益的风险直接影响其价值的形成。在实物期权模型中，波动率就充分反映刻画了知识产权所带来的未来超额收益的风险特征，并将这种风险性反映到了知识产权的价值中。而传统的现金流折现法，用固定的折现率来表示知识产权的收益状况，没有考虑到收益的波动性，相对来说，用实物期权模型所得出的评估结果更为客观可信。③具有灵活的适用性。实物期权模型与传统的评估方法相比，在操作上具有相对的灵活性。传统的评估方法受制于经营的持续性、成本信息的充足性、参照物的可类比性等诸多条件的限制，在评估中往往适用性不强。而实物期权模型只要确定了知识产权的实物期权特征及相应的评估参数，便可直接根据公式进行价值评估。

当然，实物期权法也具有一些缺陷。期权估值方法的评价建立在定性分析的基础上，同时该方法还需要对存在不确定性的各种主要选择权进行定量分析。运用期权定价理论进行估值时，需要注意其局限性。例如，如何确定初创企业究竟拥有哪些现实选择权、如何对现实选择权进行合理定价等。此外，在应用期权定价模型进行价值评估时，往往需要大量的历史数据作为计量的基础，如对波动率大小的确定。由于知识产权的特殊性，这方面的数据往往很少，或者很难取得，因此在计算时由于主观估计的因素很容易造成偏差，难以保证有效性。最后，对构成初创企业价值重要因素的管理者的管理能力、企业外部环境因素等也很难估算到位。

（五）定性评估模型

在定性阐述评价准则的基础上，泰吉和布鲁诺（1984）最先运用问卷调查和因素分析法得出了美国的风险项目评价模型。数据基础是通过电话调研46位风险投资家和问卷调查156个风险投资公司后，从中选出的90个经审慎评估的风险投资案例。他们请风险投资家根据案例对已选好的23个准则评分，标准是4分（优秀）、3分（良好）、2分（一般）、1分（差），此外分别评出各个项目的总体预期收益和风险。这样得到一组数据后，经因素分析和线性拟合，得出评估基本指标，划分为五个范畴，并根据各范畴指标对预期收益和预期风险的影响，模拟出风险投资的评价模型。其评估模型和评估指标如下：①人是第一位的，包括评估创业者或经营者的经历和背景、人格特点、经营团队的专长能力和管理能力、经营团队的经营理念、经营团队对经营计划的掌握程度；②市场前景及市场规模；③产品和技术的创新；④财务计划和投资报酬；⑤方案最优者入选。

20 世纪 90 年代，美国两位教授弗里德和赫里斯（1994）联合做了有关调查，他们在三个地区——硅谷、波士顿和美国西北地区各选择 6 位著名风险投资家，采访其投资项目决策的具体过程。为了保证数据准确，所选取的 18 个案例是真实的和最新的。这 18 个案例的投资额在 5 万～600 万美元之间。实证调研结果得出 15 个"基本评估标准"，分战略思想、管理能力和收益三方面。战略思想方面有成长潜力、经营思想、竞争力、资本需求的合理性，管理能力方面有个人的正直、经历、控制风险能力、勤奋、灵活性、经营观念、管理能力、团队结构；收益方面有投资回收期、收益率、绝对收益。

第三节 股权众筹

一、股权众筹的基本概念

（一）股权众筹的内涵

众筹（crowdfunding）是近些年创业融资热切关注的一个现象。但是实际上，早在 300 多年前，英国诗人蒲柏为了将古希腊诗歌《伊利亚特》译成英语，就承诺向每个支持者赠送一本译作，最终筹集了 50 多万英镑，这是较早有记载的众筹现象。在互联网技术发展的今天，众筹模式开始得到新的发展。2001 年，第一个众筹网站 ArtistShare 在美国开始运营，以网站为中介，艺术家通过"粉丝筹资"的方式运作项目，支持者可以观看唱片的录制过程。2009 年，美国的众筹网站 Kickstarter 建立，是一个专为具有创意方案的小企业筹资的网络平台，通过网络平台面对公众募集小额资金，让有创造力的人有可能获得他们所需要的资金，以便使他们的梦想实现。例如，美国女生梅根·格拉塞尔（Megan Grassell）是一家文胸公司 Yellowberry 的创始人，为了获得创业所需的资金，她选择使用 Kickstarter 众筹平台，目标是筹集 25 000 美元。到 2014 年春天，她已经筹得 42 000 美元。该网站已为许多类似的创业项目成功融资。

与此同时，基于互联网的股权众筹开始在国内外的创业融资中得到发展。尽管不同国家和不同市场的股权众筹发展模式可能会存在一定差异，但其核心内涵具有相似性。为了和传统的私募股权融资相区分，本书把股权众筹界定为基于互联网渠道实施的一种融资模式，是创业公司通过网络融资平台向普通投资者出让一定比例的股份，投资者通过出资购买公司的股份,来获得公司未来经营产生的收益。

(二)股权众筹的特点

虽然股权众筹与天使投资和风险投资一样,都是基于股权投资来获取收益,但相比较起来,股权众筹有其自身的一些特点:①从行业偏好上看,天使投资和风险投资更侧重于科技行业,特别是当下对互联网、TMT(数字新媒体)、新能源、新材料等行业很是垂青;众筹适用的行业更广泛,并不仅限于科技行业,还包括许多传统行业,如连锁店、实体店等。②从投资阶段上看,天使投资往往发生在创业企业或项目的早期阶段,风险投资则多数发生在创业企业的成长阶段。通过众筹融资的项目绝大多数都是处于早期,一般是在风险投资 A 轮之前。其原因是一旦创业企业发展过程中引进了其他机构投资,受制于复杂的股权结构和公司治理结构,一般很难再通过众筹进行融资。③从对企业的控制程度上看,天使投资一般很少对企业进行控制,大多只是通过股东会和董事会来跟踪了解创业企业的进展;风险投资则对企业的控制比例较大,往往会要求在公司董事会中拥有重大事项的一票否决权;通过众筹方式融资,对企业的控制权基本不受影响,绝大多数的众筹投资人并不实际参与被投创业企业或项目的管理,主要是委托和依靠有经验的领投人来对创业企业进行跟踪,创业企业获得众筹资金后依旧享有很大的自主权。④从带给企业的附加值上看,天使投资带给企业的主要是资本,其他附加值较为有限;风险投资带给企业的附加值最大,除了资金外,它们往往还会为企业提供战略、营销、团队等一系列增值服务;众筹则不同,创业者在获得一定资金的同时,还获得了一大批投资者的支持,这些支持者有可能变成企业产品的顾客,企业也可能享有更多的资源。⑤从融资额度上看,众筹融资的额度比风险投资规模更小,一般不超过 500 万美元。这个融资额度可满足部分小型初创企业的实际需求,但对于许多初期投入较高的科技类与制造类企业来说,融资额度有点低。如果额度超过 500 万美元,往往会由机构投资者做领投人。此外,许多国家对股权众筹的融资上限有规定,例如美国就硬性规定不得超过 100 万美元。

二、股权众筹的平台模式

2011 年众筹开始进入中国,2013 年国内正式诞生首例股权众筹案例。2014 年 12 月 18 日,中国证券业协会发布《私募股权众筹融资管理办法(试行)(征求意见稿)》,对股权众筹融资的非公开发行性质、股权众筹平台、投资者、融资者等方面做出了详细规定,以促进股权众筹的发展壮大,引导社会闲置资金进入众筹融资领域。

2015年被称为"中国众筹元年"。京东金融、蚂蚁金服、平安集团、中信证券、36氪等一批行业巨头纷纷开始布局股权众筹平台。目前,中国股权众筹行业的整体规模还较小,2015 年总体投资规模约为 10 亿元人民币,但增长速度较快,2016 年上半年的规模已经超过了 100 亿元人民币。

从 2011 年最早成立的天使汇至今，国内股权众筹平台的发展呈现出野蛮生长的势头。分析这些平台的运作模式，大致可以分为三类。

（1）中介费/佣金模式。这是最常用的一种收费模式，也是众筹平台发展初期的盈利模式。平台在项目融资成功之后，向融资者收取一定比例的成交中介费（或称为佣金、手续费等），通常是融资额的 3%～5%，视各家平台实际情况而定，没有固定比例。人人投、众众投、众投天地等实体店股权众筹平台是这类模式的最典型代表。这类模式的优势是能够获得现金回报、收益明确，其缺陷是由于现阶段众筹的项目数量和融资规模都十分有限，仅仅依靠收取佣金、中介费，平台的收益都很少。

（2）股权回报模式。这种模式是众筹平台以其平台上成功融资的项目的部分股权作为回报收益，实际上是股权投资行为。有的平台不仅收取融资顾问费，还要求获得融资项目的部分股权；也有平台仅仅只获取股权回报，而不收取其他中介费用。大部分服务于种子期、天使期的平台往往采取这种模式。这种模式的优势在于不仅能够在佣金之外增加回报收益，而且能够以此分析企业的预期，项目一旦成功做大，平台获利空间就比较大了。其劣势是由于采用此模式的平台上多是类似初创型的公司，退出股权获得的收益往往无法短期内兑现，平台的现状还是难以改变。实际上，现在大多平台的普遍做法是将佣金模式和股权回报模式结合起来，收取佣金后将部分或者全部佣金作为资金投入项目之中，获取比例不等的股权，以此来增加收益。

（3）增值服务费模式。增值服务费模式其实是股权众筹平台为众筹融资方提供各项创业的增值服务并对这些服务收取费用，主要包括创业孵化、财务、法务等服务。增值服务的最大优势是能够解决创业企业后期成长的问题，能够真正解决创业企业和项目的痛点。这种模式的收费可能将是未来股权众筹平台的主要收入来源和盈利点。但其劣势是创业孵化服务的成本较高，众筹平台可能会难以长久支持。因此，目前只有一些资本背景较为雄厚的大平台能采用这种模式。

三、股权众筹的运作流程

股权众筹的参与主体一般由筹资人、投资者、众筹平台和第三方托管平台四类主要角色组成。①筹资人。创业初期的小企业或者创业者通过自己的能力创造了新的产品或服务，但是没有足够的资金去推广，它们就会通过众筹的模式来融资。②投资者。投资者也就是对创业项目的支持者，众筹的投资者通常是普通大众，他们对创业者的项目感兴趣，或者需要他们的产品和服务，被项目的描述所吸引，就会拿出资金来支持这个项目。一些机构投资者往往以领投人的角色出现，在一个众筹项目中起到项目引入、项目主投和主导投后管理的作用。③众筹平台。众筹平台是筹资人和投资者之间的桥梁，起的是中介作用。让筹资人通过平台向投资者展示自己的作品，同时有责任对筹资人的资质与真实性进行必要的审核,以保证投资的安全。④第三方托管平台。为确保投资者的资金安全,投资者的资金能够切实用于创业企业或项目,以及筹资不成功时资金能及时返回,众筹平台一般都会指定专门银行担任托管人,履行资金托管职责。

股权众筹一般运作流程如下。

(1)项目发起。创业企业或项目的发起人,向众筹平台提交项目策划或商业计划书,并设定拟筹资金额、可让渡的股权比例及筹款的截止日期。

(2)项目审核。筹资人向众筹平台提交项目资料,众筹平台对筹资人提交的项目策划或商业计划书进行审核,审核的范围具体包括资料的真实性和完整性,项目的可行性以及投资价值等内容。需要说明的是,众筹平台虽然会进行项目审核,但是在其服务协议中常设定了审核的免责条款,即不对项目的信息真实性、可靠性负责。

(3)项目发布。众筹平台审核通过后,在网络上发布相应的项目信息和融资信息。

(4)股权认筹。投资者对众筹平台的众多项目进行筛选和评估,选择自己喜欢或适合自己的众筹项目投资,并在目标期限内承诺或实际交付一定数量资金。

(5)签订协议。项目筹资成功时,投资者与筹资人签订相关协议;项目筹资不成功时,资金退回各投资者。

(6)跟踪管理。投资者可以委托众筹平台对投资项目进行后续的跟踪和管理。投资者也可以自己组织对项目进行跟踪管理。

通过以上流程分析,与传统的私募股权投资相比,股权众筹的主要特点是通过互联网来完成整个的融资过程。因此,项目信息获取、项目评估和投资方式都有了质的转变,其中众筹网络平台成为整个股权众筹的一个关键角色。参与投资者也发生了革命性的改变,一些并不具备专业投资能力的普通投资者,也能通过跟投的方式参与到这种高风险的投资活动中。

拓展阅读 9.3　中国式股权众筹:在争议中诞生

第四节　IPO 融资

一、企业选择 IPO 的目标

IPO 是指股份公司首次向社会公众公开招股的发行方式,是一种重要的企业融资行为。随着我国经济的快速发展,一大批优秀的创业企业涌现出来,公司的迅速成长需要资金支持,当企业自身融资速度无法满足公司扩张的需要,IPO 就是外部融资的重要渠道之一。创业企业选择 IPO 的动机可能会非常多元化,对于创业企业的不同利益相关者来说,其选择 IPO 的目标也会非常多样化。

1. 拓展融资规模与渠道

在成长的后期，创业企业的业务日趋明晰与稳定，但依旧处于快速的成长过程中，需要的资金量会越来越大，一般的风险投资难以维持这种融资需求，而上市融资就更适合于这个阶段的融资需求。资本市场是一个比较公平的市场，其信息披露与监管更加完备和规范。对于上市企业来说，如果表现好，会有更多人购买它的股票，推高股价，使其有更多的资金发展主营事业。对于投资股票的大众来说，将资金投到好的企业，可以获取更高的收益。同时，上市之后有各种成本低廉的融资渠道选择，如增发、企业债券等，如果不上市，就无法获得这些再融资的资格。

2. 优化企业治理结构与管理制度

很多私营企业都是家族企业，这些家族企业往往逃不出"富不过三代"的困境，其中一个重要原因，就是缺乏科学的公司治理结构和先进的企业管理制度IOP有利于企业建立现代企业制度、规范法人治理结构、提高企业管理水平、降低经营风险。上市之路就是企业的一个学习成长过程，科学现代产权制度的建立将有效增强企业创业和创新的持久动力。

3. 有助于初始投资者的退出

当一家企业的股票在公开资本市场挂牌交易，其实质也是初始的股东们可以自由地把企业股票在市场上卖出，让其他的新买家或投资者来承接这些被卖出的股票。所以股票上市的一个重要意义，是让想要卖出企业股票的初始股东有一个退出渠道。在创业企业中，初始的股东包括创始人、持股的员工、天使投资人和风险投资者等早期持有公司股份的投资者，还包括上市前介入的私募股权投资者。由于这些股票不公开交易，其卖出或转让都是较为困难的，因此对于投资者而言，其股权投资价值还没有最终实现。当企业进行IPO后，就能为这些投资者找到一个自由和方便的退出渠道。简而言之，IPO后，任何拥有大量股票的股东都可以通过卖掉股票来变现前期的投入而变得富有。

4. 提升企业与品牌的知名度

在资本市场发达的国家，人们的投资理财意识比较强，股票市场的参与度往往非常高，股市被称为国民经济的晴雨表。一些非上市企业原来默默无闻，并不为大家所熟知或关注，但是，一旦在资本市场成功上市，就会得到公众和投资者的关注，甚至成为街头巷尾热议的话题，这样的例子比比皆是。同时，企业上市本身也能在一定程度上反映该企业目前的经营状况和未来的发展前景。此外，不少投资机构和媒体也会对各种优质和明星股票进行分析与点评，这些免费宣传的效果有时会远好于直接去做广告。

二、企业生命周期与融资决策

20世纪70年代以来，经济学家开始将企业生命周期理论运用于金融经济学。他们认为，企业融资的方式、规模、数量随着企业发展而改变，表现出一定的周期性，可称之为企业融资周期，企业融资周期随企业生命周期变化而有不同特点。

第一，创业阶段的经营风险是最高的，因此相应的财务风险应尽可能降低。这一阶段最好使用股权融资，但是再好的融资方式也无法使不健全的经营战略取得成功。这一阶段，市场的大众投资者不能从企业获得稳定的收益，看不到企业的前景，企业运用上市融资决策无法筹集到资金，企业拿不出历史数据和未来可能取得的收益来吸引投资者购买股票，因此这一阶段企业不适宜公开发行股票。创业阶段，企业一般向风险资本家融资，获得权益资本。风险投资家建立一个专向新兴产业投资的组合，要求每项投资都带来高回报，这种投资组合允许向新崛起的公司投资。尽管投资可能会失败，但只要总的风险投资比例合适，风险投资家就有高回报，投资组合的整体回报率也会令人满意。创业阶段发行股票对于普通投资者毫无吸引力，因此也不会募集到足够的资金，而且产品刚刚研制开发生产出来，之后就向外界披露太多的信息，将影响企业的发展。

第二，企业成长阶段所蕴含的经营风险相比创业阶段有所降低，但是依然很高，必须采用适当的融资渠道，把财务风险控制在较低水平，因此仍旧采用权益资本融资。这一阶段企业的产品已经接受了市场的考验，至少一些购买者已经接受公司的产品，企业的发展比起最初筹资阶段——仅由经营计划和产品设想所组成的创业阶段稳定。企业的形象也在逐步树立，因此有可能从广泛的投资群体中搜寻新的权益资金。这时企业制定战略，将公开发行股票作为更有利的融资方式，能筹措到企业发展所需的足够资金。在股票交易所上市，能使企业的股价众所周知，同时为现有股东和风险资本提供一条快捷的退出通道。尽管从理论上讲，一家公司可以在任何合适的时间进行IPO，但真正的良机是非常有限的，特别是大多数国家的证券法都规定公司上市之前必须连续三年盈利。成长阶段公司的盈利绝对值并不是很大，但是相对值增长很快，向外界透露有利的信息，而且产品市场的迅速扩张需要大量的资本，较高的财务风险也不适用债务融资，更适于权益资本融资。

第三，处于成熟阶段的企业的经营风险已降至最低限度，在继续经营扩展的同时，企业利用其在资本市场的优势，实现资本扩张，在资本市场上获利得到回报。这时尚未公开发行股票的企业也可能做出决策，但其目标与成长阶段的融资目标明显不同。企业进入成熟阶段，已产生正的现金流，对股东的回报不能通过资本升值实现，主要是以分配股利的形式实现。成长阶段未作出上市决策的企业的投资者对资本升值比对股利更感兴趣，这时如果企业还未能在股票市场上公开交易，投资者就很难出售股份，特别是企业已经有很高的价值时。显然成熟阶段公司的 IPO 决策并不是为了从股票发行中筹集资金，IPO 的目的就是使股东不必通过每年的股利获得资本回报，而是通过市场交易更快地收回投资。例如，微软公司的上市就不是为了筹集资金。微软公司声称上市的目的之一是利用公开市场向经理和其他内部人员提供股票流动性的便利，其曾经向这些人分配股票作为报酬，如果公司不上市交易，那么公司员工的投资就会陷于没有流动性的状况。

第四，衰退期公司不需要为再投资筹资，经营风险比成熟期有所降低。这时即使企业一直没有实施公开化策略，在原有的经营实体上，向投资者披露的信息"夕阳西下"，也不适宜制定 IPO 策略。如果企业改变经营战略，实施多元化的经营替代核心业务，延缓企业的死亡，也需要筹集大量资金。但是此时企业可通过负债融资，由于负债融资的成本低于股权融资的成本，企业的资金成本下降，实现股东价值最大化。

三、股票发行上市的主要流程

根据《中华人民共和国公司法》《中华人民共和国证券法》、中国证监会和证券交易所的有关规定，企业公开发行股票并上市应该遵循以下程序。

（1）股份制改造。有限责任公司必须改制为股份有限公司方可发行上市，因此需要进行股份制改造，建立健全公司治理结构和内部控制制度，此外，一般还需要扩充资本、进行资产重组。股份制改造一般在保荐人（证券公司）和律师事务所、会计师事务所、资产评估机构等中介机构的帮助下进行，由中介机构在尽职调查的基础上协助拟订改制重组方案，并进行可行性论证，对拟改制的资产进行审计、评估，签订发起人协议和公司章程等文件，设置公司内部组织机构，召开创立大会，将有限责任公司变更为股份有限公司。这一阶段通常需要 3~5 个月时间，企业基础条件较好，运作比较规范，所需时间可以缩短，反之，可能需要更多的时间。如果在改制的同时，需要通过融资增资扩股，也会需要更多的时间。

（2）尽职调查与上市辅导。根据上市条件进行各方面的准备，确定上市方案，制作申报文件，这是上市过程中最重要的环节之一。虽然现在已经取消了为期一年的发行上市辅导的强制性要求，但是上市准备仍然需要专业人员的帮助。保荐人、律师、事务所和其他中介机构将会根据企业的具体情况制订详尽的尽职调查和辅导方案，针对发现的问题进行具体分析，提出解决方案，并指导实施整改；对董事、监事和高级管理人员进行专业培训，指导其学习与上市公司运作相关的法律、法规、规章和规范性文件，全面规范企业的内部管理和业务行为。同时，企业应当在中介机构的帮助下，按照中国证监会的要求制作招股说明书以及其他申请文件，保荐人进行内核并制定发行保荐书，律师事务所出具法律意见书，会计师事务所制作财务会计报告。在董事会和股东大会就本次股票发行的具体方案、本次招募资金使用的可行性等事项做出决议后，由保荐人保荐并向中国证监会申报。中国证监会将在 5 个工作日内作出是否受理的决定。这个阶段一般需要 3~6 个月时间，如果公司历史简单、股权清晰、运作规范，则可以快得多。

（3）中国证监会审核发行申请。中国证监会受理申请后，由发行部对发行人的申请文件进行初审，在初审过程中，中国证监会将征求发行人注册地省级人民政府是否同意发行人发行股票的意见，并就发行人的募集资金投资项目是否符合国家产业政策和投资管理的规定征求国家发展和改革委员会的意见，并向保荐人反馈审核意见。中国证监会会对申报材料进行全面审核，但其关注的重点在于发行人的合法合规性、法人治理结构、关联交易、财务处理和财务信息真实性。保荐人组织发行人和中介机构对反馈的审核意见进行回复和整改，经初审通过后提交股票发行审核委员会审核。发行申请经股票发行审核委员会审核通过后，中国证监会依照法定条件对发行人的发行申请作出予以核准或者不予核准的决定，并出具相关文件。法定的审核时间应当在 3 个月内，但实际操作中变数较多。

（4）路演、询价、定价。中国证监会核准后，发行人在指定报刊和网站上刊登招股说明书摘要及发行公告等信息。证券公司与发行人进行路演，向投资者推荐和询价，根据询价结果协商确定发行价格，并正式发行股票。我国股票发行实行承销制度，一般情况下，主承销商与保荐人是同一家证券公司。法律规定，发行人应在自中国证监会核准发行之日起 6 个月内发行股票，通常完成本阶段工作需要 1 个月左右的时间。

（5）股票发行上市。协商确定发行价格后，股票就可以公开正式发行，然后召开股东大会，进行验资和公司变更登记，办理股份的托管与登记，向证券交易所提交上市申请，经批准后与证券交易所签订上市协议，发布上市公告，正式挂牌上市交易。这一阶段通常需要 15 天左右的时间。

四、创业企业的上市融资渠道

（一）中国新三板

1. 新三板的定位与上市条件

新三板的全称为"全国中小企业股份转让系统"，2012 年 9 月正式注册成立，是继上海证券交易所、深圳证券交易所之后第三家全国性证券交易场所。与前两个证券交易所类似，新三板也是多层次资本市场体系的重要组成部分。目前新三板的服务定位主要有以下特点：①服务于创新型、创业型、成长型的中小微企业。②不设财务门槛，强调持续规范经营和信息披露。③投资者以机构为主，普遍具有较强的风险识别与承受能力。④提供综合服务的市场，主要为企业发展、资本投入与退出服务。

新三板从 2013 年 12 月 31 日开始面向全国接受企业挂牌申请，根据《全国中小企业股份转让系统业务规则》的相关规定，股份公司申请挂牌只需符合下列条件：①依法设立且存续满两年。有限责任公司按原账面净资产值折股整体变更为股份有限公司，存续时间可以从有限责任公司成立之日起计算。②业务明确，具有持续经营能力。③公司治理机制健全，合法规范经营。④股权明晰，股票发行和转让行为合法合规。⑤主办券商推荐并持续督导。⑥全国中小企业股份转让系统有限责任公司要求的其他条件。对于中小微企业来说，降低申请门槛后的新三板，将为融资难的中小微企业打开一个新的融资渠道。

2. 新三板的重要意义

新三板被誉为"中国的纳斯达克"，从资本市场创新和对中国创业经济发展的贡献上来看，新三板的创新与突破确实有一些重要的意义。首先，它标志着我国多层次资本市场体系已完善，必将对资本市场改革产生良性推动作用。新三板是我国多层次资本市场体系的基础层次，也是战略层次。新三板针对的是我国群体数量最大的中小微企业，也是最具创新性和成长性的经济群体。这一群体企业的发展，无论是对于国家的经济发展战略，还是资本市场发展战略，都应是重中之重。只有新三板上的企业快速健康发展，才能保证创业板、主板市场不断有优质企业输送。而新三板倡导的市场化、开放性、多元化、宽容性制度的价值理念，更是率先在我国资本市场摒弃了行政审批色彩，实现了市场化。其运作的成功，必将对整个资本市场的改革产生良性推动。其次，它提升了资本市场服务实体经济的能力，必将会成为助推中小微企业发展的孵化器、加速器，成为支撑中小微企业创新的开放平台。新三板主要为成长型、创新型的中小微企业提供资本服务。我国中小微企业在经济发展中具有战略意义，但长期以来，中小微企业又是市场中的弱势群体，它们缺资金、缺资源、缺信息，面临诸多发展瓶颈。因此，新三板将惠及更多创新创业型中小微企业，让更多企业有机会接触并走进资本市场的大门。最后，它为资本市场创新注入新的活力、带来新的机遇。新三板在市场准入制度上打破了传统的财务盈利指标硬性要求，并且采用多元化的定价估值模式，同时，定向发行采用小额快速融资、有条件豁免核准、储架发行等制度，符合中国实际，做市商制度的实行极大地增强了市场流动性，这些都是新三板的突破。众多证券市场的创新尝试将在新三板上进行实践，为我国多层次资本市场注入活力，解决不同层次企业的金融需求，对促进中小微企业实体经济发展起到了巨大的推动作用。

3. 新三板的融资方式

目前，新三板为中小微企业提供许多便捷的融资途径。企业挂牌新三板后可以利用的融资方式主要包括：①定向增发。新三板简化了挂牌公司定向发行核准程序，在股权融资方面，允许公司在申请挂牌的同时或挂牌后定向发行融资，可申请一次核准、分期发行。②优先股。优先股对于新三板挂牌的中小微企业可能更具吸引力。一般初创期的中小微企业存在股权高度集中的问题,且创始人和核心管理层不愿意股权被稀释,而财务投资者又往往没有精力参与企业的日常管理,只希望获得相对稳定的回报。优先股这种安排能够兼顾两个方面的需求,既让企业家保持对企业的控制权,又能为投资者享受更有保障的分红回报创造条件。③中小企业私募债。私募债是一种便捷高效的融资方式,其发行审核采取备案制,审批周期更快,资金使用的监管较松,资金用途相对灵活。综合融资成本比信托资金和民间借贷低,部分地区还能获得政策贴息。④银行信贷。新三板和多家银行建立合作关系,为挂牌企业提供专属的股票质押贷款服务。一些银行还可以针对众多轻资产企业推出挂牌企业小额贷专项产品,如有的银行推出"三板贷"业务。⑤资产证券化。资产证券化可能对于拥有稳定现金流的企业更适合。一般来说此类企业或者比较成熟,或者资产规模较大,而新三板挂牌企业普遍现金流并不稳定,资产规模也偏小,利用资产证券化工具时可能存在一些障碍。

(二)中国创业板

1. 创业板的定位与上市条件

创业板又称二板市场,即第二股票交易市场,是指主板之外的专为暂时无法上市的中小企业和新兴公司提供融资途径和成长空间的证券交易市场,是对主板市场的有效补给,在资本市场中占据着重要的位置。中国创业板于 2009 年 10 月 30 日正式上市,其设立的目标主要定位为:①为高科技企业提供融资渠道;②通过市场机制,有效评价创业资产价值,促进知识与资本的结合,推动知识经济的发展;③为风险投资基金提供"出口",分散风险投资的风险,促进高科技投资的良性循环,提高高科技投资资源的流动性和使用效率;④增加创新企业股份的流动性,便于企业实施股权激励计划等,鼓励员工参与企业价值创造;⑤促进企业规范运作,建立现代企业制度。

创业板要求发行人是依法设立且持续经营三年以上的股份有限公司(有限公司整体变更为股份公司可连续计算),且满足三个条件:①股票经证监会核准已公开发行。②公司股本总额不少于 3 000 万元,公开发行的股份达到公司股份总数的 25%以上;公司股本总额超过 4 亿元的,公开发行股份的比例为 10%以上。③公司最近三年无重大违法行为,财务会计报告无虚假记载。

同时要求企业满足三个要求:①注册资本已足额缴纳,发起人或者股东用作出资的资产的财产权转移手续已办理完毕。发行人的主要资产不存在重大权属纠纷。②最近两年内主营业务和董事、高级管理人员均没有发生重大变化,实际控制人没有发生变更。③应当具有持续盈利能力。

并且不能存在以下情形:①经营模式、产品或服务的品种结构已经或者将发生重大变化,并对发行人的持续盈利能力构成重大不利影响;②行业地位或发行人所处行业的经营环境已经或者将发生重大变化,并对发行人的持续盈利能力构成重大不利影响；③在用的商标、专利、专有技术、特许经营权等重要资产或者技术的取得或者使用存在重大不利变化的风险；④最近一年的营业收入或净利润对关联方或者有重大不确定性的客户存在重大依赖；⑤最近一年的净利润主要来自合并财务报表范围以外的投资收益；⑥其他可能对发行人持续盈利能力构成重大不利影响的情形。

2. 创业板的重要作用

创业板市场有效地培育和推动成长型中小企业成长，对创新与创业经济的发展发挥重要作用，具体表现在以下三个方面：第一，创业板市场满足了自主创新的融资需要。通过多层次资本市场的建设，建立起风险共担、收益共享的直接融资机制，可以缓解高科技企业的融资瓶颈，可以引导风险投资的投向，可以调动银行、担保公司等金融机构对企业的贷款和担保，从而形成适应高新技术企业发展的投融资体系。第二，创业板市场为自主创新提供了激励机制。资本市场通过提供股权和期权计划，可以激发科技人员更加努力地将科技创新收益变成实际收益，解决创新型企业有效激励缺位的问题。第三，创业板市场为自主创新建立了优胜劣汰机制，提高社会整体的创新效率。具体体现：一是事前甄别，就是通过风险投资的甄别与资本市场的门槛，建立预先选择机制，将真正具有市场前景的创业企业推向市场。二是事后甄别，就是通过证券交易所的持续上市标准，建立制度化的退出机制，将问题企业淘汰出市场。

（三）中国科创板

1. 科创板的定位

2019年1月23日审议通过的《关于在上海证券交易所设立科创板并试点注册制的实施意见》明确强调，在上交所新设科创板，坚持面向世界科技前沿、面向经济主战场、面向国家重大需求，主要服务于符合国家战略、突破关键核心技术、市场认可度高的科技创新企业。重点支持新一代信息技术、高端装备、新材料、新能源、节能环保、生物医药等高新技术产业和战略性新兴产业，推动互联网、大数据、云计算、人工智能和制造业深度融合，引领中高端消费，推动质量变革、效率变革、动力变革。

（1）科创板的设立是中国经济转型的战略需要。中国目前由高速发展向高质量发展转型，离不开科技进步，而科技进步离不开资金的支持，中国传统的以银行贷款为主导的间接融资模式无法适应科创企业轻资产、盈利差或盈利少、高成长但风险大、资金需求大的特点，而科创企业高风险高回报的特性与资本市场的资本特性相适应，因此，科创板的推出为中国新兴产业的发展及经济升级转型提供了强大的资本动力。

（2）科创板的设立是中国资本市场改革的试验田。中国资本市场从设立到现在仅30多年时间，已经成为全球第二大资本市场，但是中国资本市场处于发展过程中，存在制度不健全、注册制未实施、退市制度不严格等一些问题，而全球没有成熟的经验可以借鉴。在科创板先行试点市场化、注册制、严格退市等有利于积累经验，从而最终实现资本市场的全面改革。

（3）科创板的设立是全球资本市场竞争的重要内容。国家之间的竞争不仅是经济、军事、政治的竞争，金融的竞争也越来越具有全局性的意义。从美国、中国香港、新加坡等国家和地区资本市场发展的成功经验可以得出结论，一个国家或地区资本市场的发展对吸纳全球资本、成为全球金融中心具有重要意义。美国纳斯达克凭借灵活的上市制度吸纳了全球的高科技企业，中国香港交易所也改革了上市制度，以吸引科创企业回归中国。上海设立科创板，不仅仅是要服务国内的科创企业，更是要积极参与全球资本市场的竞争和角逐。

2. 科创板上市的条件

根据《上海证券交易所科创板股票上市规则》的相关条款，发行人申请在本所科创板上市，应当符合下列条件：①符合中国证监会规定的发行条件。②发行后股本总额不低于人民币 3 000 万元。③公开发行的股份达到公司股份总数的 25% 以上；公司股本总额超过人民币 4 亿元的，公开发行股份的比例为 10% 以上。④市值及财务指标符合本规则规定的标准。⑤上海证券交易所规定的其他上市条件。

发行人申请在本所科创板上市，市值及财务指标应当至少符合下列标准中的一项：①预计市值不低于人民币 10 亿元，最近两年净利润均为正且累计净利润不低于人民币 5 000 万元，或者预计市值不低于人民币 10 亿元，最近一年净利润为正且营业收入不低于人民币 1 亿元；②预计市值不低于人民币 15 亿元，最近一年营业收入不低于人民币 2 亿元，且最近三年累计研发投入占最近三年累计营业收入的比例不低于 15%；③预计市值不低于人民币 20 亿元，最近一年营业收入不低于人民币 3 亿元，且最近三年经营活动产生的现金流量净额累计不低于人民币 1 亿元；④预计市值不低于人民币 30 亿元，且最近一年营业收入不低于人民币 3 亿元；⑤预计市值不低于人民币 40 亿元，主要业务或产品经国家有关部门批准，市场空间大，目前已取得阶段性成果。医药行业企业需至少有一项核心产品获准开展二期临床试验，其他符合科创板定位的企业需具备明显的技术优势并满足相应条件。

3. 科创板的作用

科创板是我国落实创新驱动和科技强国战略、推动高质量发展、支持上海国际金融中心和科技创新中心建设的重大改革举措，是完善资本市场基础制度、激发市场活力和保护投资者合法权益的重要安排。

（1）从市场功能看，科创板要实现资本市场和科技创新更加深度的融合。科技创新具有投入大、周期长、风险高等特点，间接融资、短期融资在这方面常常会感觉力有不逮，科技创新离不开长期资本的引领和催化。资本市场对于促进科技和资本的融合、加速创新资本的形成和有效循环，具有至关重要的作用。

（2）从市场发展看，科创板要成为资本市场基础制度改革创新的"试验田"，科创板是资本市场的增量改革。增量改革可以避免对庞大存量市场的影响,而在一片新天地下"试水"改革举措,快速积累经验,从而助推资本市场基础制度的不断完善。以最受关注的注册制为例,在市场中已经讨论多年,此次明确在科创板试点注册制,既是呼应市场需求,又有充分的法律依据。几年来,依法全面从严监管资本市场和相应的制度建设也为注册制试点创造了相应条件。注册制的试点有严格标准和程序,在受理、审核、注册、发行、交易等各个环节会更加注重信息披露的真实全面、上市公司质量,更加注重激发市场活力、保护投资者权益。在科创板试点注册制,可以说是为改革开辟了一条创新性的路径。

(3)从市场生态看,科创板需体现出更加包容、平衡的理念。资本市场是融资市场,也是投资市场。科创板通过在盈利状况、股权结构等方面的差异化安排,将增强对创新企业的包容性和适应性。与此同时,投资者也是需要被关注的一方。在投资者权益保护上,科创板一方面要针对创新企业的特点,在资产、投资经验、风险承受能力等方面加强科创板投资者适当性管理,引导投资者理性参与。另一方面,应通过发行、交易、退市、证券公司资本约束等新制度以及引入中长期资金等配套措施,让新增资金与试点进展同步匹配,力争在科创板实现投融资平衡、一二级市场平衡、公司的新老股东利益平衡,并促进现有市场形成良好预期。

(四)美国纳斯达克

1. 纳斯达克的创建与发展

纳斯达克全称为美国全国证券交易商协会自动报价表(National Association of Securities Dealers Automated Quotations,NASDAQ)。纳斯达克的建立是美国全国证券交易商协会为了规范混乱的场外交易,为小企业提供融资平台。纳斯达克于1971年2月8日创建,成立后的近10年并没有引起太多关注。直到1980年,苹果在纳斯达克上市,募集资金1亿美元,4个不到30岁的年轻人一夜之间都成为亿万富翁。随后微软、思科、亚马逊、谷歌、脸书等科技巨头纷至沓来,纳斯达克成为全球市值仅次于纽交所的第二大交易所。目前,纳斯达克的上市公司涵盖所有高新技术行业,包括软件、计算机、电信、生物技术等,上市公司规模达到5 400多家。作为全球最大的科技企业基地的纳斯达克,已经是演绎美国"创新和创业精神"的一个重要舞台。

2. 纳斯达克的制度优势

纳斯达克之所以取得如此成就,与其自身的一些制度优势是分不开的:①实行双轨制。在上市方面分别实行纳斯达克全国市场和小型资本市场两套不同的标准体系。通常,较具规模的公司在全国市场上进行交易;而规模较小的新兴公司则在小型资本市场上进行交易,因为该市场对上市要求没有那么高。但证券交易委员会对两个市场的监管范围并没有区别。②高效的交易系统。纳斯达克在市场技术方面具有很强的实力，它采用高效的"电子交易系统"（ECNs），在全世界共安装了50万台计算机终端，向世界各个角落的交易商、基金经理和经纪人传送5 000多种证券的全面报价和最新交易信息。但是，这些终端机并不能直接用于进行证券交易。如果美国以外的证券经纪人和交易商要进行交易，一般需通过计算机终端取得市场信息，然后用电话通知在美国的全国证券交易商协会会员公司进行有关交易。由于采用电脑化交易系统，纳斯达克的管理与运作成本低、效率高，同时也增加了市场的公开性、流动性与有效性。③做市商制度。纳斯达克拥有自己的做市商制度，它们是一些独立的股票交易商，为投资者承担某一只股票的买进和卖出。这一制度安排对于那些市值较低、交易次数较少的股票尤为重要。每一只在纳斯达克上市的股票，至少要有两家以上的做市商为其股票报价；一些规模较大、交易较为活跃的股票的做市商往往能达到40～45家。平均来说，非美国公司股票的做市商数目约为11家。在整个纳斯达克市场中，大约有500家市场做市商，其中，在主板上活跃的做市商有11家。这些做市商包括美林、高盛、所罗门兄弟等世界顶尖级的投资银行。纳斯达克现在越来越试图通过这种做市商制度使上市公司的股票能够在最优的价位成交，同时又保障投资者的利益。④保荐人制度。在纳斯达克市场，做市商既可买卖股票，又可保荐股票，换句话说，它们可对自己担任做市商的公司进行研究，就该公司的股票发表研究报告并提出推荐意见。

3. 纳斯达克的融资优势

目前，纳斯达克已成为中国企业海外上市融资的渠道，纳斯达克对中国企业的吸引力主要有以下几点：①上市门槛低，融资速度快。纳斯达克的上市条件相对宽松，而且实行注册制，申请程序简单，上市周期短，平均2个月就能完成审批，这对于一些融资需求较为迫切的高新技术企业来说具有很好的吸引力。②市场和投资者相对成熟。海外市场投资者多以机构投资者为主，其投资理念和风险也都相对成熟，同时纳斯达克就是一个技术和商业创新企业的集聚地，投资者对一些领先的创新型业务模式更易于理解和接受。③规范的市场约束与促进机制。纳斯达克发展时间较长，逐渐形成了对创新与创业企业的良好约束与促进机制，可以让中国企业在公司治理结构和管理水平上都上一个台阶。④具备市场声誉和品牌传播效应。由于纳斯达克是全球最具声誉的资本市场，已孕育出了一批全球最具影响力的优秀企业。因此，在纳斯达克上市可以让国内企业获得一定的国际知名度，尤其是那些需要拓展国际市场的中国企业。

拓展阅读9.4 中国互联网创业企业的赴美上市之路

【本章小结】

本章主要对创业金融资本进行阐述，主要围绕融资展开，分别阐述了四种融资模式。首先是天使投资。天使投资通常指自由投资者或非正式风险投资机构，对创业早期企业进行的一次性的前期投资。天使融资的企业估值影响因素主要包括供求关系、行业发展、企业成长、创业团队等。其次是风险投资。创业企业不仅要利用风险投资的资金，更重要的是要有效利用风险投资的其他资源，如运用它们长期积累的经验、知识和信息网络帮助自己制定特殊的战略规划和专业的运营规划，提供专业管理经验等。再次是股权众筹。股权众筹是基于互联网渠道实施的一种融资模式，是创业企业通过网络融资平台向普通投资者出让一定比例的股份，投资者通过出资购买企业的股份，来获得企业未来经营产生的收益。国内股权众筹平台的运作模式大致可以分为三类：中介费/佣金模式、股权回报模式、增值服务费模式。最后是IPO融资。创业企业要明确企业选择IPO的目标，以及企业融资随企业生命周期变化而具有的不同特点，并要了解国内外的一些重要资本市场，如国内新三板、创业板和科创板的融资要求与流程，以及美国纳斯达克市场的融资特点。

1. 讨论在创业的不同阶段，应如何来制定融资策略。
2. 创业企业应如何来获得风险投资者的青睐？
3. 在对创业企业的评估中，如何来评估人的价值？
4. 股权众筹给传统的创业融资渠道会带来什么影响？
5. 尝试分析中国创业板与美国纳斯达克两个融资市场的特点与区别。

阿里巴巴融资之路

一、马云早期的互联网创业

马云1964年出生于浙江杭州，高考连续考了3年才被杭州师范大学录取，大学毕业后留校当了6年半的英语老师。在此期间他成立了杭州首家外文翻译社，业余时间与同事一起接一些外贸单位的翻译活。

1995年，马云作为浙江省交通厅的随同英语翻译出差来到美国，在西雅图，对计算机一窍不通的马云第一次接触了互联网。刚刚学会上网，他就想为他的翻译社做网上广告，上午10点他把广告发送上网，中午12点前他就收到了6份电子邮件，分别来自美国、德国和日本，说这是他们看到的有关中国的第一个网页。"这里有大大的生意可做！"马云当时就意识到互联网是一座金矿。马云的想法是，把中国企业的资料集中起来，快递到美国，由设计者做好网页向全世界发布，利润则来自向企业收取的费用。行动力强的马云立即找了个学自动化的合作伙伴，加上妻子，一共3人，两万元启动资金，租了间房，就开始创业了。这就是马云的第一家互联网公司——海博网络，产品叫作"中国黄页"。

随着互联网的渐渐普及，马云引起了外经贸部的注意。1997年，马云被邀请到北京，加盟外经贸部的一个由联合国发起的项目，并参与开发外经贸部的官方站点以及后来的网上中国商品交易市场。在这个过程中，马云的创业思路渐渐成型：用电子商务为中小企业服务。他研究认为，互联网上商业机构之间的业务量，比商业机构与消费者之间的业务量大得多。为什么放弃大企业而选择中小企业，马云打了个比方："听说过捕龙虾富的，没听说过捕鲸富的。"连网站的域名他都想好了——互联网像一个无穷的宝藏，等待人们前去发掘，就像阿里巴巴用咒语打开的那个山洞。

二、创建阿里巴巴，获第一笔风险投资救急

马云和最初的创业团队回到杭州后，18个人筹集了50万元，在马云位于杭州湖畔花园的100多平方米的家里，正式创建了阿里巴巴公司。他们都记得，马云当时对他们所有人说："我们要办的是一家电子商务公司，我们的目标有三个：第一，我们要建立一家生存102年的公司；第二，我们要建立一家为中国中小企业服务的电子商务公司；第三，我们要建成世界上最大的电子商务公司，要进入全球网站排名前十位。"

阿里巴巴成立初期，公司小到不能再小，18个创业者身兼数职。好在网站的建立让阿里巴巴开始逐渐被很多人知道。来自美国的《商业周刊》还有英文版的《南华早报》最早主动报道了阿里巴巴，并且令这个名不见经传的小网站开始在海外有了一定的名气。

有了一定名气的阿里巴巴很快也面临资金的瓶颈：公司账上没钱了。于是马云开始去见一些投资者，但是他并不是有钱就要，而是精挑细选。即使囊中羞涩，他还是拒绝了38家投资商。马云后来表示，他希望阿里巴巴的第一笔风险投资除了带来钱以外，还能带来更多的非资金要素，如进一步的风险投资和其他的海外资源。而被拒绝的这些投资者并不能给他带来这些。

就在这个时候，担任阿里巴巴CFO（首席财务官）的蔡崇信利用其在高盛的旧关系为阿里巴巴解了燃眉之急。1999年10月，由高盛公司牵头，联合美国、亚洲、欧洲一流的基金公司（如瑞典投资公司、新加坡的TDF基金），向阿里巴巴投资500万美元。这一笔资金让马云喘了口气。

三、第二轮融资，挺过互联网寒冬

1999年秋，亚洲首富日本软银总裁孙正义约见马云，孙正义直截了当地问马云想要多少钱，而马云的回答却是他不需要钱。孙正义反问道："不缺钱，你来找我干什么？"马云的回答却是："又不是我要找你，是人家叫我来见你的。"

第一次见面之后，马云和蔡崇信很快就在东京又见到了孙正义。孙正义表示将给阿里巴巴投资3 000万美元，占30%的股份。但马云认为钱太多了，马云最终只接受了软银2 000万美元的投资。

2000年，阿里巴巴的第二笔融资2 500万美元来自软银、富达、汇亚资金、新加

坡 TDF、瑞典 AB 投资 5 家风险投资企业，其中软银投入 2 000 万美元，阿里巴巴管理团队仍绝对控股。从 2000 年 4 月起，纳斯达克指数开始暴跌，长达两年的熊市寒冬开始了，很多互联网公司陷入困境，甚至关门大吉，但阿里巴巴却安然无恙。那个时候，全社会对互联网产生了一种不信任，阿里巴巴尽管不缺钱，业务开展却十分艰难。马云提出关门把产品做好，等到春天再出去。

四、第三轮融资，助力战略转型

2004 年 2 月，阿里巴巴第三次融资，从软银等风险投资公司手中募集到 8 200 万美元的巨额战略投资，这笔投资是当时国内互联网金额最大的一笔私募投资。其中，软银出资 6 000 万美元，富达、新加坡 TDF 等 4 家风投公司投入 2 200 万美元。融资后，马云及其创业团队仍然是阿里巴巴的第一大股东，持股比例为 47%股份；第二大股东为软银，持股比例为 20%；富达的持股比例为 18%；其他几家股东合计为 15%。

第三次融资对于阿里巴巴从 B2B 到 C2C 的转型战略十分必要。软银的 6 000 万美元全部投到淘宝项目上。当时，阿里巴巴刚熬过互联网寒冬，马云准备向风头正劲的易趣（eBay）发起挑战，急需资金投入。有了软银 6 000 万美元的资金援助，淘宝在 C2C 领域里放手一搏，一年后击退易趣称王。

2005 年 8 月 11 日，阿里巴巴收购雅虎中国全部资产，同时获得雅虎 10 亿美元投资，还获得雅虎品牌在中国无限期使用权。雅虎在阿里巴巴的持股比例为 40%，拥有 35%的投票权。董事会中，阿里巴巴占两席，雅虎一席，软银一席。

五、IPO 融资，创融资历史记录

2007 年 11 月 6 日，全球最大的 B2B 公司阿里巴巴在香港联交所正式挂牌上市，正式登上全球资本市场舞台。随着这家 B2B 航母登陆香港资本市场，此前一直受外界争论的"B2B 能不能成为一种商务模式"也有了结果。11 月 6 日 10 时，港交所开市，阿里巴巴以 30 港元、较发行价 13.5 港元涨 122%的高价拉开上市序幕。小幅震荡企稳后，一路单边上冲，最后以 39.5 港元收盘，较发行价涨了 192.59%，成为香港上市公司上市首日涨幅最高的"新股王"，创下香港 7 年以来科技网络股神话。当日，阿里巴巴交易笔数达到 14.4 万多宗，输入交易系统的买卖盘为 24.7 万宗，两项数据都打破了工商银行 2006 年 10 月创造的纪录。按收盘价估算，阿里巴巴市值约 280 亿美元，超过百度、腾讯，成为中国市值最高的互联网公司。

在此次全球发售过程中，阿里巴巴共发行了 8.59 亿股，占已发行 50.5 亿总股数的 17%。按每股 13.5 港元计算，共计融资 116 亿港元（约 15 亿美元）。加上当天 1.13 亿股超额配股权获全部行使，融资额将达 131 亿港元（约 16.95 亿美元），接近谷歌纪录（2003 年 8 月，谷歌上市融资 19 亿美元）。

2014 年 9 月 19 日，阿里巴巴迎来公司发展史上最关键的一天：正式登陆纽约交易所，首次在美公开募股。按照发行价每股 68 美元计算，阿里巴巴集团发售 3.2 亿股，融资 217.6 亿美元，这打破了 2008 年信用卡机构 VISA 在美国 IPO 融资 196 亿美元的

纪录，成为美国历史上最大的一宗 IPO。

六、马云眼中的融资之道

马云这样看待创业者和风险投资者的关系："投资者可以炒我们，我们当然也可以换投资者，这个世界上投资者多得很。我希望给中国所有的创业者一个声音——投资者是跟着优秀的创业者走的，创业者不能跟着投资者走。"马云说："跟风险投资谈判，腰挺起来，但眼睛里面是尊重。你从第一天就要理直气壮、腰板挺硬。当然，别空说。你用你自己的行动证明，你比资本家更会挣钱。我跟风险投资（VC）讲过很多遍，你觉得你比我有道理，那你来干。对不对？"

马云认为："创业者和风险投资商是平等的，VC 问你 100 个问题的时候你也要问他 99 个。在你面对 VC 的时候，你要问他投资你的理念是什么。作为一个创业者。在企业最倒霉的时候，应该怎么办？当七八个 VC 追着你转的时候，你让他们把你的计划和方法写下来，把你每年的承诺写下来，这是互相的约束。跟 VC 之间的合作是点点滴滴的，你告诉他我这个月会亏、下个月会亏，但是只要局势可控，VC 都不怕，最可怕的是局面不可控。所以跟 VC 之间的沟通交流非常重要，不一定要找大牌。跟 VC 沟通过程当中，不要觉得 VC 是爷。VC 永远是舅舅。你是这个创业企业的爸爸妈妈，你知道把这个孩子带到哪去。舅舅可以给你建议、给你钱，但是肩负着把孩子养大的职责是你，VC 不是来替你救命的，只是把你的企业养得更大。"

资料来源：根据"网络文章《阿里巴巴融资之路》"和"波特·埃里斯曼.阿里传[M].中信出版集团，2015"等资料改编。

思考题：

1. 你认为阿里巴巴的创业融资是否成功？为什么？
2. 你如何评价马云的融资之道？

第十章

创业社会资本

【名言集锦】

天时不如地利,地利不如人和。

——孟子《孟子·公孙丑下》

吾日三省吾身:为人谋而不忠乎?与朋友交而不信乎?传不习乎?

——孔子《论语·学而篇》

【本章学习目标】

1. 理解社会资本与社会网络的概念;
2. 清楚社会资本、人力资本和金融资本之间的关系;
3. 了解创业网络的相关理论及实践运用;
4. 掌握构建创业网络的一些方法和机制;
5. 分析创业过程基于网络的成长机制;
6. 理解中国关系网络的内涵与实践意义;
7. 清楚关系网络在创业过程中的作用。

织席贩履的刘备为何能成就一代伟业

三国时期的刘备在实力上是最弱势的,无论是与曹操相比还是与孙权相比,刘备一开始没有任何的比较优势。曹操有着较高的社会地位、强有力的家族势力和丰厚的家族资产,这些优势为曹操奠定了事业发展的坚实基础。孙权同样也有强大的家族势力背景、富甲一方的雄厚资源,以具有强大军事力量的宗室家族成员作为后盾。刘备虽然沾了点皇族的远亲关系,但实际上家境贫寒,从小与母以织席贩履为业,而商人在当时社会的地位极低,人们甚至以经商为耻。那为什么刘备能与曹操和孙权争霸并最终形成三足鼎立之势,成就一代伟业呢?细细翻看历史,可以发现刘备白手起家创业,在挖掘和积累各种社会资源上确实有其独到的一面。

谦恭待人获师门同窗的支持

公元175年,15岁的刘备正是用做生意赚的钱,与同宗刘德然、辽西人公孙瓒一同拜卢植为师。实际上,刘备在卢植门下能顺利完成两年的学业,是在同族堂叔刘元起的资助下实现的。卢植出自王谢世家,祖上大儒辈出,包含秦始皇时的博士卢敖、卢生。他本人晚年拜大儒马融为师,以操行优秀、学识渊博名满全国,前后出任过九州太守、庐江太守、侍中、尚书。

卢植门下高徒云集,有刘备、刘德然、公孙瓒等。在卢植门下,刘备就开始显露出了非凡的社交才能。例如,公孙瓒是一个贵族公子,刘备当时与其关系极好,两人以兄弟相称,在公孙瓒的资助及陪同下,刘备获得了许多外出游学的机会。作为同窗好友,公孙瓒兴旺后没有遗忘扶携提拔老同窗刘备,引荐他做了平原县令。正是拜在卢植师门之后,刘备从一个庶人逐渐培养了自己的一些名气和威望。后来中山大商张世平、苏双就慕名而来,资助了刘备钱财、马匹,刘备则以这笔钱财为启动资金,招兵买马参加平定黄巾军的战斗,开始了他的创业历程。可以说,真正给刘备一生打下人脉根底和宦途之阶的重要贵人是卢植。

重情义结交天下贤人志士

桃园三结义打造创业核心团队。桃园三结义历来为人们津津乐道,充分演绎了中国人对"义"的最高境界。刘备的结义乃是深谋远虑,往往从事业发展的角度考虑。在刘备创业的过程中,关、张二人多次救了刘备的命。到后来,成为刘备事业的柱梁。刘备入西川后,关羽镇守荆州,与曹魏和孙吴对峙;刘备夺取益州后,张飞任巴西太守,与新占汉中的曹军在第一线对峙。关、张二人,是刘备创业团队的最核心骨干成员,刘备集团的战斗力与凝聚力与关、张二人的忠心担当密不可分。在整个创业过程中,关、张二人忠心耿耿,从未与刘备离心离德,而是舍身忘我、全力打拼。

三顾茅庐感化诸葛亮终身追随。为了获得诸葛亮这个不可多得的"卧龙",刘备三次诚恳地拜访,最终打动诸葛亮。一顾茅庐的时候刘备遇见了崔州平,向其说明自己的目的是向诸葛亮寻求安邦定国之策;二顾茅庐的时候留下了一封信,向诸葛亮表达了自己忧国忧民的思想;三顾茅庐的时候向诸葛亮表明自己的志向是"欲信大义于天下"。刘备诚心地对诸葛亮说:"汉室倾颓,奸臣窃命,主上蒙尘。孤不度德量力,欲信大义于天下;而智术浅短,遂用猖蹶,至于今日。然志犹未已,君谓计将安出。"刘备持续诚恳地表达自己"兴复汉室,拯救民众于水火之中"的拳拳之心。最终诸葛亮被刘备的诚心所打动,相信刘备就是自己一生应该追随的明主,将来必能成大业。刘备一生对诸葛亮非常信任,大事都委任于他,让诸葛亮放手去做,从不生疑。诸葛亮也忠心耿耿,鞠躬尽瘁,死而后已。在诸葛亮"三分天下"战略的辅佐下,刘备取荆州、定益州,终成帝业。

情同手足广纳各方能将

刘备有句名言:"兄弟如手足,妻子如衣服。衣服破,尚可缝;手足断,安可续?"

在刘备的眼里,兄弟的情义高于一切。刘备这种情义不仅表现在与桃园三结义的关羽和张飞关系上,同时还用其情义感召各方能人将士,其中一个典型例子就是猛将赵云,赵云也是被刘备用义气打动,跟随刘备一生不悔,为刘备的事业立下大功。

不计前嫌信任有才之士

即使对于反对自己的人,刘备也能看到他人的长处,用其所长。荆州刘巴非常有经济头脑,可是他起初并不喜欢刘备,他先是为曹操效力,后来为刘璋出谋划策,坚决反对刘备入蜀。但刘备抵达成都之后,却传令三军要善待刘巴,后来刘巴被委任为左将军,向刘备提出了一套科学合理的货币流通政策,解决了刘备集团的财政问题。刘备对待背叛将士也是心怀宽容。夷陵之战中,刘备大军溃败,部将黄权在不得已的情况下,率军投降曹魏,当时大臣们都劝刘备将黄权全家满门抄斩,刘备却说,黄权投降曹魏是不得已而为之,还说:"黄权并没有辜负我,是我辜负了黄权!"

借天下大义获得权势的资源

刘备另一个重要取胜之道是一直以中山靖王之后自称,让自己与皇族血统发生联系。不仅如此,他在辈分上还自称是皇帝的叔叔,被尊为皇叔。平时与人交往,也口必称备乃中山靖王之后,用复兴汉室的旗号,不但吸引到了很多能人志士的支持,同时在自己身处困境的时候获得了当时许多权势的接纳与援助。因为在中国历来有名正言顺的说法,名不正则言不顺,言不顺则事不成,刘备深谙此道。

借着伸张天下大义,刘备主动接近许多当时的权势来发展自己,如公孙瓒、曰楷、吕布、陶谦、曹操、袁绍、刘表、孙权和刘璋等。他曾向公孙瓒借兵,同时获得其大将赵云。在与陶谦交往后,最终得到了徐州。从同宗刘表那里得到了江夏。与孙权打交道时,得到了荆州的一大块地盘。最后,还想方设法从宗兄刘璋那里得到了益州。这就如一个资源贫乏的创业企业不断从外部网络获得优质资源来实现成长一样,刘备也从这些当世权势那里不断获得土地和人才等优质资源,持续积累成就帝业的资源和条件。

宅心宽厚赢得广泛民众支持

刘备不仅广泛招贤纳士,同时也善待一方百姓,从而获得广泛的民众支持。曹操占据荆州的时候,许多刘表的部下选择追随刘备而放弃曹操,一个重要的原因是被刘备的宅心宽厚所感染。刘琮投降曹操之后,刘备率领部队开始南下,其间有10余万百姓跟随,有将士向刘备建议舍百姓先行保江陵,刘备面对一路追随他的普通百姓,不忍舍弃,说道:"夫济大事必以人为本,今人归吾,吾何忍弃去!"诸葛亮建议将士们告诉百姓,愿意追随者同去,不愿追随者留下,百姓听后齐声大呼:"我等虽死,亦意随使君!"

刘备在军事十分危急的情况下,宁可与百姓共生死,也不愿意弃百姓而去,深深地感动了广大将士,也进一步激发了军中人才追随自己的决心和信心。曹操和孙氏兄弟都有屠城之举，如曹操部下夏侯渊屠兴国、孙权屠江夏，唯有刘备自起兵以来从没有屠杀老百姓，他与部队每到一地，不扰民，与民生息。

刘备入蜀后，同样实行笼络当地豪门士族与民众的政策，发还他们的田地和房屋，鼓励其发展农业生产，因而深得民心。

资料来源：根据《三国演义》等相关资料编写。

案例启示

在《三国演义》中，与世袭权贵曹操和孙权相比，平民出身的刘备在人才、资金和土地等资源方面都明显处于劣势，但是通过自己的努力，持续挖掘和积累各种社会资源，最终成就一代伟业。在中国历史上，有非常多像刘备一样的励志创业人物，是他们将中国的发展谱写成一部创业奋斗史。

第一节 社会资本相关理论

一、社会资本理论

（一）社会资本的概念

社会资本起源于社会学研究。在对社会资本的界定上，不同的学者从各自的研究领域和研究对象出发给予了不同的界定。法国社会学家皮埃尔·布尔迪厄（Pierre Bourdieu）将社会资本界定为"实际或潜在资源的集合，这些资源与由相互默认或承认的关系所组成的持久网络有关，而且这些关系或多或少是制度化的"。布尔迪厄认为社会资本是资本的三种基本形态之一，是一种通过对"体制化关系网络"的占有而获取的实际的或潜在的资源的集合体。普特南（Putnam）认为社会资本是一种组织特点，如信任、规范和网络等。像其他资本一样，社会资本是生产性的。它使得实现某种无它就不可能实现的目的成为可能，并能够通过推动协调的行动来提高社会的效率。美国社会学家詹姆斯·科尔曼（James Coleman）的思想较有代表性和影响力。他从社会结构的意义上对社会资本进行了深入阐释，认为社会资本是个人拥有的表现为社会结构资源的资本财产，由构成社会结构的要素组成，主要存在于人际关系和社会结构之中，并为结构内部的个人行动提供便利。在科尔曼看来，社会资本不是一个单一体，而是有许多种类，彼此间有两个共同之处：都包括社会结构的某些方面，而且有利于处于同一结构中的某些个人行为；和其他形式的资本一样，社会资本也是生产性的，使某些目的的实现成为可能，而在缺少它的时候，这些目的不会实现。

美籍华裔社会学家林南对社会资本理论也作出了重要贡献。林南认为社会资本是嵌入在一种社会结构中，在有目的的行动中可以获取或动员的资源。按照这一定义，社会资本的概念包括三种成分：嵌入在社会结构中的资源，个人可以获取或动员这些资源，在有目的行动中运用或动员这些资源。因此，资源、社会结构和个体行动就构成林南社会资本理论中的三个核心概念。这三个概念的内在关系是：资源是投资活动的对象，社会结构是投资活动的场所，而个体及其行动则是投资者及其活动。其中，和科尔曼一样，社会结构也是林南分析社会资本的基础之一。林南认为社会结构包含四个基本要素：位置（positions）、权威（authority）、规则（rules）和代理人（agents）。位置表现了个体行动者对资源的占有，或者说是嵌入社会网络中的资源通过个体聚结成的网络节点；权威体现了位置之间的关系，是控制与取得资源的权力；规则制约和引导行动者或代理人如何取得有价值资源，可以维持行动者在一定的秩序中来获取资源；代理人是占据着那些蕴含着资源的位置的个体。

（二）社会资本的功能

社会资本的功能被概括为四个方面。

第一，促进信息的流动。由于市场的不完善，处于某种有利战略位置或等级地位中的关系人，能够较好地了解市场需求，可以为他人提供有价值的信息，以帮助获取机会和做出选择。同样地，这些关系也可以为市场中的组织或社区提供可用信息和利益，而之前可能并没有意识到这些信息的可用性，如这些信息可以降低交易成本，让组织招募到合格的专业技术人员，也使个人找到可以提供适当回报的组织。

第二，影响代理人的决策。社会关系人可以影响到代理人，这些代理人又对行动者的决策产生关键影响作用。因为某些社会关系处于有利的战略位置（如结构洞）和等级地位，从而拥有更有价值的资源和更大的权力来影响组织代理人的决策。

第三，提供信任担保。个人被确认的社会关系及其社会关系资源，可以被视作个人的社会信任担保。信任也反映了个人通过社会关系网络与社会资本获取资源的能力。个人通过这些关系为组织及其代理人提供担保。这些超出个体之外的社会资源，对组织而言也有利用价值。

第四，身份确认和获得认可。个人的价值得到确认和识别，就可成为个人和社会群体成员共享的一种利益和资源，不仅可以获得情感支持，而且可以获得某些社会资源的共同认可。

二、社会网络理论

20 世纪 70 年代后，以哈里森·C. 怀特（Harrison C. White）为代表的"新哈佛学派"在社会网络的研究发展过程中形成了一种非常有影响力的主流力量，在他们的努力下，社会网络分析逐渐发展成为社会学研究领域中一种有影响力的分析方法。

（一）社会嵌入理论

美国学者马克·格兰诺维特（Mark Granovetter）在社会网络理论研究上提出了两

个重要的理论概念：弱关系和嵌入性。格兰诺维特在1973年发表的《弱关系的优势》（*The Strength of Weak Ties*）一文中，首次提出了"弱关系优势"的理论观点。该观点是格兰诺维特在研究美国人在劳动力市场找工作的现象时提出的。"弱关系是传递信息的有效桥梁"是格兰诺维特提出"弱关系优势"的核心观点。格兰诺维特认为人与人之间或组织与组织之间的关系在强度上具有区别，强弱关系发挥着不同的作用，强关系可以维系群体或组织内部的关系，弱关系在群体或组织之间建立了纽带联系。

嵌入性是格兰诺维特社会网络理论中的另一个重要理论概念。处于社会网络结构之中的自利者，在其市场经济行为和社会关系之间有可能存在着重要的因果关系，经济行为应该密切地嵌入在其所生活的社会关系结构中。信任在这个嵌入过程中扮演重要的角色，是双方经济交换行为发生的一个基础。信任的建立和维持往往需要交易双方长期的接触、交流和互动。格兰诺维特认为，人们的信任来源于社会网络，人们的经济行为也嵌入在社会网络的信任结构之中。由此，信任是格兰诺维特在嵌入性理论中强调的一个核心概念，也成为人们研究社会网络所聚焦的内容。

"嵌入性"概念引发了各个领域的关注和思考。例如，在组织与管理领域，企业的经济行为如何嵌入在社会网络之中，企业家如何从社会网络中获取资源、发现新的机会，其行为如何受到网络结构的影响，从而为企业成长绩效带来影响。该概念扩展了人们观察和理解企业经济行为的新视角。

（二）结构洞理论

伯特提出了著名的关于社会网络个体之间结构的结构洞理论。伯特认为关系强度的强弱与社会资源的多少之间没有必然的联系。如果社会网络成员之间都有关系，那么从整体上看没有类似于"洞"的结构，但具有这种特性的社会网络往往规模较小。如果社会网络中存在个体不是与所有其他个体建立关系，只是与部分个体建立了关系，从整体上看，网络产生类似于"洞"的结构。伯特将这种结构特征称为"结构洞"，他认为"结构洞"有助于网络主体获取更多的社会资源。结构洞是指"社会网络中的某个或某些个体和有些个体发生直接联系，但与其他个体无直接联系或关系间断的现象，从网络整体看就好像是网络结构中出现了洞穴"。因此，结构洞是非重复关系间的"断开"，是一种非冗余性关系（a relationship of non-redundancy）。

伯特进一步证明，结构洞中如果没有或很少有信息与资源的流动，就有可能为其中的个体或组织提供某些机会，因为可以将两个关系连接稠密的网络联结起来，就可以为这些联结起来的个体或组织带来新信息，从而使信息与资源通过这种新联结流动起来，产生之前没有的机会和价值。伯特依据结构洞理论非常有效地对市场经济中的竞争行为提出了一些新的社会学解释：竞争优势不仅来源于资源优势，更为重要的是来自关系优势,个体或组织所拥有的结构洞越多,拥有的关系优势就可能越大,获得较大利益回报的机会也就可能越高。

伯特还进一步从宏观和微观两个层次上,运用相应的数据对其理论进行了严格验证,从而使得人们相信和接受其理论。首先在宏观层次上,伯特利用美国商务部提供的二手数据对美国生产市场进行定量分析。分析结果表明,边际利润随着厂商之间结构洞的缺乏而上升,随着原料供应者与顾客之间结构洞的缺乏而下降。这表明了市场是由结构洞所形塑的,主要供应商和顾客的网络关系决定了参与厂商的利润。占有更多结构洞的企业,自主性强,能更好地获得信息和控制优势,比自主性差的企业获得更多的利润收益。其次在微观层次上,通过对美国高新技术企业内管理人员的结构洞与晋升关系进行研究,发现企业内部网络中有较多结构洞的经理,在晋升过程中往往会被提升得更快,能更早地获得相应级别的职位。基于宏观和微观层次的研究结果,伯特认为结构洞将是一个很好的连接社会学宏观分析与微观分析的有效概念。

第二节 创业网络相关研究

一、网络组织理论

20世纪80年代,网络组织理论开始兴起。网络组织理论并不是指某一个理论,而是众多学者基于社会学、经济学和管理学等不同学科领域理论,对网络组织现象进行研究所形成的理论观点的一个总称。网络组织研究不仅涉及经济学、社会学和管理学等主流社会学科,同时还把其他一些边缘学科,如生态学、生物学和系统科学等,也融入这一领域的研究,使得网络组织研究呈现出多学科交叉的态势。

(一)新制度经济学的观点

新制度经济学派以科斯《企业的性质》中提出的纯粹市场和科层企业两种特例为基础,将二者之间的关系看作是由交易成本决定的、可相互替代的社会资源配置的制度安排。随着20世纪80年代网络组织和网络经济的兴起,新制度经济学在网络经济的研究中开始显示其重要的影响力。在新制度经济学派看来,网络组织是区别于市场和企业的第三种治理结构安排。基于新制度经济学的网络经济研究就是将原有的企业和市场的二层次制度分析框架,提升为市场、网络和企业三层次的全新制度分析框架。

基于交易的"不确定性、交易频率和专有资源依赖程度"三个重要特性,威廉姆森(2001)分析认为:当这三个变量处于较低水平时,市场调节是有效的调节手段;当三个变量处于较高水平时,企业则会替代市场组织,作为资源配置的有效调节手段;而当三个变量的水平介于这两个极端之间时,自动调节(价格机制)和强制调节(科层结构）会同时发生作用，与其匹配的不同治理结构，可能是介于市场治理结构和企业治理结构之间的中间性经济组织。这些中间性经济组织的根本特点是其带有企业和市场的双重特性。其中，有些可能更接近于市场关系，有些可能更接近于企业内部关系。因此，企业之间的协调既不是完全通过传统市场理论的价格机制，也不是完全通过企业内部一体化的科层结构，而是通过企业间复杂的、多样化的契约安排来进行。

（二）经济社会学理论的观点

古拉蒂（Gulati）是成功运用经济社会学来研究企业战略网络的代表性学者之一。与经济学视角相比，社会学的特点在于更加强调经济现象、个体行为与组织的社会嵌入性。基于嵌入性理论和结构洞理论，古拉蒂分析了企业间的互动行为，认为战略网络结构联系主要由嵌入关系构成，嵌入关系的作用是介于市场关系和层级关系之间。比较起来，嵌入关系能更真实地表现企业实践中企业间的实际联结方式。战略网络应该是"包含了企业与供应商、客户、竞争对手以及其他组织之间的各种联系"。企业被嵌入在社会、专业的和带有其组织因素的交换关系的网络中，企业的行为和绩效可以更全面地理解为是对它们被嵌入的关系网络的一种检验。古拉蒂认为战略网络潜在地提供了信息、资源、市场和技术，并具有规模和范围经济以及学习方面的优势。战略网络有利于企业接近和获得网络之中的关键资源，由于企业网络的优势具有异质性和路径的依赖性，加上资源的通道本身也是异质性的，嵌入网络之中的企业及组织之间的关系也将因企业和组织而异（Gulati, 1999）。由于企业所处的战略网络不同，不同企业的战略网络中的关系密切程度和信任程度也会不相同，加上不同企业管理关系网络的能力具有区别，因此，不同企业的网络资源或关系资源就具有异质性，同时对网络资源或关系资源的整合能力和利用效率也可能存在天壤之别，从而最终导致企业行为绩效的差异化。因此古拉蒂相信，合作伙伴之间丰富的信息交流与对机会主义行为的自然制约，能使具有良好社会性嵌入的联盟与网络获得更好的企业绩效。通过合作努力创建的网络，可以创造出使合作者共同受益的价值，这种价值是任何一方单独所无法达到的。

（三）商业系统理论的观点

以杰瑞罗（1988）为代表的学者认为战略网络是一种长期的、有目的的组织安排，其目的在于通过战略网络使企业获得长期竞争优势。杰瑞罗（1993）应用商业系统思想来研究企业的网络行为，认为实现产品和服务有效地传送到顾客手中，整个过程的所有活动需要企业间的良好合作，而企业如何选择组织的合作方式，就是要保证企业持续竞争优势的一个中心问题。并进一步提出了组织商业系统合作方式的评价标准，就是应最大化组织效率与灵活性；然后通过比较科层制、市场和网络三种不同组织方式的特点，分析和说明战略网络是网络经济时代最佳组织模式选择，并指出效率与弹性要求应把网络组织作为一个系统整体来管理。以杰瑞罗等学者为代表的研究基于商业系统思想来构建战略网络的基本理论，其优势在于有利于指导企业进行战略网络管理，如利用交易成本理论说明何时建立网络、利用博弈理论提出如何加强组织间信任的机制等，为企业的战略网络实践提供了一个更广阔的视野和方法。

（四）产业集群理论的观点

以波特（Porter）为代表的用企业集群理论来研究区域合作网络，认为企业集群是指在一特定区域内的一群相互联系的公司和组织（如政府机构、中介组织、高校、研究机构、客户等），为了获取新的和互补的技术，加快企业学习过程，增加企业间信任，降低交易成本和分担风险，并从联盟企业中受益而结成的网络。企业集群是一个开放系统，具有外部效应，同一地区内的公司或机构之间相互联系和共享知识，形成了一种"新竞争"和"新经济"。集群构成了空间布局上的新组织形式，代表一种合作与竞争的新组合，是一种合作竞争思想，突破了单个实体竞争的狭隘思想，形成了一种群体竞争的战略思维，是竞争战略的新发展。基于产业集群理论的研究，波特分析了企业集群的成因、特征和网络关系，揭示了企业集群与竞争优势的关系，大大地丰富了战略网络研究的内容。以波特为代表的集群思想不但很好地解释了发达国家的区域网络发展，如美国硅谷和波士顿的高技术产业，同时也能很好地解释了发展中国家的区域网络发展，如中国浙江地区许多传统产业集群的形成和发展。

（五）生态系统观的观点

摩尔（1999）从生态系统观的视角研究战略网络，其提出的商业生态系统认为是一种以个人和组织相互作用为基础的经济联合体。个人和组织是商业世界的有机体，经济联合体生产出对消费者有价值的产品和服务，企业商业系统的有机体成员包括供应商、主要生产者、竞争对手、消费者、科研机构、风险承担者、政府及其他利益相关者。基于商业生态系统理论视角，摩尔提出了生态系统战略的一些基本思想：①随着传统行业的崩溃，唯一实用的竞争方法不再是产品方面，而是在构建新的生态系统模式方面超越你的竞争对手。②新的共同体存在的基础在于为消费者带来大胆的革新，革新不是简单地改进产品、工艺或服务，而是要创造一个完整的有机体，这需要付出巨大的代价。③在生态系统所认定的范围内，企业可以创造一个广泛的、成员众多、相互联系的经济共同体。④要想获得新世界的竞争优势，必须了解建立生态系统的时机和方法，能够从持续发展和不断改进的过程中调整战略方向。摩尔运用商业生态系统分析了许多成功的企业战略，总结出来运用商业生态系统来获得领导地位和企业成长的方法与步骤。

二、创业网络理论

伯利（Birley）最早将社会网络的概念引进创业研究中，并界定了创业网络的内涵。他认为创业者连同其外部环境就构成了创业网络。创业网络概念可以用来描述创业者自身和与创业者相关的人和组织，并探讨资源和信息在其中的流转。齐默和奥尔德里奇（Zimmer and Aldrich）进一步对创业网络的概念进行深入分析，强调了在创业过程中创业者社会网络的重要性，使得社会网络的研究与创业的研究更加紧密，并确立了创业网络在创业研究中的重要地位。

（一）创业网络的特征

网络结构被认为是行动者之间直接或间接的关系模式，行动者不同的网络位置会对网络内资源流动造成重要影响，进而影响其创业绩效。格兰诺维特区分了关系嵌入和结构嵌入的概念，关系维度考察关系的强度、持续性、方向等，结构维度则更多地从系统结构的要素去考察网络关系，主要研究企业在网络中的结构、位置等因素。结构嵌入强调了行动者在社会网络中的结构位置，认为网络位置对于行动者的行动和绩效会产生重要的影响。伯特进一步提出结构洞的概念，认为通过结构洞建立起来的关系比例越高，企业家的能力就越大；机会越多，企业家投资在高回报关系上的可能性越大。随着对社会网络结构认识的深入，人们越来越认识到创业者作为一个社会角色，嵌入社会、政治和文化的环境中，网络结构对企业的行为和绩效产生重要作用。基于以上社会网络理论脉络，网络结构也成为创业网络的一个重要概念，并认为对网络结构特征的深入分析应是理解创业网络的关键。总体上，创业网络对网络结构特征的研究主要围绕"网络规模、网络强度、网络中心度、网络密度、网络结构洞、频率、同质性"等概念展开（Hoang et al., 2003）。

（二）创业网络的影响

1. 创业网络对创业产出的影响

创业产出可以包括新企业的创建、生存与成长、新企业竞争优势、新企业绩效、创业成功，此外还包括机会识别、机会利用、资源获取、知识获取、创业倾向、创业投资决策、创业行为和创业意图等诸多方面。研究认为，创业者的社会网络不仅是创业所需信息和资源的重要来源，而且也对发现、识别创业机会至关重要。网络关系提供了资源流动的最佳渠道，新企业可以利用与外部企业及其他组织机构之间的广泛社会关系，来获取金融资本、关键技术、人力资本和管理经验。建立持久的社会网络关系使企业更容易以较低成本获取所需的创业资源，成功的创业者往往会花费大量的时间去建立网络关系以帮助新企业成长。网络内的社会资本及互动与新创企业的成长密切相关。安德森等（2010）通过案例研究深入地展现了创业者如何通过企业内外网络关系和社会资本来有效地实现企业的创业成长。有学者也有类似的观点，认为企业能够通过与不同经济领域的种种联系，来摄取企业成长所需的稀缺资源，并实证发现了社会网络对创业商机信息、创业资金和订单获取具有显著的影响作用。创业网络不仅是创业企业获得各类信息与知识的渠道，还是创业者与不同群体交换或借用资源、获取声誉与社会合法性的重要途径，并能保留人才资源。而且从动态的角度看，在不同发展阶段下，新企业的不同形式创业网络（创业者个人的非正式网络和创业企业正式网络）的利用对企业绩效产生的影响存在着差异性。这些研究都意味着创业网络对新创企业的成长与成功存在着重要且复杂的影响机制。

2. 创业网络形成的影响因素

影响创业网络的形成因素可以包括国别文化、性别、信任、创业者背景、创业者外倾性、个人责任意识、成长阶段等方面。史密斯和罗尔克（2008）研究发现，基于情感和认知的信任在创业网络的发展过程中具有显著影响，其中，情感型信任建立在亲朋好友关系基础上，在创业初期起主要作用；认知型信任建立在对机构型网络理性选择的基础上，在创业早期成长阶段作用突出。弗雷（2008）通过跨文化的案例研究发现，性别、信任、文化、政府支持等因素对创业网络的形成和发展都有显著影响。杰克等（2010）通过案例跟踪研究发现，网络演化会经历从"功能的"到"工具的"和"利他的"一个非常复杂的社会互动过程。由此可见，由于创业网络的发展与演化是一个较为复杂的过程，还需要突破功能性理论视角，如资源依赖理论，来深入分析创业网络的演化过程与机制。

3. 创业网络的发展与演化

杰克等（2010）研究了一个创业网络，尝试构建了一个创业网络演化模型。所研究的创业网络是苏格兰当地政府发起的一个创业者论坛，主要由一些对创业有兴趣和准备创业的人组成，该论坛的目标是帮助这些准创业者和新创业者发展商业机会与助推其新企业的创建。通过对该创业网络从创建到发展的跟踪研究，研究者较详细地勾画出创业网络的形成与演化过程。其主要有三个阶段：①形成阶段。一开始是会员们自发组织自我管理进行每月一次的会议，会议的形成是讨论创业点子，通过自由组合头脑风暴的方式来评估这些创业点子。这一阶段的特点是"计算性、自我寻找目标、我能获得什么、理性商业过程"，可以称之为功能主义（functionalist）。②发展与重构阶段。一年后，会员们开始觉得创业论坛应有所改善，需要对这种创业辛迪加（syndicates）有所控制并吸纳更多的会员，其改善措施包括改进会议形式以有利于社交，让大家开始分享观点，更有信心和更多地参与。这一阶段的特点是"建立自己网络中的身份，识别他人的身份，认识到网络的潜力，与团体互动互惠，开放自己的想法和分析价值观"，可以称之为工具性的（instrumental）。③生存与重生阶段。该阶段创业网络经历了一次大的变迁，根据当地政府企业管理局的战略，着手将创业论坛发展成为一个新的、差异化的、更大的企业论坛，结果是会员剧减，从原有的 60 人降到只有 39 人。管理当局为此取消了所有的支持，包括每月一次的会议。但有趣的是，没有了管理当局的支持，剩下的大多数人决定单干后，创业论坛又重新焕发生机，参会人员不断增加，9 个月后达到了 110 人。该阶段的特点是"对团体的情感，形成强的感情纽带，基于尊重、互惠、信任、共享价值，认识到网络是一个学习环境，想成为其中的一员，愿意并准备为网络工作，自愿参与且想参与"，可以称之为利他主义的（altruistic）。

创业网络三个阶段在网络成员、网络结构和网络状态等方面经历了明显的演化：第一阶段，网络成员主要由一些想创业的人员组成，网络结构由正式的等级组织构成（包括委员会主席、正副主任、秘书、会计等职位），网络成员之间的状态主要是一种松散的形式。第二阶段，网络成员主要由新创业者和准备创业的人员组成，网络结构略不正式，有会计，委员会主席是轮换担任，网络成员之间的关系更加紧密。第三阶段，网络成员主要由成熟的创业者组成，网络结构变得非结构化和非正式化，只有一个秘书，网络成员非常紧密地连接在一起。总体来说，创业网络演变是一个社会化和情感化的过程，成员之间基于一些社会因素的互动起到非常重要的作用，这些社会因素包括亲和力、共享态度和信任等，这些互动满足的是一些人性化的需求，不仅仅是物质需求。

三、构建创业网络

（一）创业网络的绩效机制

广义的创业绩效包括创业企业有效识别机会、成功获取创业资源和实现持续成长。因此，创业网络的绩效机制研究可以包括创业网络如何影响销售收入与企业规模等直接绩效指标，也包括为创业企业带来各类有形资源和无形资源，如资金、人力、知识和能力绩效指标。

1. 创业网络有助于获取外部资源

创业网络首先是创业者获取外部资源的重要途径，其中，创业网络的融资机制是研究关注的重要内容之一。谢恩和科博（2002）两位学者对 50 个创业企业进行了案例研究，得出了以下观点：①在有直接关系和没有直接关系的创业者中，投资者更愿意投资先前有直接关系的创业企业。②在有间接关系和没有间接关系的创业者中，投资者更愿意投资先前有间接关系的创业企业。③如果创业者有声誉影响，上面的直接关系与间接关系对投资决策的影响作用将消失。因此可以认为社会关系就是为投资者提供了获取信息的机制，从而允许创业者能有效地获得创业所需的资源。

2. 创业网络特征与创业成功的关系

基于社会网络理论和心理学理论，有学者构建了一个综合社会能力、社会网络规模与企业成长绩效的关系模型（Zhao et al., 2010）。模型中的社会网络特征主要运用了网络规模指标，具体来说有商业关系网络规模和政府关系网络规模。前者主要指基于市场交易商业关系，包括创业者与客户、供应商、竞争对手、商业伙伴、投资者等个人关系；后者主要指创业者与不同层次的政府官员和政府机构的个人关系，这些关系可以促进商业交易、降低官僚压力和帮助获得客户。研究结果显示，综合社会能力都与企业成长绩效有直接的强关系，并会通过政府网络规模作用于企业成长绩效。而且，政府网络规模与企业成长绩效表现出更强和更一致的关系。与大城市相比，乡村地区的创业者与政府的关系对于创业企业的成长绩效更为重要。

3. 创业网络类型对创业的影响

莱希纳等人研究了不同网络类型对创业企业发展的影响，这些网络类型包括社会网络、声誉网络、竞争合作网络、市场信息网络和合作技术网络。首先，研究发现声誉网络对创业企业发展具有显著的正向影响，同时合作技术网络也对企业发展具有较为显著的影响。其次，研究发现除了合作技术网络影响不显著外，其余四个网络类型对销售业绩都具有显著影响，分别是社会网络、声誉网络、竞争合作网络、市场网络（Lechner et al., 2006）。该研究一定程度上说明，创业网络会伴随企业成长不断演化，仅仅单纯地用网络规模这个变量来预测创业成长绩效值得质疑，而对创业网络组合，即不同类型的创业网络进行考察可能会更趋近创业网络发展的真实情况，也更能预测创业绩效。

（二）创业网络构建机制

哈伦（Hallen）和艾森哈特（Eisenhardt）通过案例研究总结了创业企业有效构建外部投资网络关系的内在机制，并将其提炼为"催化战略"（catalyzing strategy），概括地说可以称之为"四种行为策略和两条形成路径"。

1. 转换网络关系：休闲约会

这种休闲约会是指创业者在形成正式的合作关系之前，会非正式地、有意地和重复地与一些潜在的合作伙伴进行会面。这种休闲约会非常有效的原因：一是有助于投资者熟悉了解创业企业；二是通过征询建议来迎合甚至讨好投资者，这会给投资者带来一种正面影响和心理负债；三是创业者采纳投资者的建议后，不但可以完善新创企业，还能通过吸引投资者关注企业发展的方式来选定投资者。以社会心理学的观点来看，这会增强投资者的喜好程度。休闲约会总体上能帮助创业者把间接的弱关系转换成直接的强关系，尽管依旧是非正式。研究发现，投资方也认为休闲约会是一种结识潜在合作伙伴的轻松方式，且不会花费太多时间来帮助他们评估创业企业和了解产业情况，因此，尽管他们不会发起约会，但很乐意参与约会。

2. 增强品质信号：把握"证明要点"时机

"证明要点"（proof points）主要指创业企业具有里程碑意义的实质性创业成就，一般由外部重要的第三方提供，是一种反映创业企业品质的积极信号。创业者会通过几种方式来把握"证明要点"的时机：首先，可以采取加速策略，即一旦有了证明要点，即使当前暂时不需要做下一轮的融资，但也可以考虑提前进行融资。其次，采取优先购买权的融资结构，即将未来的证明要点与未来的投资关系进程同步进行。最后，延迟策略，即等到证明要点实现后再去寻找投资网络关系。把握证明要点的时机能够增强创业企业品质，从而提高网络关系形成的效率。

3. 选择网络节点：考察兴趣

考察兴趣是指创业者采取行动去辨别那些有实际兴趣的潜在合作者。其一般会采取两种途径：一是通过网络确认，他们率先问彼此相识的熟人来证实投资人的实际兴趣；二是通过对潜在投资者直接的互动分析。有了兴趣考察，创业者更容易锁定目标，而不会去浪费时间和精力。总体上，直接分析比网络确认更有效率，但两者所依赖的信息是不一样的，具有一定的互补性，一起使用能让创业者更好地考察。

4. 创造稀缺信号：制订备选方案

制订备选方案就是发展多条路径来完成网络形成过程。其行为主要通过激励非常有兴趣的潜在投资者作出承诺，来提高效率。一般会采取三种途径：首先，创业者可以建立筹集资源的多种不同路径，而不仅仅是依赖投资者。其次，除了那些渴望投资的投资人，创业者还可以接触那些不那么渴望投资的投资人，这些投资人往往把速度作为他们的优势。最后，创业者可以设定最后期限，在非常有兴趣的投资人间建立起竞争机制。制订备选方案作为一种催化战略能强化信号，引导投资者做出投资承诺。

通过以上四种行为策略，创业者能够建立一条实现有效的网络关系形成的路径，这条催化战略路径依赖于以上一系列的互补行为。如果说运用直接强关系的战略不一定具有普遍性，因为不是每一个创业者都具备直接强关系，那么催化战略适合更多的创业企业。催化战略强调了两者的互动性，且具有时间上的顺序，两者结合起来才是有效网络形成的充分条件。

（三）创业网络成长实践

安德森等人通过纵向案例研究，提出了网络成长实践的五步阶段模型，分析创业者是如何通过网络来识别成长机会，他们又是如何通过社会互动来利用这些机会的，以此来探索创业成长的网络创造机制。五个步骤如下。

1. 解放

创业者开始意识到新创企业要进入一个新的成长阶段，他们首先需要从日常的运营管理中解放（liberating）出来。在不损害到现有企业运营的前提下，创业者会将日常的管理事务移交给自己信任的商业伙伴。这些商业伙伴可以是雇员、外部顾问、非执行董事，他们喜欢与创业相关的事务并且成为新创企业的内部人。最重要的是，创业者一旦作出从日常工作中解放出来以进入一个新的成长阶段的决定，他们并不是就脱离日常的社会互动去做一些正式和理性的计划。相反，他们还是回到日常的惯习，置身于商业关系网络中，参与到多样的非正式互动中，来完成解放步骤。

2. 激发

解放出来之后，创业者就要设法获得更多的创业激发（inspiring）和灵感。这个步骤，创业者也不是从理性的环境和内部分析入手，而是走出企业与各色人群去交谈和交流商业世界正在发生的事情。创业者倾向于参加一些日常的分享活动，非正式地去询问一些社团对未来发展趋势的看法，鼓励他人说出他们对未来的推测。这个阶段，创业者非常强调交谈的重要性，交谈是创业者与他人互动、连接环境、让他们根植于社会网络关系中的重要技能或战略性工具。

3. 愿景

创业者一旦通过交谈激发了许多未来的可能性，就会回到他们自己的新创公司，把这些激发灵感转换成更具体的愿景（visioning）。与理性战略规划模型的观点不同，创业者并不会对这些外部获得的信息和灵感做一些规范性的与计算性的验证。相反，他们会将这些信息和灵感与创业企业内部的人员进行深入交谈和交流，直到形成对未来一致的图景。

4. 表达

在愿景形成之后，就是进一步对产品和服务做出清晰的表达（articulating）。创业者会有选择性地选择一些商业伙伴，典型的是行业内的一些高级主管，向他们表达成长需求，带来产品、服务和工艺的创新。创业者深深地嵌入行业环境中，与客户企业的高层主管进行互动，这对企业的创新和变革驱动至关重要。

5. 实施

前面的四个阶段很大程度上是通过交谈实现，其后的愿景和产品就需要通过产品开发和实施（implementing）来完成。尽管专业技术在这个阶段是商业成功的重要因素，然而整个实施过程还需要社会结构和社会资本的运作与利用。实施也是一个关系性的过程。

第三节 关系网络与创业影响

一、中国文化中的关系

(一) 关系的内涵与类型

"关系"是中国人惯用的一个日常用语。关系有时被一些人认为是消极的,往往会与追求自我利益的不道德行为联系在一起,如走后门、桌下交易、贿赂和腐败行为。而在中国人的实践中,关系并不是简单地被视为一种不道德的行为,关系更多的应该是反映了中国人社会的一种客观生存状态,无论社会活动、政治活动或商业经营都不能脱离关系行为的渗透和影响,我们也不能简单地以道德与不道德的二元思维来判断关系实践的价值。

1. 关系的内涵

学者陈晓萍和陈昭全(2004)认为可以从三个角度来理解关系的内涵。

(1)从关系的字面含义理解。从字面上来看,关系既可以作为一个动词理解,也可以作为一个名词理解。从静态的名词来看,关系可以是指两个个体(或团体)的一种连接,也可以直接指个体本身。从动态的动词来看,可以把关系理解为一种行为,如我们经常说的"拉关系"和"走关系"。

(2)从儒家文化的角度理解。如果从中国传统文化入手,就可以追溯到儒家文化中"伦"的思想,儒家文化的五伦思想至少可以从三个方面来理解:首先,要认识到人们的关系的重要性。儒家文化认为人的存在是在与别人的关系中得以体现的,其中五伦关系最为重要(君臣、父子、夫妻、兄弟和朋友)。其次,伦代表了一种社会秩序。根据费孝通的观点,每个人都是以自我为中心,形成一个关系圈,由内向外依次为家人、族人、亲人和朋友。最后,伦代表了一种道德原则。伦是相关群体互动行为的一种原则。就像人的关系具有差别一样,人的道德原则也没有一个适用于所有人的统一道德标准,每一关系总是在其自有的道德原则下运行。

(3)从关系的整合视角理解。陈晓萍和陈昭全提出了一个整合的关系概念,其主要包括关系基础和关系质量两个层面的含义。首先,关系基础是指两个个体之间的特定关系。在排除一些先天注定的关系(如家人与亲人)外,这里的关系基础主要有三种来源:一是共同的社会身份,如同乡、同学、同事等;二是共同的第三方,这种间接的关系一般是因为双方都认识或熟悉的第三方。三是预期基础,即未来可能发生交易和合作等进一步互动的双方,也会因共享相同的期望、想法和价值观,从而形成了关系。其次,关系的质量是指在某一时点上对关系状态的评价,如关系的好坏和深浅,是关系双方对关系的一种客观评价。这里作者主要用了两个核心的指标来进行评价：信任（trust）和感情（feeling）。其中信任主要由能力（ability）和诚信（sincerity）组成，而感情则主要由交情（obligation）和感情（affection）组成。

2. 关系的类型

首先，可以从关系形成的起源分类。例如学者曾将关系分为两类——血缘关系和社会关系（Tsang，1998）。前者包括家庭成员、远房亲属甚至同族（那些具有相同姓氏的人群），后者产生于学校、工厂或其他工作地点。学者彭维刚和陆亚东（2000）从横向和纵向把管理者的关系分为两个维度——商业关系和政治关系。

其次，可以从关系的功效来分类。万克（2002）根据所承担的义务程度，将关系分成三类：最强的义务关系是家庭成员；然后是基于共同的经验所形成的关系，如朋友和同学，并称之为"关系储蓄"；最弱的关系是"关系投资"，这些关系主要为了商业目的，如同事和商业伙伴。

再次，结合关系的形成与功效来分类。例如黄光国（1987）将中国社会中个人间关系依据长久性、亲密性及稳定性程度分为三大类，其中情感性关系通常指家庭中的人际关系；工具性关系指个人为获取某种资源，而与陌生人建立的关系；混合性关系通常指个人和家庭外熟人的关系。杨中芳和彭泗清（1999）也提出人际关系包含三种成分：既定成分（先赋性、后天性）、情感成分以及工具成分。

最后，其他分类。一些学者还结合与西方人际关系的比较进行分类。例如，杨宜音（1995）提出了"关系矩阵"模型，认为中国人的社会行为不存在西方的"工具性关系"，西方人对人际关系的划分是公与私、群体与个体，而东方人是亲缘、熟人及陌生人的差序划分，划分差异产生的原因在于东、西方对"人际关系"判断的逻辑起点不同。翟学伟（2012）从时间和空间两个维度将关系分成了"松散关系、约定关系、友谊关系、固定关系"四种类型，并将固定关系看成中国社会特有的一种关系。

（二）关系的发展

1. 关系发展的三个阶段

陈晓萍和陈昭全从一般意义上提出一个关系发展的过程模型，该模型主要把关系的发展分成三个阶段：关系发起、关系建立和关系利用。三个阶段行为特征与运行原理是不一样的，其主要有以下内容。

（1）关系发起。此阶段主要是通过相互熟悉来识别和建立关系基础的过程。这种关系基础可以是共同的社会身份、第三方基础或预期基础，当发现和识别了这些关系基础后，就会带来进一步的关系互动。这一阶段关系的运行原理是双方自我暴露，即彼此分享个人的背景信息（如出生、成长、家庭、故乡、母校、工作单位等），自我暴露的程度对发现和建立关系基础非常重要。

（2）关系建立。当相互认识并建立了一些共同的基础之后，就需要通过个人的互动来建立关系，一般来说有两类互动：情感互动和工具互动。情感互动更多是社会导向的行为，如结婚、生子、生日和升职的祝贺；而工具互动指与工作或商业相关的一些实用的交换或交易，如找工作、信息交换、工作场所合作和商业交易等。情感互动对建立感情信任有更大的影响，而工具互动对建立认知信任有更大的影响。但两种行为和信任并不总是那么清晰可辨，常常是相互掺杂在一起的。关系建立的原理是动态互惠，其原理具有一些中国的特征，如互惠是中国社会和经济互动最有渗透力的原则，中国人的互惠强调长期导向，且必须真正符合恩惠接受者的价值和需求，其是一种不对等的交换，即回报者必须更慷慨。

（3）关系利用。对多数人来说，关系的利用一般保留在最需要的时候，即非日常的问题或困难出现时，或很难通过日常渠道或自行解决时，如借钱、调节冲突、处理人生重大事件等。其操作的原则是长期公平性。长期公平性的一个基本原则是：从长期来看，交易各方应根据其投入来获得分享成果的权利。

2. 关系形成的影响因素

陈晓萍和彭泗清（2008）对工作场所中同事的关系亲密性变化的影响因素进行了研究，其中关系的亲密性主要由感情（feeling）和信任（trust）两个维度组成。

首先，感情维度有五个指标：①我们相互理解；②我们在工作上相互支持；③我们在工作上留意对方的利益；④我们在工作中尊重对方的观点；⑤我们在工作上能充分地沟通问题。

其次，信任维度有四个指标：①我们有相同的个性；②我们有相同的兴趣和爱好；③我们信任对方；④我们总是考虑对方的利益。

调查显示，影响关系亲密性的因素主要有四个：①工作相关的正面行为事件；②工作不相关的正面行为事件；③工作相关的负面行为事件；④工作不相关的负面行为事件。

最后，通过实验研究发现：①工作相关和工作不相关的正面行为事件对关系亲密性都具有相似的影响作用，并且相对于亲近关系，这些正面行为事件对疏远关系具有更强的影响。这可能是因为天花板效应，亲近关系发展成亲密关系的空间就有限了。②工作相关和工作不相关的负面行为事件对关系亲密性都具有相似的负相关影响作用。③在先前关系比较疏远的情况下，正面事件对关系亲密性的提升作用更大；而在先前关系比较亲近的情况下，负面事件对关系亲密性的降低作用更大。

二、关系的重要作用

（一）关系影响组织合作

经过访谈研究发现，中国的经理人有五种可观察和识别的关系行为：留面子、互惠、感情、信任和互动（Lee et al., 2005）。基于这五种关系行为，进一步提出关系的面子、互惠和感情三个维度，并且提出了这三个维度如何通过影响个人层面的信任，再影响企业组织层面的信任，最后影响到组织层面的合作。具体来说，研究发现关系的作用有：①如果销售人员给客户企业边界人员更多的面子，双方彼此有互惠和正面感情，则客户企业对销售人员更加信任。②在商业情境和社会情境下，销售人员互动越强，则信任越多。③客户企业对销售人员越信任，则对供应商企业越信任。④客户企业对供应商企业越信任，则与供应商合作的长期导向越强。⑤客户企业对销售人员越信任，与供应商合作的长期导向也越强。⑥销售人员的专业性越强，或者职位越高，则客户企业对销售人员的信任越强。⑦销售人员的专业性越强，或者职位越高，则客户企业对销售人员企业的信任越强。

（二）关系影响市场绩效

研究发现，关系作为一种治理机制能对企业的市场绩效产生重要影响，主要有三个要点（Gu et al., 2008）：①在中国，关系对市场绩效（销售增长和市场份额）具有显著的直接影响；②关系还通过渠道能力和反应能力的中介作用对市场绩效产生间接影响；③竞争强度和技术动荡对关系与绩效的调节作用得到了部分支持，前者只对关系与销售增长的关系有显著的调节作用，后者只对关系与市场份额的关系有显著的调节作用。研究认为企业可以通过关系网络来获得市场和成长，但经理人能够将个人的关系网络转换到公司层面的绩效中。同时也指出，在处于经济转型时期的中国，如果过于依赖关系，就应注意到关系不利或危险的一面，如互惠义务（reciprocal obligations）和集体盲点（collective blindness）。

（三）关系影响联盟效果

在联盟合作的过程中，冲突在所难免，冲突处理的方式不同将会影响到可感知的联盟效果。对于关系如何影响联盟效果的研究发现（Wong et al, 2010）：①如果竞争企业的经理具有高层次的关系，他们就会合作地处理冲突；如果竞争企业以合作方式处理冲突的程度越高，他们合作越有效。②如果竞争企业的经理具有高层次的关系，他们就会避免用竞争方式；如果竞争企业以竞争处理冲突的程度越高，他们的合作越无效，即冲突的处理方式在关系与联盟效果之间起到了部分中介作用。他们的研究不仅验证了关系对联盟效果的影响作用，而且从冲突管理的视角揭示出了关系与联盟效果之间的作用机制。与国外的一些研究结论不同，在中国，关系并非因导致冲突的合作处理行为，而是关系避免了冲突的竞争处理行为，从而带来了联盟有效性。

（四）关系影响知识转移

拉马萨米等人认为关系在企业间的知识转移过程中具有重要作用。拉马萨米等人将关系分成三个子概念——信任、关系承诺和沟通，并认为三者对企业间的知识转移都具有积极的影响作用，同时三者之间的交互作用也同样起到积极的影响作用。通过对中国广州、汕头、珠海和深圳4个地方的215个企业进行研究发现，信任、沟通以及两者的交互作用对知识转移具有显著的影响（Ramasamy et al., 2006）。

巴克利等人对上海和北京的4家外资企业进行案例研究发现，有效的知识转移是外资投资者在中国获得成功的重要因素，而有效的知识转移，特别是一些隐性知识，需要双方有良好的互动和信任。在中国文化背景下，要实现有效的知识转移就必须深入理解中国文化中的关系和面子。研究认为关系实践会在三个层面上发挥作用。在个人层面上，主要是建立个人间的信任；在合作组织层面上，主要是建立共享的心智；在政府层面上，主要是获得政府的支持。在这三个层面上（雇员、企业和政府），外国投资者都应与其建立良好的关系，并给对方相应面子上的尊重（Buckley et al., 2006）。

（五）关系影响组织绩效

陆亚东等（2012）的元分析发现：①关系在中国作为组织的一种独特社会网络战略形式，对组织绩效具有显著影响。一方面，企业与政府的关系不可低估，原因是政府掌握关键资源，可以制定政策；另一方面，随着中国市场经济发展的不断成熟，与非政府的利益相关者（包括客户、供应商、分销商、物流代理和专业服务提供商等）的关系，对企业的成长和扩张也起到关键作用。②关系对绩效的作用随着时间的推移正在不断降低。关系对绩效的影响正从重要的角色转变为一个补充性的角色，尤其是政府关系。但是，即使市场在转型，与客户、供应商、竞争者和其他商业伙伴的企业关系的作用也很难减弱。③所有者结构会调节关系对绩效的影响作用。国有企业和非国有企业都会利用企业关系来提高运行效率，但国有企业还会依靠政府关系来提高企业绩效。④组织的区域属性会调节关系对绩效的影响作用。⑤企业关系和政府关系的作用有所差异，表现在企业关系对运行绩效具有更大的影响，而政府关系对经济绩效具有更大的影响。总体上，研究认为基于中国传统文化的影响，企业关系对组织绩效将继续发挥重要作用；同时，随着中国改革制度环境的变化，政府关系对组织绩效的作用将逐渐减弱。

三、创业过程的关系网络

（一）创业过程的关系网络演化

1. 创业关系网络演化模型

有学者通过对中国四个城市（北京、上海、杭州和重庆）六家创业企业的案例研究，建立了一个关系网络演化的阶段模型（Guo et al., 2010）。模型分三个阶段：企业创建阶段、早期成长阶段和后期成长阶段。下面对三个阶段的网络结构、网络内容和网络治理机制进行分析。

（1）企业创建阶段。在创建阶段，企业的关系网络是一个较小的紧密核心圈，主要由家人、亲戚和密友等基于感情的强关系组成。该核心圈，主要帮助创业者获得资金、建议和重要的创业反馈。网络治理机制主要是感情，不会负担太重的回报责任和义务。

（2）早期成长阶段。此阶段的关系网络逐渐发展成为一个中等规模的中介圈，开始发展到包括政府官员、银行投资者、重要客户和企业关系等关系的一个松散结构。这时的关系是兼具感情和工具的强关系。这时除了获得创业所需资源外，还会有合作伙伴和企业管理等方面的最新知识与信息。网络治理机制主要是人情，通过礼物交互、恩惠、宴请和知识与信息分享等方式来建立一种社会责任和义务。

（3）后期成长阶段。此阶段的关系网络无限地扩展成为一个规模较大的外围圈，包括一些不同背景的陌生人的松散结构。关系大多属于工具型和机会型的弱关系。网络内容主要是一些快速多样化的信息和潜在的商业机会等。网络治理机制主要是交情，为了未来的商业合作而多结交熟人。

2. 不同行业的关系差异

有的研究还进行了案例比较分析，发现不同类型的行业在关系实践上存在一些差异。

（1）关系建立和维护的方式存在差异。欠知识密集型行业的创业企业在关系实践上还保持传统的模式，即通过礼物交换、恩惠和宴请等传统方式来建立和维持彼此的关系；而知识密集型行业的创业企业更多地运用知识和信息的分析来建立和保持彼此的关系。

（2）对政府关系的依赖存在差异。欠知识密集型行业的创业企业依旧对政府关系存在较重的依赖性，尤其要通过政府来获得创业的相关资源；而知识密集型行业的创业企业相对来说对政府的依赖程度大大降低。

但总体上研究认为，中国的经济制度和市场体系越来越成熟，但是关系对创业企业的成长依旧是非常重要的一个因素，并且会在很长一段的时间里继续发挥着重要的影响作用，这是因为关系是一个深深根植在中国传统文化中的东西。

（二）关系网络对创业的影响

人们发现在创业过程中，尽管关系不是万能的，但许多的研究还是验证了关系网络对创业会产生重要的积极影响。

（1）关系网络对创业资源获取的影响。在转型制度环境下，家族关系为创业企业低成本获取家族外部资源提供了重要保障，当市场化还不太成熟时，家族关系发挥着不可忽视的替代功能。

（2）关系网络对知识学习与能力的影响。相关研究认为，关系资本能帮助创业企业获取资源、促进企业间的学习、促进企业内部创新等，并研究发现了关系资本对创意产业新企业的生存有显著的积极影响。国内学者李新春等人以1 728家新创企业样本进行实证研究后发现，创业者发展外部关系和构建内部能力对新创企业成长不仅有显著的正向作用，而且两者之间具有战略性协同效应并共同演化。

（3）关系网络对创业成长与成功的影响。研发发现与私营企业主群体来往最密切的亲戚、朋友及其配偶的社会地位，对企业成功具有重要作用。一项对中国14个省的乡镇企业的实证研究发现，血缘关系对私有企业的数量和规模都有强的正相关影响，并且关系对企业的市场绩效具有直接和间接的作用（Peng，2004）。

当然，创业过程对关系发挥的影响作用，有时也要保持一定的警惕性，其并不总是产生正面影响。例如，研究团队间关系网络影响个体团队效能的机制发现（Chou et al.，2006）：①非工作关系网络。其主要指与工作没有关系的成员形成的网络，包括家人、朋友、邻居、校友等。非工作关系如果太多，会消耗人太多的时间和精力而阻碍工作进展，同时基于角色理论，如果该网络的形成是基于过去的经验和背景，则会导致角色超负或角色冲突，从而对个体团队效能产生负面影响。②部门关系网络。其主要指上下级或同事之间形成的网络，部门网络强调正式结构，个人拥有清晰的职位描述和清晰明确的目标与责任，部门成员的专业具有同质性，工作更具独立性，有限的资源会带来竞争和排斥，因此对个体团队效能也会产生负面影响。③团队关系网络。其指团队内部成员之间的关系网络，团队强调共同的目标和责任分担，团队成员的专业及任务独立和互补，鼓励信息和资源的分享与合作，因此与前面两个网络相比，团队关系网络对个体团队效能会产生正面影响。

拓展阅读 10.1 从穷小子到首富：谁助马云攀上世界之巅

【本章小结】

虽然社会资本源自社会学理论，但是已广泛地运用于商业实践，在创业领域也得到了关注。本章对创业的社会资本主要从三个方面展开。首先，介绍了社会资本相关理论，社会资本是一种通过对"体制化关系网络"的占有而获取的实际的或潜在的资源的集合体。同时，社会网络理论与分析已逐渐成为社会资本理论非常重要的定量分析理论和方法。其次，从创业网络的视角来理解创业，可以给我们展现创业成长一个更社会化的过程。本章不仅探讨了创业网络基本的特征及其前因后果，而且探讨了其对创业成长与绩效的重要作用，以及我们如何来构建创业网络。最后，基于以上社会资本和创业网络的分析，进一步结合中国文化背景来探讨关系网络与创业的关系。中国人的关系在商业领域被视为有两层含义，关系不仅可以指一个人的社会关系网络，也可以指一个人的关系行为。因为关系网络对创业绩效会产生重要的积极影响，中国的创业者或企业不能忽视关系网络和能力的作用与建设。当然，有时也要保持一定的警惕性，因为创业过程中关系网络发挥的作用并不总是正面的。

1. 你如何看待中国社会中的关系？
2. 如果你创业需要资金，想想哪些亲朋好友最有可能帮助你？
3. 找你自己最信任的 5 个人，思考一下你们的信任是如何建立起来的。
4. 找出你认为非常信任你的 3~5 个朋友，分析一下他们为什么能信任你。
5. 分析一下你的社交圈子，想想你参与这些社交圈子的主要动机是什么。

朱锵的创业成长

早期的创业成长

朱锵的创业经历非常丰富。大学期间，朱锵做了很多兼职项目，从发传单做起，涉及牛奶、化妆品、旅游等项目。在发传单的过程中，他主动去和商家沟通，将发传单整个承包下来，再组织同学去发传单，这事依附于他在学校的人脉，使他"赚了点零用钱，可能赚了一些与陌生人打交道的能力"。

对朱锵产生影响较大的还有移动微网活动，它属于学校权益部的活动，朱锵当初做这件事是为了帮助更多的同学，为他们谋福利、谋权益。他先和移动公司谈判敲定相关事宜，再吸引同学加入这个活动中，从"组织一个小群"到"很多同学都加入进来"，再到"其他学院的学生，以及老师也购买了这个套餐"，后来他与一个做计算机培训的老师合作，"因为光他那边的学员就有好几百人，这个市场很大"，最终这个活动在朱锵的努力下推广到整个大学城，朱锵在社会关系迅速扩展的同时也让更多的人受益。当然，活动的开展并非一帆风顺，起初碰到困难他会向院里的老师求助，也得到了很好的解决，但是后面合作方的问题使这次创业尝试失败。他提到这件事是他创业过程中受到的很大一次打击，被老师骂不务正业，自己在学校很多荣誉也因此被取消，但是他说这次事情还是训练了他的逆商，客服工作也让他学会了与各类人打交道。

大学时期各种项目尝试被朱锵称为创业前的积累期。在他看来，"如果一个人没法和他的合作者以及他的客户沟通，他遇到挫折就马上放弃，很消极，整合资源能力一塌糊涂，这个人肯定不行，没有人愿意和他继续合作下去，没客户愿意跟他交流"。

创办公司与第一桶金

机会总是留给有准备的人，有了好的想法又积攒了一定的能力后，在身为企业家的父母的赞助下,朱锵与一个计算机老师合作,创办了 NF 教育科技发展有限公司,包括"大学生在线"论坛和家教网。盈利点虽然很低,但吸引了许多大学生前来体验,朱锵也借此平台认识了更多的人,关系脉络不断延伸。

"因为我认识的朋友很多,这也是我的一个契机,尤其认识一些台湾朋友",他已经意识到朋友的价值所在,果然,这些台湾朋友向朱锵推荐了一个好项目——与银行合作为学生办信用卡。朱锵瞄准了时机,迅速地在自己的关系圈里找到了一个合适的人选,朱锵又再一次利用他的资源优势,两个月时间就办了 2 000 张卡。但朱锵还不满足,最终他把上海一些学校的资源都开发起来了,开学的那个月就办了 5 万张卡,赚了他的第一桶金。

朱锵总结:"我赚到钱,积累了很多经验,也锻炼了沟通协调能力。"但他也提到:"有些关系非常好的朋友因为这事搞得反目成仇,让我觉得创业没有意思。"这些关系的处理再次成为朱锵创业过程中的挫败点。朱锵之所以如此看重这些朋友,或许与他的性格有关。"我喜欢认识朋友,愿意跟人交往,所以认识很多人,我的手机通讯录里有 2 600 多人"。他还说,"你需要不断去接触新鲜事物,认识很多新鲜的人,不断敞开你的心扉。学习能力和交友能力很重要。与人为善,很多人会愿意跟你交流。"他需要朋友,他会通过网络或现实生活认识很多人,与他们沟通新的想法,互相交流,总结经验,他认为这对创业而言非常重要。

此外,我们也注意到朱锵创业的前期资金是通过父母获取的,因为父母对他很信任,在他们眼中他从小就比较独立、比较有想法,所以对朱锵很放心。可以看出,创业前期,来自家庭的力量是创业的有力支持。

创业稳定期,"求生存"转为"求精致"

经过几年的努力,朱锵在 2013 年成功获得上海政府批准的教育资质,现在他的公司聚焦于三个品牌发展:NF 学校(专做一对一培训)、NF 巧学思、希望家教。各个品牌有不同的市场定位,针对各类目标客户群,公司迈入稳定期。朱锵这样总结公司的现状:"以前更多考虑的可能是生存,怎么活下来,怎么不让企业倒闭,现在这个目标已经达到了,肯定想要做得更精致,做得更好。"

朱锵一直强调公司之所以有这样好的发展态势,离不开交际圈内朋友的相助。尤其是 NF 学校一个校区的房东,也是一位成功的企业家,对朱锵的影响很大,这位企业家一方面能力很强,另一方面他也会很用心地去帮助身边的朋友,相应地,当他遇到困难的时候,很多人都会主动地伸出援助之手。因此,很多成功人士都愿意与这位企业家交往,朱锵也自然是其中一员。NF 学校聘任的一名名誉校长就是这位企业家介绍认识的,帮朱锵解决了学校资质申请的大难题。企业家还会将很多为人处世的道理和一些理财的想法告知朱锵,朱锵这样形容:"我觉得成功还是需要高人指点。至少有这个能力的人愿意帮帮你,这个对创业是很有益的。"也正是具备了这种与人为善的思维,朱锵很快就在老朋友的协助下将希望家教业务重新开展起来了。朱锵兴奋地说:"通过这种形式,你会觉得过程很顺,当一个点能让很多点互动起来,其实就是整合资源的最高境界。"

随着公司不断走向正轨,制度建设也越来越完善。朱锵说他内部管理的时间少了,他就能利用更多的私人时间去阅读书籍和开拓外部的交际活动,对公司的发展是有很大帮助的。现在,他是青年企业家协会的成员,这个平台让他结识了很多年轻优秀的企业家,他也一直与上海基金会保持着密切的联系,他希望能接触更多的人,获得更多的咨询。

最后,经过多年创业的沉淀,朱锵再次总结出创业者需要具备的素质:第一,天道酬勤,人生需要贵人相助;第二,百折不挠的精神,或是逆商;第三,整合资源的能力,需要必要的口才和情商;第四,拥有"变态"的能力,包括包容、豁达的态度,积极、主动乐观的心态,健康向上的状态;第五,超强的学习能力。

资料来源:王辉. 创业能力与关系网络:新创企业成长绩效机制[M]. 北京:北京大学出版社,2015.

思考题:

1. 朱锵在创业的过程中为什么非常重视与不同的人建立各种关系?
2. 朱锵在创业的过程中展现或培养了哪些重要的能力?

参考文献

爱迪思，2004. 企业生命周期[M]. 赵睿，译. 北京：华夏出版社.
安德森，2009. 免费：商业的未来[M]. 北京：中信出版社.
奥斯特瓦德，皮尼厄，2012. 商业模式新生代[M]. 北京：机械工业出版社.
巴隆，谢恩，2005. 创业管理：基于过程的观点[M]. 张玉利，等译. 北京：机械工业出版社.
贝尔滨，2002. 超越团队[M]. 北京：中信出版社.
毕海德，2004. 新企业的起源与演进[M]. 魏如山，马志英，译. 北京：中国人民大学出版社.
陈威如，余卓轩，2015. 平台战略：正在席卷全球的商业模式革命[M]. 北京：中信出版社.
德鲁克，2002. 创新与创业精神[M]. 张炜，译. 上海：上海人民出版社.
蒂蒙斯，等，2005. 创业学[M]. 周伟民，吕长春，译. 6版. 北京：人民邮电出版社.
福特，1998. 亨利·福特全集[M]. 崔铁醴，程永顺，译. 北京：改革出版社.
格雷纳，呙阳，2005. 在演进与剧变中成长[J]. 哈佛商业评论(4)：46-52.
顾凤佳，2019. 我国互联网教育的历史、问题和建议[J]. 云南开放大学学报，21(2)：7-13.
郭士纳，张秀琴，2010. 谁说大象不能跳舞[M]. 音正权，译. 北京：中信出版社.
赫里斯，彼得斯，谢泼德，2009. 创业管理[M]. 蔡莉，葛宝山，译. 北京：机械工业出版社.
胡振华，2013. 创业经济学[M]. 北京：北京大学出版社.
基利，2014. 创新的十种类型[J]. 商业评论(1)：52-65.
加洛，2011. 乔布斯的创新游戏[M]. 陈毅骅，译. 北京：中信出版社.
金，莫博涅，2005. 蓝海战略：超越产业竞争开创全新市场[M]. 北京：商务印书馆.
景杰，王子敏，蔡冬青，2018. 创业经济学[M]. 北京：高等教育出版社.
卡什丹，2014. 好奇心：与你一起探索充满创造力与意义感的人生[M]. 谭秀敏，译. 杭州：浙江人民出版社.
科特，2014. 领导变革[M]. 北京：机械工业出版社.
孔令娜，汪洋，2015. 侦察员还是教练员：风险投资家的角色研究综述[J]. 重庆工商大学学报（自然科学版），32(10)：87-93.
李凯盛，林源华，谭苏娟，2003. 别让大象踩扁你：中小型企业成长战略[M]. 北京：中信出版社.
李新春，梁强，宋丽红，2010. 外部关系—内部能力平衡与新创企业成长——基于创业者行为视角的实证研究[J]. 中国工业经济(12)：97-107.
林聚任，2008. 论社会网络分析的结构观[J]. 山东大学学报：哲学社会科学版(5)：147-153.
刘佳，张管媛，2011. 联想思维在科技创新中的作用机理[J]. 工会博览·理论研究(6)：321-322.
罗杰斯，2016. 创新的扩散[M]. 北京：电子工业出版社.
马林斯，2004. 创业测试：企业家及经理人在制定商业计划前应该做些什么[M]. 石建峰，译. 北京：中国人民大学出版社.
买忆媛，梅琳，ZHENG Y F，2011. 无形资本VS有形资本：创意产业新企业生存能力的影响因素分析[J]. 管理学报，8(4)：577-586.

麦加恩，2007. 产业演化与企业战略[M]. 北京：商务印书馆.

莫齐，哈里曼，2005. 公司中的创造力：创新型组织行动指南[M]. 鲜红霞，郭旭力，译. 北京：机械工业出版社.

宁亮，2008. 改革开放以来我国创业活动的变迁与总体特征[J]. 重庆社会科学，11(11)：12-17.

彭罗斯，2007. 企业成长理论[M]. 上海：上海三联书店.

邵宇，陈达飞，2020. 创新的扩散：从流行病学模型说起[J]. 北大金融评论(2)：66-75.

滕斌圣，2008. 弱势企业如何以小博大?[J]. 东方企业文化(8)：10-12.

王炳成，2014. 商业模式创新影响因素与作用路径的跨层次实证研究[D]. 青岛：中国石油大学.

王辉，2015. 创业能力与关系网络[M]. 北京：北京大学出版社.

王缉慈，2000. 关于北京中关村发展模式的深层思考[J]. 北京联合大学学报，14(1)：54-57.

威廉姆森，2001. 治理机制[M]. 北京：中国社会科学出版社.

吴建国，冀勇庆，2006. 华为的世界[M]. 北京：中信出版社.

吴敬琏，2003. 中关村科技园发展的经验总结与改进建议[J]. 中国科技产业(11)：8-10.

亨利，2005. 开放式创新：进行技术创新并从中赢利的新规则[M]. 金马，译. 北京：清华大学出版社.

辛保平，2003. 中国创业者十大素质[J]. 科学投资(9)：34-61.

熊彼特，1990. 经济发展理论[M]. 北京：商务印书馆.

尤费，2003. 柔道战略：小公司战胜大公司的秘密[M]. 北京：机械工业出版社.

张玉利，2013. 创业管理[M]. 北京：机械工业出版社.

张玉利，李乾文，李剑力，2006. 创业管理研究新观点综述[J]. 外国经济与管理，28(5)：1-7.

仲宵漪，2015. 风险投资后管理概念辨析及分类模式研究[J]. 中国市场(34)：73-74.

ANDERSON A R, DODD S, JACK S, 2010. Network practices and entrepreneurial growth[J]. Scandinavian journal of management, 26(2): 121-133.

BUCHERER E, EISERT U, GASSMANN O, 2012. Towards systematic business model innovation: lessons from product innovation management[J]. Creativity and innovation management, 21(2): 183-198.

BURT R, 2001. Bridge decay[J]. Social networks, 24(2): 333-363.

CASADESUS-MASANELL R, ZHU F, 2013. Business model innovation and competitive imitation: the case of sponsor-based business models[J]. Strategic management journal, 34(4): 464-482.

CHANDLER G N, HANKS S H, 1993. Measuring the performance of emerging businesses: a validation study[J]. Journal of business venturing, 8(5): 391-408.

CHOU L, CHENG B, HUANG M, et al, 2006. Guanxi networks and members effectiveness in Chinese work teams: mediating effects of trust networks[J]. Asian journal of social psychology, 9(2): 79-95.

CHRISMAN J J, BAUERSCHMIDT A, HOFER C W, 1998. The determinants of new venture performance: an extended model[J]. Entrepreneurship theory and practice, 23(1): 5-29.

FRIED V H, HISRICH R D, 1994. Toward a model of venture capital investment decision making[J]. The journal of the financial management association, 23(3): 28-37.

GARDNER J W, 1965. How to prevent organizational dry rot[J]. Harper's magazine (10): 20-26.

GARTNER W B, 1985. A conceptual framework for describing the phenomenon of new venture creation[J]. Academy of management review, 10(4): 696-706.

GARTNER W B, 1990. What are we talking about when we talk about entrepreneurship[J]. Entrepreneurship theory & practice, 18: 15-18.

GIESEN E, BERMAN S J, BELL R, et al, 2007. Three ways to successfully innovate your business model[J]. Strategy & leadership, 35(6): 27-33.

GNYAWALI D R, FOGEL D S, 1994. Environments for entrepreneurship development: key dimensions and research implications[J]. Entrepreneurship theory and practice (4): 43-62.

GULATI R, 1999. Network location and learning: the influence of network resources and firm capabilities on alliance formation[J]. Strategic management journal (18): 189-198.

GULATI R, NOHRIA N, ZAHEER A, 2000. Strategic networks[J]. Strategic management journal (3): 203-215.

GULATI, R, 1998. Alliances and networks[J]. Strategic management journal, 19: 293-317.

HALLEN B L, ELSENHARDT K M, 2011. Catalyzing strategies and efficient tie formation: how entrepreneurial firms obtain investment ties[J]. Academy of management journal, 55(1): 35-70.

IANSITI M, LEVIEN R, 2004. The keystone advantage: what the new dynamics of business ecosystems mean for strategy, innovation, and sustainability[M]. Watertown: Harvard Business School Press.

JARILLO J C, 1988. On strategic networks[J]. Strategic management journal (9): 31-41.

JARILLO J C, 1993. Strategic networks: creating the borderless organization[M]. Oxford: Butterworth Heinemann.

KATZ J A, 2003. The chronology and intellectual trajectory of American entrepreneurship education[J]. Journal of business venturing (18): 283-300.

MACCRIMMON K R, WEHRUNG D A, 1990. Characteristics of risk taking executives[J]. Management science, 36(4): 422-435.

MANT W Y, LAU T, 2000. Entrepreneurial competencies of SME owner/managers in the Hong Kong services sector: a qualitative analysis[J]. Journal of enterprising culture, 8(3): 235-254.

MANT W Y, LAU T, CHAN K F, 2002. The competitiveness of small and medium enterprises: a conceptualization with focus on entrepreneurial competencies[J]. Journal of business venturing, 17(2): 123-142.

MCCLELLAND D C, 1987. Characteristics of successful entrepreneurs[J]. The journal of creative behavior, 21(1): 18–21.

MORRIS M, SCHINDEHURRE M, ALLEN J, 2005. The entrepreneur's business model: toward a unified perspective[J]. Journal of business research, 58(6): 726-735.

OSTERWALDER A, PIGNEUR Y, 2004. An ontology for e-business models[M]//CURRIE W. Value creation from e-business models. Oxford: Butterworth Heinemann: 65-97.

SAETTLER P, 1968. A history of instructional technology [J]. Audiovisual Aids.

SINGH, R, 2001. A Comment on developing the field of entrepreneurship through the study of opportunity recognition and exploitation[J]. Academy of management review, 26(1): 10-12.

SPENCER I M, SPENCER S M, 1993. Competence at work: model for superior performance[M]. New York: John Wiley and Sons.

TAYLOR M P, 1996. Earnings, independence or unemployment: why become self-employed?[J]. Oxford bulletin of economics and statistics, 58: 253-66.

TEECE D J, 2010. Business models, business strategy and innovation[J]. Long range planning, 43(2-3): 172-194.

TIMMONS J A, 1999. New venture creation: a guide to entrepreneurship for the zlst century[M]. Illinois: lrwin.

TURBAN E, OUTLAND J, KING D, et al, 2018. Electronic commerce 2018: a managerial and social networks perspective[M]. New York: Springer.

TYEBJEE T T, BRUNO A V, 1984. A model of venture capitalist investment activity[J]. Management science, 30(9): 1051-1066.

WEITZMAN D, 2002. Model T: how Henry Ford built a legend[M]. New York: Crown publishers.

教师服务

感谢您选用清华大学出版社的教材！为了更好地服务教学，我们为授课教师提供本书的教学辅助资源，以及本学科重点教材信息。请您扫码获取。

▶▶ 教辅获取

本书教辅资源，授课教师扫码获取

▶▶ 样书赠送

创业与创新类重点教材，教师扫码获取样书

 清华大学出版社

E-mail: tupfuwu@163.com
电话：010-83470332 / 83470142
地址：北京市海淀区双清路学研大厦 B 座 509

网址：http://www.tup.com.cn/
传真：8610-83470107
邮编：100084

教师服务

感谢您使用清华大学出版社的教材！为了更好地服务教学，我们为授课教师提供本书的教学辅助资源，以及本学科重点教材信息。请仔细阅读以下说明。

教学课件获取

本书配有课件，授课教师可通过扫码获取

样书赠送

创新与新形态类重点教材，教师扫码获赠样书

清华大学出版社

E-mail: tupfuwu@163.com
电话: 010-83470382, 83470142
地址: 北京市海淀区双清路学研大厦B座509

网址: http://www.tup.com.cn/
传真: 8610-83470107
邮编: 100084